2022—2023 年中国工业和信息化发展系列蓝皮书

国家先进制造业集群形成与发展蓝皮书

中国电子信息产业发展研究院 **编 著**

乔 标 **主 编**

程 楠 侯彦全 **副主编**

電子工業出版社
Publishing House of Electronics Industry
北京 · BEIJING

内 容 简 介

《国家先进制造业集群形成与发展蓝皮书》对45个国家先进制造业集群形成的动因和机制进行了深入研究，总结了每个集群发展壮大的主要模式和存在的核心问题，并提出了集群培育提升的对策建议，对国家先进制造业集群的发展具有重要的理论价值和现实意义。本书可为国家先进制造业集群发展的参与者和亲历者提供一定借鉴。

图书在版编目（CIP）数据

国家先进制造业集群形成与发展蓝皮书 / 中国电子信息产业发展研究院编著；乔标主编. —北京：电子工业出版社，2023.12

（2022—2023年中国工业和信息化发展系列蓝皮书）

ISBN 978-7-121-47000-4

Ⅰ. ①国… Ⅱ. ①中… ②乔… Ⅲ. ①制造工业－工业发展－研究报告－中国－2022-2023 Ⅳ. ①F426.4

中国国家版本馆CIP数据核字（2024）第004130号

责任编辑：秦　聪　　特约编辑：田学清
印　　刷：北京虎彩文化传播有限公司
装　　订：北京虎彩文化传播有限公司
出版发行：电子工业出版社
　　　　　北京市海淀区万寿路173信箱　　邮编：100036
开　　本：720×1 000　1/16　印张：17.5　字数：336千字　彩插：1
版　　次：2023年12月第1版
印　　次：2023年12月第1次印刷
定　　价：218.00元

凡所购买电子工业出版社图书有缺损问题，请向购买书店调换。若书店售缺，请与本社发行部联系，联系及邮购电话：（010）88254888，88258888。

质量投诉请发邮件至zlts@phei.com.cn，盗版侵权举报请发邮件至dbqq@phei.com.cn。

本书咨询联系方式：（010）88254568，qincong@phei.com.cn。

编委会

主　　编：乔　标

副 主 编：程　楠　侯彦全

编写组成员：张兆泽　陈笑天　岳维松　刘佳斌　侯霁珊

姚　荣　邱　石　张昕嫱　樊　蒙　谭俊彬

黄玉洁　康萌越　黄诗喆　吴　泽　曹茜芮

李柳颍　孙海尧　李　婧

前 言

当前，产业集群构成了全球经济的基本框架，特别是随着新一轮科技革命和产业变革的纵深发展，产业生态和集群网络逐步成为全球新一轮科技竞争的制高点。发达国家纷纷制定发展战略和专项计划，推动本国优势领域的先进制造业集群向更高水平迈进，希望借此完善本国制造业供应链，在全球产业和技术发展中保持优势。改革开放 40 多年来，我国国家新型工业化产业示范基地、国家级开发区等各类产业集聚区快速发展，产业综合实力和开放水平不断提高，为打造先进制造业集群奠定了基础、积累了经验。但从总体来看，我国各类产业集聚区发展方式仍显粗放，不平衡、不充分问题依旧突出，已不能适应新时代迈向更高发展阶段、发展更高层次开放型经济的要求，迫切需要加快产业集聚向先进制造业集群发展的转型提升。

党的十九大提出：促进我国产业迈向全球价值链中高端，培育若干世界级先进制造业集群。党的二十大强调：推动战略性新兴产业融合集群发展，构建新一代信息技术、人工智能、生物技术、新能源、新材料、高端装备、绿色环保等一批新的增长引擎。两次会议均将先进制造业集群发展放在了十分重要的位置，为推动经济发展质量变革、效率变革、动力变革，实现经济高质量发展提出了新要求、指明了新方向。新时代，培育发展先进制造业集群恰逢其时，时不我待。加快培育先进制造业集群不仅是把握新一轮科技革命和产业变革趋势、应对国际经济竞争的客观需要，还是立足国情推动制造业高质量发展的有效途径，对促进我国产业迈向全球价值链中高端，增强我国经济创新力和竞争力具有重要意义。2019 年以来，工业和信息化部采取集群竞赛方式遴选确定了

45 个国家先进制造业集群加以重点支持。中国电子信息产业发展研究院对 45 个国家先进制造业集群形成与发展机制进行研究后发现，这些集群大都是通过重要事件触发、专业化分工与合作竞争、知识学习和技术扩散，并辅以政策引导和制度文化滋养，实现自我革新与衍生发展的。

一、国家级先进制造业集群形成与发展机制

第一，资源禀赋叠加重要事件触发是集群形成与发展的重要起点。集群的形成之初大都是一个地区在充分利用本地区自然资源等优势的基础上，充分发挥技术、资本等优势来发展产业经济，同时叠加重要事件、突出人物或典型企业、科研院所，从而促使自身的先发优势不断积累和强化，最终成为集群的原爆点。这也是集群不仅产生在我国东部沿海发达地区，还产生在我国中西部欠发达地区的原因。例如，长沙工程机械集群缘起 20 世纪 60 年代，浦沅工程机械厂和第一机械工业部建筑机械研究所（以下简称一机部建机所）相继迁至长沙，之后凭借湖南优越的地理位置和丰富的劳动力资源，一机部建机所借助城市建设的东风，不仅裂变出三一集团、中联重科等领军企业，而且带动集群不断发展壮大。又如，无锡物联网集群离不开 2009 年国务院批准无锡建设国家唯一的传感网创新示范区这一事件的触发，再借力无锡民营经济发达的优势和新技术、新要素带来的发展机遇，使无锡在物联网产业领域率先“生根发芽”，最终凭借先发优势形成全国领先的物联网集群。

第二，专业化分工与合作竞争是集群形成与发展的重要特征。数量众多、相互联系的大中小企业为追求规模经济和集聚经济汇聚到一定地理空间内，每家企业都专注于某一道工序来完成最终产品的生产，最终构建出分工与合作关系网，形成集群生态。依托各类专业化市场、专业化服务机构和区域性物流的支撑，集群企业的运输成本、互动成本和信任成本大幅降低，加之专业化分工带来的竞争与合作又促进了企业间的优势互补，进而大大提高了集群总体的生产效率，推动集群持续发展。例如，深圳新一代信息通信集群的形成与发展离不开赛格集团电子器材配套市场的支撑，是专注于各类电子元器件、智能终端的设计、开发、制造、服务、应用等环节企业专业化分工和合作的结果。又如，南京新型电力（智能电网）装备集群是 578 家规模以上企业（以下简称规上企业）、5 家制造业单项冠军企业和 44 家专精特新“小巨人”企业的集合体，这些企业分布在电力装备产业链发电、输电、变电、配电、用电、调度、通信、

综合能源服务、电力网络安全九大环节，为国电南瑞、国电南自、南高齿等一批龙头企业提供了80%以上的本地配套设施与服务。

第三，产业组织的衍生拓展和自我革新是集群形成与发展的重要源泉。集群大都经历了从依靠产业生态优势吸引企业集聚，到推动众多企业裂变成长，再到企业间激烈竞争倒逼集群升级的生命周期历程。随着原有产业的发展壮大，产业链不仅向上下游延伸拓展，使关联产业耦合发展，还衍生出新的产业接续或替代原有产业，最终实现集群规模的持续扩张和发展水平的整体提升。例如，东莞智能移动终端集群依靠引进诺基亚生产线，建立了完善的手机硬件供应体系，在诺基亚没落之后依靠 OPPO 和 vivo 两大子品牌和引进华为终端总部，抢占了智能手机的赛道，并不断向智能可穿戴设备、虚拟现实与增强现实设备、智能服务机器人等多领域延伸，最终形成了以整机生产制造为主，涵盖从方案设计、元器件和模组、电池、整机制造到应用服务等全部环节的先进制造业集群。又如，深圳、广州高端医疗器械集群的发展离不开生物科技与信息技术的交叉融合，机电一体化的高度发达使临床诊断的新型数字成像技术、植入电子治疗装置、数字化手术设备等高端医疗器械产品在集群内产生并快速发展，推动迈瑞医疗、开立医疗、理邦仪器等企业实现了转型升级，最终形成了以医学影像诊断类、医用电子仪器类等产品为特色的先进制造业集群。

第四，技术创新的扩散效应和激励作用为集群的形成与发展提供了强大动力。国家级集群均形成了区域知识网络和创新生态系统，企业间可以相互学习、模仿和借鉴，加速了知识外溢和技术扩散，进而激励企业花更大力度、更多精力去开发新技术、新产品，有助于企业与科研院所间通过高效合作降低创新风险与成本，加速技术创新能力的螺旋式累积。例如，杭州数字安防集群深入实施名校、名院、名所“三名”工程，搭建海康威视视频感知、阿里云城市大脑两个国家人工智能开放创新平台，推动了相关企业围绕机器视觉等开展链式创新。温州乐清电气集群依靠正泰、德力西等龙头企业，通过优化整合供应链、搭建公共技术服务平台，带动金卡智能、宏丰电工等 29 家“专精特新”中小企业创新发展。

第五，政府引导和专项政策为集群形成与发展提供了重要保证。在国家级集群的形成与发展中，政府的主动作为贯穿了全过程。积极有效的区域产业政策助推集群发展驶入快车道，各级政府积极建立符合自身发展的区域资源配置体系、基础设施供给体系，帮助集群形成公平竞争的市场环境。例如，江苏早在 2003 年就出台了《关于培育集群促进区域经济发展的意见》，又在 2018 年率先出台了《关于加快培育先进制造业集群的指导意见》，遴选出新型电力（新能源）装备、物联网等 13 个基础较好的先进制造业集群作为重点培育对象，并分类制定培育政策措施，这为推动集群竞相发展和水平提升奠定了良好基础。又如，安徽于 2012 年、2018 年分别与工业和信息化部签订部省合作协议，共同推进合肥智能语音产业发展，并聚焦“精准滴灌”和“生态打造”制定出台了一系列政策措施，累计安排扶持资金近 20 亿元，相继组建总规模为 50 亿元的智能语音及人工智能产业发展基金，举全市之力打造出了“中国声谷”品牌，推动合肥智能语音集群快速成长。

第六，依附于制度文化的产业根植性为集群的形成与发展提供了有力支撑。国家级集群在区域制度文化的基础上，形成了对特定区域环境（包括社会历史文化、经济和社会关系网络等）的根植性，强化了集群企业对区域品牌和地理标识的高度认同。区域性的行业协会、产业联盟、科研机构等第三方组织积极优化合作生态，逐步成为集体行动的组织者、群规群范的倡导者。在一群敢闯敢干的企业家的带领下，形成了开拓进取、鼓励创新、追求卓越、开放包容的集群文化。例如，以民营化与原生态、重商文化等为特质的广州、佛山、惠州超高清视频及智能家电集群，温州乐清电气集群发轫于改革开放中的乡镇经济，厚植于集聚经济和创新经济发展的土壤，依靠民间自发形成的行业协会、商会和政府引导下的集群促进组织，在集群内构建起“竞争者合作”和“抱团发展”的理念，形成了集群企业共同遵守的有效准则，推动企业共同应对各类风险、共享市场机会。

二、发展启示

综合上述分析得出，国家级集群的形成与发展是在重要事件触发下，不断强化专业化分工与合作竞争、知识学习和技术扩散，并辅以政策引导和制度文化滋养，最终实现自我革新与衍生发展的一个过程。这启示我们，培育发展集群要明确以下三点。

第一，集群的形成与发展是多种因素影响的结果，培育发展集群要尊重产业发展规律和地方承载力。培育发展集群需要采取系统化的思维，综合考虑文化、区位、政策、产业等因素，从顶层设计、政策体系、发展思路与具体路径等角度提出科学化的集群培育发展举措。不能将培育发展集群等同于发展主导产业，也不能唯规模导向，盲目追求全产业链。

第二，集群是地理邻近、产业联系和行为主体互动合作三者的有机统一，缺少其中任何一种要素都不能认定为真正的集群。培育发展集群不能流于形式，要遵循经典产业集群的理论指导，在实践中注重集群结网与互动，加快产业链上下游不断延伸拓展，增强集群的集聚经济、规模经济和创新经济。

第三，集群是市场经济发展的必然结果，但国家级集群离不开政府强力的引导和政策的支持。培育发展集群要处理好培育与发展的关系，要时刻警惕集群可能由于外部的威胁或内部的僵化而失去竞争力的潜在风险，将集群政策作为区别于产业政策、区域政策的一项新型政策工具，用于解决市场失灵、产业治理能力欠缺和产业科技金融人才循环生态不健全等问题，引导集群可持续发展。

综上所述，为更加详细地剖析国家先进制造业集群的形成与发展机制，我们对全国 45 个国家先进制造业集群进行了全面分析，最终形成了本书。本书是在 45 个国家先进制造集群提供材料的基础上，由中国电子信息产业发展研究院整理、编撰而成。编撰中难免有疏漏和不足之处，敬请读者批评指正。

《国家先进制造业集群形成与发展蓝皮书》编委会

2023 年 12 月

目 录

新一代信息技术篇

高端装备篇

新能源汽车篇

新材料篇

生物医药及高端医疗器械篇

轻工消费品篇

新一代信息技术篇

第一章

武汉光电子信息集群

光电子技术被誉为 21 世纪推动人类进步的最重要的技术之一，被美国、中国、日本、韩国、俄罗斯及欧盟各国等列入战略性新兴产业。武汉建设“中国光谷”20 多年，光电子信息产业独树一帜。武汉正加快打造世界级光电子信息集群，促进“中国光谷”迈向“世界光谷”。根据 2022 年国际光学工程协会的排名，武汉光电子信息集群是中国唯一上榜集群，亚太地区仅 4 个国家上榜。当前，武汉光电子信息集群已成为全球最大的光纤光缆制造基地、光模块研发生产基地、中小尺寸显示面板基地和全国最大的高端激光设备生产基地，具备培育世界级光电子信息集群的基础。

一、集群形成的动因和机制

（一）萌芽期：早期研究院所的突破研究成为集群形成的原爆点

1969 年，国家决定将重大科研项目“激光大气传输通信”及项目执行人员由北京转移到武汉，此项目由武汉邮电学院（武汉邮电科学研究院的前身）接手。1976 年，我国第一根石英光纤在武汉邮电科学研究院诞生，这是我国第一根符合国际标准的实用化光纤。

（二）成长期：片区提能和企业集群加速集群发展

东湖高新区正式获批建设国家光电子信息产业基地之后，片区能级不断提升。2006 年，东湖高新区被中华人民共和国科技部（以下简称科技部）列为全国建设世界一流科技园区试点之一，被中华人民共和国商务部（以下简称商务部）、中华人民共和国信息产业部（现中华人民共和国工业和信息化部）、科技部确定为国家服务外包基地城市示范区。2009 年，东湖高新区被国务院批准为国家自主创新示范区，是全国第二个国家自主创新示范区。2012 年，东湖高新

区获批东湖国家级文化和科技融合示范基地。2016 年，东湖高新区获批国家首批双创示范基地，并获批为中国（湖北）自由贸易试验区武汉片区。随着东湖高新区的区域能级不断提升，企业不断集聚。其中，光通信领域相继集聚了中国信科、华为武汉研究所、烽火通信、长飞光纤光缆、武汉凡谷等企业；激光领域拥有华工激光、楚天激光、锐科激光等企业；光电传感器领域培育了华工科技、高德红外、理工光科、久之洋、四方光电、极目智能等细分领域的"隐形冠军"。

（三）转型期：数字产业崛起和新技术变革驱动集群转型升级

自 2016 年互联网产业崛起以来，以数字与产业为支撑，东湖高新区形成了独特的"第二总部"现象，吸引了小米、科大讯飞、金山等国内互联网领军企业的"第二总部"，同时吸引和留存了大量行业优秀人才，为互联网及数字产业的发展提供了强大动力。在光电子信息领域，华星光电、天马微电子、华为等数十家企业也将区域总部或"第二总部"落户东湖高新区。2018 年以来，随着新一轮科技革命和产业变革的深入演进，光电子信息产业进入蓬勃发展和交叉融合创新期，东湖高新区紧抓机遇，驱动集群向价值链、技术链高端转型突破，并不断取得重大成果。2021 年，烽火通信推出了中国首款拥有自主知识产权的 400G 相干商用硅光收发芯片，这是目前国际上已报道的、集成度最高的商用硅光集成芯片之一。2022 年，中国信科集团国家重点实验室、国家信息光电子创新中心发布了国内首款 1.6Tb/s 硅光互联芯片，意味着我国硅光芯片技术实现向 Tb/s 级的首次跨越。

二、集群发展壮大的主要模式

（一）强化全产业链引领，多细分领域同时突破

集群主要发展光通信、激光、光电显示、光电传感器等多个领域，产品涵盖信息感知、信息传输、信息计算、信息存储、信息显示、信息应用全方位，以及光电材料、光电芯片、光电器件、光电模组、光电设备全链条，打造了 4 个全球最大的特色产业基地。一是全球最大的光纤光缆制造基地。CRU（英国商品研究所）数据显示，武汉光电子信息集群光纤光缆产业规模处于全球领先水平，国际市场占有率超过 25%，国内市场占有率超过 60%，连续多年销量居世界第一。二是全球最大的光模块研发生产基地。根据全球知名行业机构 Omdia 的统计数据，武汉光电子信息集群光器件国内市场占有率多年超过 40%，国际市场占有率超过 12%。三是全球最大的中小尺寸显示面板基地。武

汉市光电子信息集群集聚了国内三个显示面板龙头企业——华星光电、京东方、天马微电子。四是全国最大的高端激光设备生产基地。武汉是激光策源地之一，产品品种占全国激光设备品种的70%以上。

（二）注重市场主体培育，推动大中小企业的数智发展

集群围绕“紧紧扭住龙头，扶持配套小微企业上规模，支持优质企业‘专精特新’发展，鼓励骨干企业上台阶”的思路，打造了一批优质企业梯队，构建了中小企业卡位入链，与链主企业高效对接、协同发展的良好发展格局。截至 2023 年上半年，集群集聚相关企业超过 17 000 家，其中规上企业 1581 家，国家制造业单项冠军企业 11 家，专精特新“小巨人”企业 106 家，国家高新技术企业 5249 家，独角兽企业 7 家，本地注册上市企业 55 家。集群龙头企业有中国信科、华为武汉研究所、烽火通信、长飞光纤光缆、光迅科技、锐科激光、华工激光、华星光电、京东方、天马微电子等。此外，依托电子信息（光电子）· 湖北武汉东湖新技术开发区、软件和信息服务 · 武汉洪山区、工业互联网 · 湖北武汉 3 家国家新型工业化产业示范基地，东湖高新区加快推进制造业和新一代信息技术的融合发展，出台了《东湖高新区智能制造和工业互联网三年行动计划（2021—2023 年）》，以推动智能制造为主攻方向，每年拿出数亿元资金着力推进产业数字化。集群已实现规上工业企业智能化改造咨询诊断全覆盖，在光电子信息产业领域实施智能化改造项目 300 余项，1 家企业获评全球“灯塔工厂”，7 家企业获评全国智能制造试点示范项目，创建国家级智能制造示范工厂 4 家，国家级工业互联网平台 3 个，83 家企业通过国家两化融合贯标评定。

（三）注重网络化协作，实现优势互补强强联合

2021 年，为进一步提升集群促进组织的影响力，链接创新源头，更好地服务武汉光电子信息产业大中小企业，武汉光电工业技术研究院（以下简称武汉光电工研院）被确定为集群促进组织。武汉光电工研院与华中科技大学、武汉光电国家研究中心、武汉产业创新发展研究院、新加坡南洋理工大学、日本静冈大学等高校、科研院所合作紧密。其中，武汉光电国家研究中心作为武汉光电工研院的创新源头，是科技部首批批准组建的 6 个国家研究中心之一。武汉光电工研院和中国电建集团华东勘测设计研究院有限公司、华星光电、锐科激光、精测电子、中航国际、雷石集团等龙头企业及投资机构也建立了长期合作关系。依托以上丰富的科技、产业资源，武汉光电工研院现已获得国家级科技企业孵化器、国家专业化众创空间、国家级众创空间等国家级认定，以及湖北

省中小微企业双创示范基地、湖北省技术转移示范机构、湖北省光电产业技术研究院等省级认定，2020 年入选“科创中国”产学研融通组织榜单，成为中国科协光电芯片领域科技经济融合示范“样板间”。武汉光电工研院具备新型研发、产业服务及设施运营三大能力，涵盖成果转化、产业孵化、场景应用、市场拓展在内的全链条服务体系，实现了光电子信息产业创新链、产业链、资本链、价值链、人才链的有机融合。

（四）瞄准创新载体培育，大力推动成果转化

集群形成了高校、科研院所、重点实验室、创新中心、企业创新载体（企业技术中心、工程研究中心、工程实验室、新型研发机构、技术创新中心）、技术转移机构、产业技术创新联合体等多层次创新体系。其中，以高校、科研院所、重点实验室为代表的创新源头多点开花，光电科学原始创新实力居全球领先行列。集群集聚武汉大学、华中科技大学等 42 所高等院校、56 个国家级和省部级科研院所、6 个国家重点实验室，以及近几年建设的光谷实验室、九峰山实验室等光电前沿领域实验室，依托华中科技大学开展从“0”到“1”原创性基础科学研究，突破关键核心技术瓶颈。同时，集群拥有多样化的创新中心及企业创新中心等产业化创新载体承担技术创新成果培育工作，搭建创新源头与市场需求的桥梁。集群拥有包含国家信息光电子创新中心、国家数字化设计与制造创新中心、国家先进存储产业创新中心在内的国家级技术创新平台 28 家。此外，集群内聚集了一批以技术公共服务平台、孵化器、众创空间为代表的生产性服务业公共服务平台。

（五）强化集群开放发展，提升集群品牌影响力

武汉市政府和东湖高新区积极推动在硅谷建立光谷创新中心，在伦敦筹建离岸创新中心，在波士顿、多伦多、新加坡等地设立海外孵化器；积极建设武汉留学生创业园，促进海外留学高层次人才回国创新创业，通过华侨华人创业发展洽谈会、留交会、光谷青桐汇、春晖杯等活动，主动发现和引入优质创业项目，以“一带一路”倡议为重点，大力推进集群国际贸易高质量发展；加快建立中欧班列（武汉）、花山港、花湖机场、北湖编组站及互联高速通道等多式联运外贸大通道，为集群企业发展外向型经济提供重要支撑；设立海外生产基地，实施制造和服务本地化策略，实现国际、国内互补的生产格局。集群企业积极建立专业领域较齐全、覆盖面较广、竞争优势较为突出的光电子信息知识产权体系，抢占全球光电子信息技术和产业发展的制高点，打造了具有国际竞争力的知名品牌 10 余项。自 2002 年成功举办以来，

“中国光谷”国际光电子博览会暨论坛（以下简称武汉光博会）已成功举办 19 届，累计吸引全球 30 多个国家和地区的 6100 余家知名企业参展。随着武汉光博会在专业化、市场化、国际化和品牌化方面的不断深入，其已发展成为我国规格最高、最有影响力的光电子信息专业展会之一，成为世界了解中国光电子产业最新发展的重要窗口。

三、集群发展存在的核心问题

对标旧金山、纽约、东京等国际一流光电子产业集聚区，武汉光电子信息集群在龙头企业、产业体系、核心技术、精细治理等方面存在不同程度的短板和不足，具体如下。

（一）龙头企业规模不足

武汉光电子信息集群拥有约 17 000 家企业，在光通信领域集聚了中国信科、华为、光迅等龙头企业，在其他细分领域（如激光、光电显示领域）则集聚了大量“单项冠军”、专精特新“小巨人”企业，但是集群中营收超百亿元的企业匮乏，尚未培育出超大型龙头企业，龙头企业培育仍有提升空间。

（二）产业体系仍需完善

集群在光通信、激光、光电显示、光电传感器、精密光学等领域，产业链核心基础原材料、关键器件、设备等方面与国际先进水平相比依然存在一定差距。附加值较大、科技含量较高的高端部件往往依赖国外进口，国产化配套能力较弱。例如，上游材料及设备的核心技术依然掌握在国外厂商手里，成本、利润难以把控。下游客户也大多是国外终端企业，本地终端企业对本地生产的光电子信息产品采购规模尚小，产业链各环节之间协同配套、抱团发展的良性生态有待完善。

（三）核心技术亟待突破

由于光电子信息产业的新产品、新工艺、新材料不断涌现，集群在前沿技术研究（如 F5G 以上、硅光等）方面还存在不足。核心制造工艺技术研发水平与国际先进水平尚有差距，光芯片产业链有待精进，国产化替代尚需时日。同时，虽然武汉科教资源丰富，但是由于在科研管理体制、成果转化机制等方面存在问题，产学研用对接还不够畅通，导致科研成果和专利技术针对性不强、转化效率不高。

（四）精细治理有待提升

近年来，集群内的企业出现部分外流现象，部分科技型企业流向技术和人才更加密集的区域，部分劳动密集型企业向周边用工成本较低的省内城市流动，还有部分企业因市场开拓等原因在外建厂。集群企业间抱团发展的意识有待提升，集群企业间的黏性不足，无法形成合力，尤其是龙头企业人才创业孵化催生出一批产品高度类似的中小企业，引发同质化竞争，导致内耗严重。

四、集群培育提升的对策建议

为抢占世界光电子信息产业发展的制高点，打造全球创新网络的关键节点，我们提出以下建议。

（一）瞄准价值链中高端，布局产业体系

积极布局产业链重点环节，推进核心技术攻关。光通信领域重点发展预制棒、超低损光纤、海底光缆、硅光子器件、高速光模块、汽车光电子芯片等，重点突破高端光器件和芯片技术、核心 ASIC（专用集成电路）设计技术、海缆中继技术、全光交换技术等。激光领域重点发展激光材料、高能掺杂光纤、激光器等，重点突破高功率半导体激光器芯片技术、大功率光纤激光器技术等。光电显示领域重点发展高世代 TFT-LCD 面板、超高清 LTPS TFT-LCD 面板、柔性 OLED 面板，重点突破超高清蒸镀技术、柔性封装技术、触控一体化技术等。光电传感器领域重点发展非制冷红外焦平面探测器、单光子探测器等，重点突破红外温度传感器技术、柔性光电传感器技术等。

（二）强化创新网络内核，推动协同创新

强化企业的创新主体地位，组建企业创新联合体，促进各类创新资源向企业集聚，围绕企业需求开展技术创新，形成产学研用深度融合的协同创新体系。围绕“打造全球重大创新策源地”的定位，培育世界一流的科技创新载体，推动原始创新平台、产业化平台及服务化平台全体系载体建设提质增效，加快集群创新载体向专业化、一体化、品牌化、国际化方向发展。引导集群树立务实创新、开放包容的文化价值观，营造鼓励创新创业的文化氛围。积极举办国际会议或高水平学术论坛，继续办好大学生创新创业大赛、光谷青桐汇、创客汇等品牌“双创”活动。

（三）深化开放合作和区域协同发展

推动武汉光博会与美国光纤通讯展览会（OFC）、世界移动通信大会（MWC）、国际光子与光电子学会议（POEM）等国际光电子展览或会议开展强强合作。与中国国际服务贸易交易会、各国驻汉领事馆等深化合作，加快建立与“一带一路”沿线重点国家和欧美等国家的贸促组织、展览机构和企业商会的联络机制，通过开展线上招商招展、洽谈合作、信息交流等活动，突出武汉光博会国际贸易促进特色，打造光产业国际贸易交易平台。积极推动在硅谷建立的光谷创新中心，在伦敦筹建的离岸创新中心，在比利时建设的中比创新园，在波士顿、多伦多、新加坡等地设立的海外孵化器做大做强，鼓励集群企业以东湖高新区跨国合作共建的国际科技园区为阵地，拓展研发、生产、销售和服务等业务，建设全球化光电子信息产业研发中心、生产基地和交付中心。深化长江中游三省协同发展，加强光电子信息领域的合作，推动中部地区光电子信息集群协同发展。

（四）推进全要素保障，支持产业发展

充分发挥武汉高校和科研院所的集聚优势，加强痛点环节的高端人才招引。推进产教融合创新平台等产学研用合作人力资源建设，支持高校加大光电子信息学科的建设力度，鼓励省市重点院校、科研院所等在专业人才教育、联合培养等方面强化合作。加大各级财政专项资金的支持力度，设立省级光电子信息产业专项资金池，加快核心技术攻关。出台资金政策，支持省级光电子信息产业相关重大项目、园区、试点示范、标杆、案例的建设。优化财税支持方式。探索闲置土地清理处置的长效机制，形成以园区管理部门为主，国土规划、招商及土地储备等多部门联合介入的工作格局，建立全流程管控机制，为光电子信息产业发展提供空间保障。深化产业用地市场化配置改革，完善“标准地”制度，实施新型工业用地政策。

撰稿人：赛迪智库规划所　刘佳斌

第二章

无锡物联网集群

随着 5G、低功耗广域网等基础设施的加速建设，数万亿台新设备将接入网络并产生海量数据，人工智能、边缘计算等新技术将加速与物联网融合，物联网将迎来跨界融合、集成创新和规模化发展的新阶段。发展物联网成为国家落实创新驱动、培育发展新动能、建设制造强国和网络强国、实现智慧社会等一系列国家重大战略部署的重要举措。无锡物联网集群是我国唯一的国家传感网创新示范区，是国家先进制造业集群，承担着为中国物联网发展探路的使命。

一、集群形成的动因和机制

十多年来，无锡以示范区为抓手，先行先试，为全国物联网发展探索道路、积累经验，共经历了 3 个阶段。

（一）发轫起步阶段（2009—2010 年）

这一时期，以无锡国家传感网创新示范区部际建设协调领导小组第一次会议召开为标志，示范区建设的顶层设计、组织体系和基础保障开始建立健全；中国移动、中国联通、中国电信、中国电科等中央直属企业，中国科学院及清华大学、北京大学等 19 家重点高校的物联网科研机构纷纷落户无锡；西门子、微软、IBM、英特尔等世界 500 强企业在无锡设立了物联网领域研发机构；中国国际物联网（传感网）博览会（世界物联网博览会的前身）正式创办；2009 年 8 月 7 日，时任国务院总理温家宝同志视察无锡，提出在无锡设立“感知中国”中心；2009 年 11 月，无锡获批建设全国唯一的国家传感网创新示范区，开启了为全国物联网发展先行先试、试点探索的新征程。2010 年，江苏省、无锡市与中国科学院共建无锡物联网创新发展中心。示范区建设实现了从无到有的巨大变化。

（二）探索试验阶段（2011—2014 年）

这一时期，以《无锡国家传感网创新示范区发展规划纲要（2012—2020 年）》获国务院批复为标志，示范区聚力打造“全国领先的物联网技术创新核心区、产业发展集聚区和应用示范先导区”的目标定位正式确立，“以应用带产业、以示范拓市场、以模式促推广”的发展思路进一步强化；全市物联网及相关产业总产值在 2012 年首次突破 1000 亿元大关；国内首个物联网云计算中心在无锡正式启用；物联网技术开始在无锡经济社会发展各领域、各行业开展试点应用。无锡物联网集群发展实现了由小到大的阶段突破。

（三）加速发展阶段（2015 年至今）

这一时期，以中国共产党无锡市第十二届委员会第九次会议做出重振产业雄风、加快打造现代产业发展新高地的战略部署为标志，示范区大力实施创新驱动核心战略和产业强市主导战略，明确了以重大行业应用为牵引，带动技术、产业协同发展的工作举措，加快发展以物联网为龙头的新一代信息技术产业，无锡物联网集群发展实现了从大到强的历史跨越。十多年来，无锡敢闯敢试，实干实为，充分利用产业、区位、信息基础及营商制度等优势，实现了物联网概念从“非常”到“平常”、从抽象到具象、从实验室到现实应用的巨大转变，在技术创新、产业集聚和应用示范等方面起到了敢为人先的引领作用。2022 年，无锡物联网集群产业营收达 4011 亿元，同比增长 16.2%，形成了涵盖芯片、感知、传输、平台、应用、服务和安全等上下游完整的产业链，产业结构进一步优化，产业链条更加科学合理，自主创新能力不断增强，龙头企业不断涌现，应用推广成效显著。

二、集群发展壮大的主要模式

无锡坚持系统推进和重点突破相结合，紧扣物联网发展的关键环节，以应用带产业、以示范拓市场、以模式促推广，加强组织领导、健全政策体系、夯实基础保障，形成合力推进产业集聚发展的良好局面。

（一）健全政策保障体系

示范区获批后，部、省、市三级组织保障体系迅速建立。在部、省级层面，工业和信息化部及江苏省政府牵头成立了国家传感网创新示范区部际建设协调领导小组，对示范区建设高位谋划、统筹协调，两年一次的领导小组会议及时有效地解决了产业发展中的一大批困难和问题。江苏则确定了以无锡为核

心，以南京、苏州为两翼的物联网“一体两翼”产业布局，在政策、产业集聚、应用推广等方面给予了全方位支持。在市级层面，无锡以《无锡国家传感网创新示范区发展规划纲要（2012—2020 年）》为统领，每 3 年制订一次行动计划、每年制定年度工作任务，并由市级领导挂钩联系产业链，分阶段、分层次、分目标推进各项重点工作的开展，坚持一张蓝图绘到底，确保产业发展的延续性。同时，无锡结合发展实际，瞄准重点、精准施策，设立了物联网专项资金，并专门拨付 10 亿元用于促进集群组织牵头的综合服务体系建设。

（二）强化应用赋能引领

无锡坚持典型引路、以点带面，建立了“试错—容错—纠错”的闭环管理体系和“试点—示范—推广”的长效激励机制。在全国范围内，无锡率先部署电力、食品溯源、水利、车联网等国家行业主管部门支持的重大应用示范工程 22 个，涵盖工业、交通、环保、医疗健康、公共安全、城市管理等重点领域，并逐步拓展到全市 300 多个细分行业，形成了一系列“促进生产、走进生活、造福百姓”的智慧解决方案和商业运营“无锡模式”，为全国乃至全球物联网规模化应用提供了良好的示范样板。随着应用市场的开拓，以远景能源、朗新科技、中科微至、航天大为等为代表的行业领军企业快速成长壮大。

（三）坚持创新驱动发展

无锡围绕创新驱动的核心战略，以问题导向和目标导向相结合的方式，探索建立了“技术+模式”的自主创新体系。应用和行业领域高端创新资源加速在无锡集聚，2016 年无锡获颁工业和信息化部全国产业集群区域品牌建设试点工作组织实施单位，2020 年无锡获批创建国内首个芯片封装测试领域国家先进制造业创新中心；截至 2021 年，无锡的物联网领域重点研发机构超 50 家，国家超算中心、国家智能交通综合测试基地、国家物联网感知装备产业计量测试中心等 178 家创新载体相继建成投用，国家“芯火”双创基地等一批国家级创新平台落户无锡；面向行业市场需求的高性能 MEMS 传感器、异构感知融合、物联网终端安全防护等一大批创新成果达到国际领先水平；截至 2021 年，无锡的物联网授权专利超 8 万件，主导或参与制定物联网国际标准 12 项、国家标准 62 项、行业标准 17 项。创新驱动下的内涵式发展，引导物联网步入量质并重的新阶段。

（四）聚焦市场主体引育

无锡强化了企业的主体地位，不断激发市场主体的活力和创造力；注重对外招引、对内孵化，逐步形成“全链布局、转型优先、产业协同”的多维度、全方位集群培育路径；积极构建开放型生态，打造物联网产业地标，使一批“生力军”正在奋力长成“主力军”。截至2023年上半年，集群集聚相关企业超过3750家，其中规上企业486家，国家制造业单项冠军企业12家，专精特新“小巨人”企业60家，国家高新技术企业555家，独角兽企业4家，本地注册上市企业82家。龙头企业包括飞翎电子、闻泰科技、航天新气象、华润微电子、卓胜微、朗新科技、华云数据、航天大为、先导智能、中科微至、远景能源等，核心配套企业有威孚高科等。带来巨大市场容量的物联网正和集成电路、5G、高端软件、智能制造等关联产业同频共振，逐渐形成聚合效应。

（五）创新集群工作机制

无锡强化了主体协作、区域联动，创新构建了市场化、强融合、跨区域的系统性协同体系。2018年，无锡专门设立了集群促进组织——无锡物联网创新促进中心，并以其为核心构建了“1家促进组织+10家专业协会+12家行业联盟”的系统性协同服务网络，每年开展技术研讨、应用推广、合作配套等交流活动500余场，其中以供给侧、需求侧对接成效最为突出。无锡注重激活创新“存量”，实施“一所一策”计划，充分释放了公安部交通管理科学研究所、中国船舶702所、中国电子科技集团公司第五十八研究所等“大院大所”的创新优势，促进技术与资本、成果与市场的有效对接，推动产学研用深度融合。无锡推进跨区域协同向纵深发展，与上海嘉定区、合肥、杭州、中电海康联合共建长三角面向物联网领域“感存算一体化”超级中试中心，与ISO（国际标准化组织）、ITU（国际电信联盟）、IEEE（电气与电子工程师协会）等国际组织深化合作，积极吸引海内外各类物联网企业来无锡创新创业，激活产业发展新动能。无锡着力搭建高端平台，创办了世界物联网博览会，打造了行业内极具影响力的国际交流合作平台、行业趋势发布平台、技术成果展示平台、产业发展投资平台和高端人才集聚平台，以共生共融、共进共赢的开放姿态，不断扩大交流、深化合作。

（六）优化产业生态布局

无锡持续夯实基础，健全生态，多维度、全方位发力，建立健全综合保障体系。在基础设施方面，无锡在全国率先实现商用NB-IoT窄带物联网全域覆盖，部署全国首个IPv6规模商用网络，其5G建设密度、流量驻留比领先全国，还建成全球首个城市级车联网LTE-V2X网络，获批建设全国首个国家级车联网先导区。在金融方面，无锡建立了“产业基金+银行信贷+保险服务”的综合性金融服务体系，物联网领域基金规模超600亿元。在人才方面，无锡立足“太湖人才计划”，建立了开放、包容、共享的人才机制，集聚物联网各类人才约20万人。

三、集群发展存在的核心问题

（一）核心技术还需突破

目前，在无锡物联网企业中，集成应用型企业占比较高，智慧城市等解决方案的提供商较多，在关键技术和高端产品等方面与国外相比有一定差距。高端传感器、射频芯片、滤波器等关键基础设备的研发企业数量较少且产业规模不大，很多高端器件仍然依赖进口，射频前端芯片市场主要被国外企业占据。大多数企业只关注引进技术，没有形成核心创新能力，且相当一部分技术创新是在原有信息化技术基础上的延伸和再加工，没有解决根本的技术升级问题，难以形成根本性的技术突破。

（二）产业生态建设还需完善

在庞杂的物联网系统与细分领域差异化巨大的用户需求面前，龙头型平台企业难以形成。物联网产业涉及的领域多，技术范围广，各细分赛道内存在一定的壁垒，行业需求的多样化导致物联网标准难以统一，跨行业应用标准的制定推进困难。创业投资不够发达，存在规模偏小、阶段偏后等不足，种子期、初创期等最需要加大研发投入力度、最需要天使资金扶持的科技企业并不被市场资本所青睐，获得创业投资的概率偏低。

（三）重量级应用场景还需扩大

目前，物联网技术的应用场景主要集中在政府工程和示范项目，商业化应用由于碎片化等问题，没有形成规模效应，无法对市场产生较大的带动作用。后新冠疫情时代给物联网带来了新的增长点，使物联网技术的落地应用场景有了更多的可能性，但无锡物联网产业的应用规模未有显著改变，规模和层级都亟须提高。

四、集群培育提升的对策建议

（一）推动物联网产业系统化布局

一是加强前瞻性谋划，以国际化视野、高标准制定新一轮发展规划，并加强与城市总体规划及各类专业性规划的衔接，形成规划引领合力。二是注重科学布局，坚持差异化、错位式发展，在智能芯片、传感器等优势领域优化布局、持续深耕，在重点核心领域取得更大突破。三是加强促进组织建设，处理好政府与促进组织间的分工协作关系，探索形成组织共治、利益共享、合作共赢的协同创新模式。

（二）推动物联网集群要素集聚

一是加速龙头企业引育，持续加大全产业链头部企业的招引服务力度，鼓励企业瞄准前沿领域开展海内外兼并重组，增强综合实力。二是支持“专精特新”企业发展，遴选并重点培育发展前景好的物联网“小巨人”企业及平台型企业，打造新的增长极。三是加快推进产业载体建设，结合物联网跨行业融合发展的特点，坚持特色化、差异化、品牌化思路，建设以专业园区和特色小镇为形态的集群载体。

（三）推动物联网集群协同创新

一是加速突破一批关键核心技术，优先在基础研究、网络传输、行业应用、信息安全、标准制定等方面树立行业标杆，巩固、扩大集群技术标准策源地优势。二是加速集聚一批创新人才，重点依托大项目、大企业、大机构，拓展引才渠道，加大高层次人才的招引力度。三是加速完善一批平台及基础设施，按照“产权多元化、使用社会化、营运专业化”的思路，高标准建设一批技术服务平台，加快 5G、IPv6、C-V2X 等的部署应用。

（四）推动物联网集群开放合作

一是积极拓展国际合作空间，围绕“一带一路”倡议，面向世界制造业发达的国家，主动嵌入全球产业链、价值链和创新链。二是推进长三角区域一体化向纵深发展，协同联动长三角城市群，面向公共服务等重点领域，部署物联网传感节点，建设城域物联网专网。三是广泛开展合作交流，按照国际化、品牌化、市场化、专业化的总体目标持续且高质量地办好世界物联网博览会，打造国际一流的行业品牌盛会。

撰稿人：赛迪智库规划所　曹茜芮

第三章

深圳新一代信息通信集群

深圳信息通信产业伴随着深圳特区的建设不断蝶变，经过 40 余年的发展，走出了一条从无到有、从小到大、从弱到强的跨越式发展道路，形成了涵盖 5G、集成电路、新型显示、人工智能、机器人、工业互联网等领域的先进制造业集群。2022 年，深圳新一代信息通信集群主导产业总产值达 2.48 万亿元，占全国的 1/6，占全球的 1/10。

一、集群形成的动因和机制

深圳新一代信息通信集群以承接“三来一补”（来料加工、来件装配、来样加工、补偿贸易）产业起步，以培育高新技术产业实现自我蜕变，以自主创新实现高质量发展，经历了三个发展阶段。

（一）奠基：1979—1991 年

借改革开放春风承接“三来一补”产业起步，借政策红利实现产业规模化聚集。在深圳设立特区之时，“亚洲四小龙”（韩国、中国台湾、中国香港、新加坡）已是美国、日本及欧洲各国电子信息产业代工地，与深圳相比产业位势较高，在技术、资金、管理方面优势明显，而深圳则在土地、人力方面有成本优势。深圳的成本优势吸引了一大批港资率先北上在深圳设厂，台资及欧美资本也纷纷效仿，在深圳建立“三来一补”企业。到 1985 年年底，深圳电子信息产业产值为 13.75 亿元（按 1980 年不变价计算），比 1979 年增长了 113.5 倍，基本形成了以电视机、收音机、录音机、电话机、计算器为主的电子产业雏形。在吸引外资的同时，内地国资、民资纷纷在深圳设厂，如生产微机的中国长城、生产程控交换机的华为电子、生产光纤光缆的深圳光通、生产激光盘机盘片的深飞激光等，形成外资、国资、民资竞相发展的局面。

到 1990 年，深圳的电子工业相关企业有 600 多家，产值达 72.36 亿元，形成了规模化发展态势。[①]

（二）蝶变：1992—2007 年

借全球信息化浪潮，从规模化野蛮生长向高端化发展转型。1992 年，邓小平南方谈话给国内外企业吃了颗定心丸，一大批企业加速向深圳集聚。从国外企业看，1993 年随着巴黎统筹委员会解散，大量跨国电子科技企业对我国进行大规模投资，深圳审时度势，出台政策，完善产业平台，建立高新技术园区，如福田保税区、沙头角保税区、坂田工业区等，积极引进大型跨国企业。其间，IBM、康柏、伟创力、朗讯、惠普、斯比泰等一大批跨国电子信息领域的企业入驻深圳。1998 年，亚洲金融危机加速了深圳电子信息产业升级，从传统的电视机、收音机、录音机等转为手机、计算机、集成电路等高端信息通信设备，产业实现从贸工技向技工贸转型，国内科健、中兴、华为、康佳、桑达等一批高技术企业加速崛起。2006 年，深圳与中国科学院、香港中文大学共建深圳先进技术研究院。2007 年，电子信息制造业实现规模以上工业产值 5306.8 亿元，占全市工业总产值的 60.9%。深圳的手机、程控交换机、通信基站、彩电、计算机、嵌入式软件等多项产品的产量位居全国乃至全球前列，手机产量占全国的 30%，彩电产量占全国的 21%，程控交换机产量占全国的 32.6%。

（三）腾飞：2008 年至今

创新资源加速集聚，创新引领高质量发展。2008 年，全球金融危机导致经济加速重塑，大批外资代工厂或压缩规模或关闭转移，本土代工厂和山寨产品企业在腾笼换鸟中被淘汰，创新发展成为产业发展的必然趋势，我国电子信息产业不再局限于低端产品规模化生产，逐渐进入高端产品领域。深圳紧跟产业发展形势，大力支持产业创新发展。2008 年，深圳出台国内首部国家创新型城市规划——《深圳国家创新型城市总体规划》，之后陆续出台自主创新“33 条”、创新驱动发展“1+10”文件、战略性新兴产业及未来产业规划等系列政策，从财政金融支持、人才支撑、创新载体建设、科技服务业发展等方面，全面加大对自主创新的支持力度。在市场和政府的“双手”作用下，涌现出华为、中兴、大疆、深天马、腾讯、金蝶、同洲等一批创新型企业，引领深圳新一代信息通信先进制造业集群发展。

① 南岭. 深圳产业政策 40 年[M]. 北京：中国社会科学出版社，2020.

二、集群发展壮大的主要模式

（一）在关键节点以政策驱动产业迭代升级

深圳以产业高端化为目标，把握每次科技和产业变革，不失时机地调整优化产业结构，推动产业结构不断迭代升级。特区成立之初，深圳抓住国际产业转移的机遇，大力发展“三来一补”产业。20 世纪 80 年代中期，随着产业集聚，为了改变无序发展的状态，深圳特区政府逐渐介入产业发展，组建工业投资平台——赛格集团，将政府资本市场化，着力招引国际资本。1984 年开始，深圳特区政府和中国科学院、广东省信托投资公司合作，在深圳建设科技工业园，并在 1985 年 3 月，制定了《深圳经济特区科技工业园规划》，提出着重发展电子、通信、新材料和生物工程等项目，引导产业有序发展。20 世纪 90 年代以后，深圳瞄准产业转型方向，集中精力发展高新技术产业，先后出台《中共深圳市委，市人民政府关于推动科学技术进步的决定》《深圳经济特区企业技术秘密保护条例》《关于进一步扶持高新技术产业发展的若干规定》等政策举措，推动电子信息产业从“三来一补”产业向高新技术产业转型。进入 21 世纪，深圳为增强产业的核心竞争力，把创新发展作为主攻方向，2006 年颁布了《关于实施自主创新战略建设国家创新型城市的决定》；在 5G 通信领域，推动出台《深圳市关于率先实现 5G 基础设施全覆盖及促进 5G 产业高质量发展的若干措施》；在集成电路领域，编制了《深圳市进一步推动集成电路产业发展五年行动计划（2019—2023 年）》和《关于加快集成电路产业发展的若干措施》；在超高清视频产业领域，推动出台《深圳国家级新型显示产业集群建设实施方案》《深圳市推动超高清视频应用和产业发展若干措施（2019—2021 年）》《深圳市 8K 超高清视频产业发展行动计划（2019—2022 年）》，着力推动产业创新发展。

（二）开放透明的营商环境加速集群企业集聚

深圳是中国改革开放的先行区、改革开放的试验田，在经济体制改革和政府管理体制改革，以及法治化和国际化方面走在了全国前列。深圳勇于根据国内外发展形势，善于利用特区先行先试政策进行体制机制改革，“放管服”改革比较到位，政策法规逐步完善，建立了比较完善的市场经济体制和与国际规则接轨的经济运行机制，政府管理效率在国内处于领先水平。例如，1987 年《关于鼓励科技人员兴办民间科技企业的暂行规定》鼓励技术入股、兴办民营科技企业，催生了一批高技术民营企业。投资环境的有效改善、营商成本的降低，赢得了企业的青睐，有效促进了企业的集聚和成长，诸如大疆一类的企业选址深圳，就是看中了深圳的营商环境和产业生态。

（三）多元产业空间助力集群大中企业融通发展

集群既有华为、中兴、大疆等整机龙头企业，又有富士康、立讯精密等代工企业，还有服务大企业研发设计和零部件配套的中小微企业，形成了以龙头企业为核心，中小微企业大量集聚、快速发展的产业生态。深圳脱胎于以农业为主的宝安区，虽然目前已是千万级人口的城市，但由于城市建设历史短，在市场力量主导下，深圳的产业空间参差不齐。目前，高新技术产业园、区级产业园及村集体所属工业园，高成本高品质、低成本低品质和中间成本中间品质等产业空间相互邻近、交错融合，形成了多元产业空间并存的格局。多样化的产业空间可同时满足不同成本偏好企业的需求，便于集群企业的网络化协作和自主创新，促进了集群企业的融通发展。

（四）企业创新主体地位不断增强为集群发展持续输出原动力

集群充分尊重企业在技术创新决策、研发投入和成果转化等方面的主体地位，构建起以企业为主体、以市场为导向、产学研相结合的技术创新体系，逐步建立起“全国发明—深圳开发—全球应用”的开放式创新模式。截至 2023 年上半年，集群内规上电子信息制造企业超 4100 家，其中年产值千亿元以上企业 5 家、百亿元以上企业 27 家、五亿元以上企业近 400 家，全国电子信息百强企业 21 家。集群实现了 90%以上的创新型企业是本土企业、90%以上的研发机构设立在企业、90%以上的研发人员集中于企业、90%以上的研发资金来源于企业、90%以上的职务发明专利出自企业、90%以上的重大科技项目发明专利来源于龙头企业等“6 个 90%”，企业在产业创新中的主体作用突出，远高于全国其他城市。企业技术创新能力强、成果转化率高，使新一代信息通信集群不断发展壮大。

三、集群发展存在的核心问题

与美国硅谷、韩国京畿道等国际一流的电子信息集群相比，深圳新一代信息通信集群仍存在以下问题。

（一）产业链高端环节亟待突破

产业链、供应链的关键环节受制于人，在高端芯片、元器件、工业软件方面，“卡脖子”问题突出。例如，高端光芯片国产化率不足 10%，5G 产业高端

核心零部件国产化率有待提高，中高级射频器件发展严重依赖进口；工业软件自给率不足，重大工程自动化成套控制系统、精密测量软件产品等关键软件产品被国外垄断，如先进的 EDA 工具软件还主要依赖国外厂商。这些问题制约着集群竞争能力的提高和迈向世界级先进制造业集群的步伐，亟须加快关键核心技术和颠覆性技术突破。

（二）创新资源集聚有待增强

深圳教育资源稀缺，不仅与北京、上海差距较大，也不及广州，对人才的吸引力较弱，同时战略性创新平台集聚不足，缺乏国家重点实验室、重大科技设施等战略级源头创新平台，源头创新能力不足。深圳创新资源配置能力还不够强，国际一流创新创业生态环境尚未完全形成，导致具有全球影响力的科技创新成果、创新型人才和世界级领军企业还不够多，整合利用全球技术、人才、资本、市场等高端创新资源的能力有待进一步加强。

（三）要素成本制约凸显

土地资源稀缺导致地租高昂，限定了深圳的产业选择范围。据统计，深圳辖区总面积约为 2000 平方千米，不到上海、苏州等地辖区总面积的 1/4，不到北京辖区总面积的 1/8。除去已开发的建设用地和各种不可开发的建设用地，难以形成连片开发的规模效应，产业用地稀缺制约着产业发展。土地稀缺推高了房价，推高了生活成本，研究显示深圳房价收入比是 40～45，远高于硅谷的房价收入比，水涨船高的工资导致深圳的劳动力成本优势不断减弱。

四、集群培育提升的对策建议

在风云变幻的国际产业格局重塑的大环境下，深圳新一代信息通信集群应继续发扬改革开放、勇于创新的精神，立足粤港澳大湾区，面向全球，着力提升产业链的稳定和安全，着力打造全球创新高地，协同推动集群向世界级迈进。

（一）着力提升产业链的稳定和安全

强化集群核心产业补链、强链、稳链、延链。加快突破产业高端环节，大力发展集成电路、“5G+8K+AI+云”等集群核心产业，培育新动能，提升新势能。组织实施重大技术攻关，着力解决“卡脖子”问题，形成一批重大技术成果，加快实现关键核心技术及产品化，补齐产业链短板。实施集成电路、5G、人工智能等重点产业链长制，重点协调解决产业链上下游对接、产业生态主导型企业和中小微企业协同配套的问题，畅通物流、人流、资金流、信息流，畅通产业链、供应链。

（二）着力打造全球创新高地

加快全球创新人才集聚，深化国际人才管理改革，构建接轨国际的人才交流机制。加快推进河套深港科技创新合作区建设。从项目支持、人才服务、空间保障、出入境便利等多方面研究梳理政策，与中国香港地区携手面向全球推出一批“招才引智”联合政策包，形成创新发展的强大智力支撑。着力探索推动国内、国际资源要素双向自由流动，鼓励境外高校、研究机构、创新型企业在深圳设立研发中心、技术转移机构；进一步发挥深圳海外创新中心等开放创新平台的作用，服务产业创新发展。

（三）协同推动集群向世界级迈进

立足粤港澳大湾区，加强与东莞、惠州的产业协作，探索跨行政区域的先进制造业集群联合培育机制，发挥深圳、东莞、惠州三地的比较优势，从广度和深度上推动形成分工合理、优势互补的产业体系，加快打造具有全球影响力和竞争力的世界级新一代信息通信集群，建设全球信息通信产业的重要策源地。

撰稿人：赛迪智库规划所　岳维松

第四章

上海集成电路集群

集成电路产业是社会经济发展中基础性、关键性和战略性的产业，在国际竞争、国家安全保障、综合国力提升和经济高质量发展等方面发挥着重要作用。2022 年，上海集成电路集群主导产业总产值突破 3000 亿元，在全国占比超过 25%，集群凭借资源丰富、国际视野开阔，初步具备打造国内顶尖、国际一流集成电路集群的基础。

一、集群形成的动因和机制

（一）萌芽期：重大产业政策先试先行，驱动集群初具雏形

上海集成电路产业的发展起步于 20 世纪 50 年代，1959 年年初上海半导体厂正式成立，它是国内最早从事半导体器件研制和生产的专业工厂之一。经过几十年的长足发展，上海在集成电路领域发展强劲，屡创佳绩。1996 年 3 月，上海启动建设 909 工程（国家发展微电子产业重点工程），华虹 NEC 建立了中国大陆第一条 8 英寸（1 英寸 ≈2.54cm）代工生产线，这在当时代表着极高的生产水平；1998 年上海诞生了国内第一家集成电路上市公司——上海贝岭。随着长三角一体化发展思路的不断演进，长三角区域内的半导体产业协同格局已初具雏形，需要较大运营成本投入的制造、封装工厂近年来大部分被布局在江苏、浙江区域，而上海依托人才、金融、信息和综合产业优势，成为集成电路企业总部、研发中心布局的首选区域。在这期间，上海集成电路产业规模由小变大，吸引了多名海归人才回国创业，创立了包括展讯通信、锐迪科、澜起科技等在内的一批中国集成电路知名企业。

（二）成长期：促进组织为集群营造良好的产业投资环境

进入 21 世纪以来，上海集成电路产业在国务院颁布的《鼓励软件产业和集成电路产业发展的若干政策》（18 号文件）的激励和上海市委、市政府的推动下，进入了前所未有的快速发展时期。在集群促进组织建设方面，上海市集成电路行业协会作为政府联系企业的纽带和桥梁，通过积极调研企业在生产运营中遇到的各种问题，积极促进产业链的上下游合作，起到了产业集群成员“黏合剂”的作用，同时整合集群内的各种资源，进行了较好的产学研方面的业务合作对接，为形成较好的产学研合作生态环境和技术创新体系做出了应有的贡献。在多方共同努力下，上海构建了一批以集成电路产业为主业的开发园区和产业基地。张江高科技园区是上海集成电路产业的“硅谷”，形成了较完善的产业链，园区集聚了集成电路设计、芯片制造、封装测试、设备材料等企业共 200 多家。漕河泾新兴技术开发区已形成从 IC 设计、制造、封装测试到集成电路专用设备和配套设备的较为完整的产业链。临港松江科技城内集聚台积电、新阳半导体材料等十多家知名集成电路企业，在数据中心研发、软件与服务研发及视觉图形计算机、移动互联平台、闪存方案等领域具备较强的产业优势。

（三）发展期：集群产学研深度合作，打造具有全球影响力和竞争力的创新高地

2018 年，国家布局支持集群新建两个国家级创新中心。国家集成电路创新中心瞄准集成电路关键共性技术，突出共性技术研发能力、行业服务与成果转化能力，着力解决了我国集成电路主流技术的方向选择和可靠技术的来源问题，为产业升级提供了技术支撑和知识产权保护。国家智能传感器创新中心构建了产业生态圈，向集群大中小企业提供领先的研发和技术服务平台。上海集成电路研发中心、上海市集成电路产业技术创新服务平台、上海市集成电路设计专业技术服务平台、上海市集成电路测试专业技术服务平台 4 个国家级研发公共服务平台，通过开展先进工艺技术研发和提供大生产技术转移服务，为集群制造企业提供共性技术来源、特色工艺模块、IP 核和知识产权支撑，为设备和材料企业提供评估验证，为技术人员、专业技能型人才提供实训基地，为集成电路企业提供从芯片验证分析到整体测试的解决方案等服务，以创新技术与服务模式驱引领集群发展。截至 2023 年上半年，集群集聚相关企业超过 770 家，其中规上企业 262 家，国家级制造业单项冠军企业 9 家，专精特新“小巨人”企业 27 家，本地注册上市企业 42 家，拥有上海漕河泾新兴技术开发区、上海浦东康桥工业区等 9 家国家新型工业化产业示范基地。

二、集群发展壮大的主要模式

上海集成电路集群从小变大、从大变强，其发展模式可以总结为“政策扶持+投资驱动+龙头牵引”。

（一）进一步强化政策统筹，为产业提供优质发展环境

上海持续加大对集成电路产业和软件产业的扶持力度，继续推出一系列与集成电路产业发展密切相关的政策和措施，进一步强化政策统筹，充分发挥上海在产业基础、应用市场、人才资源等方面的优势，为打造全国领先的集成电路创新策源地，以及产业集聚地和人才高地提供了强有力的支撑。在国家相关部委支持及上海市委、市政府的领导下，集群建立了国家集成电路创新中心、国家智能传感器创新中心、国家集成电路产教融合创新平台等。

（二）加强与金融机构合作，增加培育集群的社会资本

集群发挥着桥梁、纽带的作用，设立了 1000 亿元的产业基金，推动金融机构为集成电路重大项目和龙头企业提供融资支持和综合性金融服务等，促使资本、知识、技术、人力等稀缺性资源集聚，为促进行业企业达成共同目标和统一行动发挥了“黏合剂”的作用。集群建立了专为集成电路中小微企业提供免担保创新模式贷款的渠道，帮助企业解决了融资难题。集群还与各类专业投资、基金公司合作，为集群内需要扩大发展的公司进行投融资和培育上市，助力上海集成电路产业快速发展。

（三）培育创新能力提升，为集群能力升级提供良好的环境氛围

通过促进组织信息发布、技术咨询等手段，推动集群内部企业共享现有技术、知识，同时推动新技术、新知识的高质量扩散。依托外部渠道将新技术、新知识引入集群内部，由促进组织出面组织企业走出去，学习国内外先进技术和先进理念。通过筹建长三角集成电路产业联盟和长三角集成电路产业公共服务机构联盟，推动集群内关键共性技术的研发与推广，聚焦突破一批以 5G 为核心的智能移动芯片、64 位多核高端 CPU、人工智能等技术，并力争在规模上取得突破，形成一批细分领域自主可控的产业集群。在技术方面，盛美公司自主研发前道半导体工艺设备，2022 年顺利交付湿法设备 3000 腔、ECP 设备 500 电镀腔。图灵量子在光量子芯片、专用光量子计算机、光量子测控系统、光量子 EDA 软件和量子云平台等方面体现了引领性技术优势。

三、集群发展存在的核心问题

（一）产业基础和关键环节技术创新能力亟待增强

我国集成电路产业起步较晚，一直处于跟随状态，与国际先进水平相比，设计技术水平差 1～2 代、企业规模小而散、低水平重复产品开发多。制造企业规模只是国际大厂的 1/10，制造技术水平差 2 代以上。集成电路生态系统尚显脆弱，在国际化发展环境中已经远远落后于发达国家，因此仅凭市场化难以建立自主可控的产业化体系。为此，我国集成电路产业需要创新发展、需要政府推进，通过集群方法创新市场组织模式和生态模式，创造良好的发展环境，助力产业加速发展。

（二）集群产业生态系统有待完善

完善的产业生态系统需要以企业为主体，科学发现、技术发明、市场应用相互影响、相互依赖、相互促进，只有这样才能形成市场规模充分、资本充裕的基础环境。但上海目前仍然存在着科学研发和市场应用“两张皮”的问题，产业生态系统中短板明显，产业链、供应链、价值链、创新链协同模式与机制尚未健全，本土企业在产品供需互动、技术合作开发、新品推广应用等方面存在明显不足，集群自主建链任务重、成本高、难度大，这在一定程度上削弱了产业和环节间的衔接，“有产业缺关联”“有企业弱协作”的现象突出。

（三）产业高质量发展所需人才尚存缺口

从硅谷、新竹等产业集群看，人才对集成电路产业的发展具有重要作用。虽然上海人才供给总量充足，其中也不乏优质人才，但随着集成电路产业的急速扩张，对口的创新研发人才仍存在巨大缺口。基于《上海市重点领域（科技创新类）“十四五”紧缺人才开发目录》，从企业用工微观层面对目录中的紧缺工种、人才子类进行关联分析发现，混合集成电路装调工、超高清音视频人才、产品开发（管理）人才等相关工种或人才在劳动力市场上能够实现自给自足，新型显示制造工艺技能型人才、汽车电子人才、先进制造工艺开发人才等存在不同程度的紧缺现象。

四、集群培育提升的对策建议

（一）引进和培育高端人才，搭建创新育人交流平台

全力推动集成电路产业领域“两中心一平台”的建设，集聚全国研发资源，关注产业原始创新能力培育，形成技术联合攻关机制，瞄准国际集成电路前沿

器件技术，开展前期基础性研究，力争实现器件结构创新。对接国家或区域产业发展需求，在人才培养、基地建设等方面加快脚步，进一步加大人才培养力度，批准上海集成电路先进制造业集群促进组织牵头开发上海集成电路设计、制造、测试高技能人才实训基地。

（二）推动产融结合，营造产业发展良好生态

积极参与国家集成电路产业投资基金建设，积极推动上海重点企业和项目对接国家产业投资基金。设立集成电路产业投资基金，支持完全市场化、国际化的集成电路产业投资基金的设立和运作，支持国内外知名的半导体投资基金在上海设立。推动产业投资与各类金融机构联动，支持集成电路领域的投资并购，全力支持集群建设及优质企业、优质项目的发展与落地。

（三）完善政策支持，支持具有全球影响力和竞争力的集群建设

通过战略性新兴产业专项资金、工业强基项目专项资金、软件和集成电路专项资金、人工智能专项资金等专项政策，保障对集成电路企业研发的支持力度。通过设计人员奖励、核心团队奖励、集成电路全流程高技能人才培养等政策，全面支持集成电路研发人才和核心管理人员在上海集聚。通过首轮流片、首台套、首批次等专项系统支持产业链上下游联动，形成综合性、持续性、良性循环的产业链体系。进一步扩大产业支持范围，形成具有国际竞争力的政策支持力度和服务水平，支持集成电路企业在上海集聚发展。

（四）加强组织保障，完善集群建设顶层设计

加强集群建设工作，上海各职能部门给予全力支持。出台集成电路产业总体创新发展的顶层设计方案，进一步强化研发创新、攻克前沿技术、加大资金投入力度、集聚关键人才，解决核心技术的瓶颈问题。以提高工艺技术能级、提高整体竞争力为主线，以培育领军企业、扩大产业规模为抓手，以政策、空间、资金和人才等要素为保障，充分发挥集中力量办大事的体制优势，全力构建国内产业链最完备、技术水平最先进、最具竞争优势的集成电路集群。

撰稿人：赛迪智库规划所　姚荣

第五章

东莞智能移动终端集群

智能移动终端产业是新一代信息技术产业的重要组成部分，对拉动信息消费、促进电子信息转型升级具有重要意义。经过多年的发展，东莞智能移动终端集群形成了以智能手机、可穿戴设备等整机生产制造为主，涵盖从方案设计、元器件和模组、电池、基础配件到应用服务等全产业链，是全球重要的智能移动终端生产制造基地。2022 年，集群主导产业总产值达 9470.22 亿元，主导产业市场占有率为 26.1%，具备了打造世界级先进制造业集群的坚实基础。

一、集群形成的动因和机制

（一）萌芽期：诺基亚的先导作用成为集群形成和发展的原爆点

东莞智能移动终端集群的发展绕不开一家企业——诺基亚。1995 年，凭借良好的基础设施、丰富的劳动力资源、政府部门务实高效的作风及优惠的政策，东莞市通信发展总公司与芬兰诺基亚集团移动电话公司合资成立东莞诺基亚移动电话有限公司，主要生产诺基亚模拟和数字手机的附件和配件。2000 年，该公司出口超过 2 亿美元，成为当时全球最大的手机整机生产基地。诺基亚、伟创力、光宝、飞宏、台达、正崴等大型供应商集聚东莞，很多电子企业也开始切入诺基亚供应链，成为二三级供应商。至此，东莞形成了较为完善的智能移动终端产业链、供应链。

（二）成长期：企业的裂变和衍生加速集群发展

进入 2010 年，智能手机时代到来。以 OPPO 和 vivo 为代表的中国手机品牌制造商相继落户东莞，推动东莞智能移动终端集群加速成长。OPPO 和 vivo 都是从步步高集团裂变出来的，这两家企业依托步步高的渠道优势，通过渠道下沉，以精准的产品定位和务实的营销模式在 4G 时代实现了快速崛起。数据

显示，2015 年 OPPO 和 vivo 的市场份额进入全球智能手机出货量前十名。随着 OPPO 和 vivo 的快速崛起，酷派、金立、酷比、奥克斯等智能手机品牌制造商也相继落户东莞，进一步完善了东莞智能移动终端的产业链、供应链。随着 2018 年华为终端总部正式迁至东莞，进一步促进了智能移动终端上下游企业的集聚，相关企业数量已经超过 20 000 家。Counterpoint 数据显示，2019 年华为、OPPO 和 vivo 三家企业智能手机全球出货量之和约占全球智能手机总出货量的 32%。

（三）转型期：创新驱动集群转型升级

2019 年以来，东莞智能移动终端集群迎来了战略机遇期。随着我国进入“5G 商用元年”，以手机为代表的智能移动终端取得了大发展，跨行业、跨领域的交叉融合催生了东莞智能装备集群等新业态、新模式，智能可穿戴设备、虚拟现实与增强现实设备、智能服务机器人相继面世。企业对创新生态的打造、技术的迭代升级、企业间合作的需求更加迫切，推动集群不断向更高级阶段演进。与此同时，东莞智能移动终端集群从全国先进制造业集群竞赛中脱颖而出，通过央地联动、部门协同，坚持技术创新与组织变革双轮驱动，正加速向世界级迈进。

二、集群发展壮大的主要模式

（一）时刻保持与技术发展趋势同频共振

东莞智能移动终端集群的发展历程与移动通信技术、产品功能定位的发展密不可分。集群企业的发展起步于 2G 时代，发轫于 3G 时代，快速成长于 4G 时代，真正实现领先和自主发展则是在 5G 时代。可以说，正是集群内大量企业不断与技术发展趋势同频共振，随着技术的发展不断开展产品和业态模式的创新，才实现了集群的发展壮大。而那些掉队的企业则陷入技术陷阱和路径依赖，最终在激烈的市场竞争中黯然出局。当前，华为、OPPO 和 vivo 等龙头企业加大研发投入力度，在整机性能和摄像头、电池等多个细分领域取得突破，实现了从以往的技术“跟跑”到“领跑”，多项技术水平居全国领先或国际领先地位，这为集群的创新发展打下了坚实基础。

（二）时刻强化本地化联系与国际化发展

东莞智能移动终端集群的形成与发展离不开其所构建的开放包容的本地化生产系统。改革开放 40 多年，东莞充分利用政策、区域、市场的优势，通过发展“三来一补”产业开启了制造之路，通过龙头带动、产业链延伸、区域

供应配套实现了自主创新发展。基于本地化联系，东莞构建了完善的上下游协同体系，实现了智能移动终端产品约 90%以上的元器件和配件均可由本土企业提供或国产化替代。同时，东莞积极与周边地市协同发展，与广州、深圳、惠州等一同形成了珠江东岸电子信息产业带，成为中国最大的智能移动终端产业集聚区之一。聚焦国际化发展，集群企业通过“引进来”和“走出去”战略，不断引进人才、资金，时刻保持着旺盛的生命力。例如，OPPO 在全球设有六个研究所和四个研发中心，并在伦敦设有全球设计中心，在印度尼西亚、印度、阿尔及利亚、孟加拉国也布局了生产基地。

（三）时刻推动终端与配件协同发展

东莞智能移动终端集群的发展离不开龙头终端整机企业的不断衍生与成长，更离不开与之配套的大量中小企业。截至 2023 年上半年，集群集聚的上万家企业中，规上企业 1843 家，制造业单项冠军企业 2 家，专精特新“小巨人”企业 84 家，国家高新技术企业 2604 家，独角兽企业 3 家，本地注册上市企业 18 家。其中，三星视界 OLED 显示屏市场份额全球第一，富加宜连接器市场份额全球前三，立讯精密的消费电子连接器市场份额全国第一。华为、OPPO 和 vivo 等终端企业与配件企业通过协同设计、协同制造、协同营销等，不断深化彼此间的战略互信和合作。据统计，从 2017 年以来，集群在印制电路板、片式电容、磁性组件、电池、连接器、探针、手机按键等配件方面累计专利申请量超 4.5 万件，集群协同创新网络和分工协作系统逐步构建完善。

三、集群发展存在的核心问题

当前，东莞智能移动终端集群正面临发达国家“高端回流”和发展中国家“中低端分流”的双向挤压态势，成本优势减弱，产业生态竞争严峻，面临的资源约束趋紧，与世界级先进制造业集群相比还存在不小的差距。

（一）自主可控能力尚需提升

目前，集群内软件及操作系统等核心配套环节缺失、关键核心技术受制于人，亟待进一步加大自主研发力度，解决“卡脖子”问题。集群协同创新网络尚不健全，创新载体建设与深圳、广州相比还存在短板，集群发展后劲不足。

（二）产业结构尚需优化

集群面临产品结构单一，高端产品供给不足，虚拟现实设备、智能机器人等新兴产业支撑不足的问题，在培育本土领军企业和自主知名品牌等方面仍有较大进步空间。

（三）区域协同尚需深化

当前，东莞周边区域地方本位意识、产业同质化竞争及招商引资恶性竞争现象比较突出，集群跨区域协同培育机制仍需进一步完善。集群迈向世界级，还需要全面融入粤港澳大湾区，深度嵌入全球产业链、价值链、创新链。

四、集群培育提升的对策建议

瞄准世界级先进制造业集群的培育目标，东莞智能移动终端集群应聚焦重点、突破短板、完善生态，推动产业链整合、价值链提升，提供基础研发创新、科技成果转化的全链条专业服务，形成国内领先、国际一流的智能移动终端集群。为此，我们提出以下建议。

（一）聚焦短板，加快集群关键核心技术攻关

深入实施创新驱动发展战略，充分利用粤港澳大湾区综合性国家科学中心先行启动区建设的机遇，加快布局一批大型科研设施、前沿交叉研究平台、科研机构和实验室，建设一批产业技术研究院等高能级创新平台。要加快组织龙头企业、科研机构一道绘制集群产业链图谱，制定长板和短板清单，加快构建完善智能移动终端技术创新路线图。支持企业探索、组建产业链协同创新中心，以实现自主可控为目标，围绕芯片制造、第三代半导体技术、软件系统等产业链关键环节和短板，开展核心技术和共性技术攻关。

（二）瞄准长板，提升集群先进制造能力

推动集群企业向高端化发展，强化企业的质量主体责任，着力打造特色区域品牌。积极推动企业开展国家、国际、行业标准制定，不断抢占标准话语权。积极借鉴广东产业集群数字化试点经验，推动集群智能化发展，积极探索集群数字化转型路径，通过支持龙头企业搭建垂直领域工业互联网平台，拉动集群中小企业上云用云、上平台用平台，加快打造一批数字化车间、智能工厂等，加快在集群内构建一个全球领先的智能化在线制造闭环。推动集群服务化发展，推动大数据、云计算、人工智能等技术在生产、研发、销售

等环节的应用，积极发展个性化大规模定制、供应链管理、全生命周期服务等新业态、新模式。

（三）强化协作，共商共建高效合作网络

要深入实施集群优质企业培育发展计划，引导中小企业走上专业化、精细化、特色化、新颖化的发展道路，打造“百强企业—瞪羚企业—高新技术企业”的创新型企业培育梯队。针对集群龙头企业引领带动作用不足等问题，积极支持龙头企业联合上下游企业、科研院所组建产业链共同体或产业联盟。推动产业链上下游企业协同制定和实施先进标准，积极开展协同制造、协同设计、协同营销，形成协作配合紧密、大中小企业融通发展的良好格局。

（四）深入融合，推动集群跨区域协同发展

积极融入粤港澳大湾区建设，充分利用珠三角地区的电子信息产业优势，推动东莞与广州、深圳、惠州等在智能移动终端产业领域的对接合作，合力打造世界级先进制造业集群。引导东莞与广州、深圳、惠州等积极探索建立智能移动终端产业发展联盟，共同设立专项资金及产业发展基金，无差别支持集群企业发展。引导四地联合搭建一批智能移动终端技术研发和产品创新平台，涵盖从基础研究、技术开发、标准制定、人才培养、应用示范、工程化研究到产业化全链条。

撰稿人：赛迪智库规划所　侯彦全

第六章

合肥智能语音集群

合肥积极抢抓全球人工智能产业的发展机遇，依托“中国声谷”，在智能语音、类脑智能、量子智能等领域的核心技术不断取得突破，通过“平台+赛道”“基金+产业”等模式加快产业资源集聚，形成了具有较强竞争力的智能语音集群。目前，集群搭建了科大讯飞人工智能开放平台、中科类脑开源平台等科研基础平台，拥有科大讯飞、华米科技、科大国创、赛为智能等一批龙头企业。2022 年，集群主导产业总产值达 2050 亿元。截至 2023 年上半年，集群集聚相关企业超过 2100 家，初步具备培育具有国际竞争力的智能语音先进制造业集群的基础。

一、集群形成的动因和机制

合肥智能语音集群是典型的通过核心技术孵化、衍生形成的集群，其发展大致经历了 3 个阶段。

（一）核心企业孵化阶段（1998—2011 年）

该阶段实现了集群种子发芽、核心企业孵化，推动了语音技术产业化。1998 年，刘庆峰博士合成的语音达到了公众能接受的水平，具备了商业化价值，奠定了产业化基础。1999 年，科大讯飞在合肥成立，开始推进智能语音产业化，合肥引入战略资金 3060 万元，支持科大讯飞渡过难关。2004 年，科大讯飞实现扭亏为盈，标志着集群核心企业孵化成功。2006 年，科大讯飞首次夺得国际语音合成大赛冠军，标志着集群核心企业拥有了具有国际竞争力的核心技术。2008 年，科大讯飞成功在深圳证券交易所上市，标志着集群核心企业产业资本实力得到提升。2010 年，科大讯飞发布全球首个移动互联网智能语音交互平台“讯飞语音云”，标志着集群核心企业具备了产业扩张的平台能力。

（二）集群形成阶段（2012—2018年）

2012年，工业和信息化部与安徽省人民政府签署文件，将在合肥打造智能语音产业集聚发展基地（“中国声谷”），依托科大讯飞等企业推动智能语音产业发展。到2018年，“中国声谷”已经聚集了科大讯飞、华米科技、科大智能、中国电子科技集团公司第三十八研究所等一批骨干企业，产值达650亿元。

（三）集群培育发展阶段（2019年至今）

2019年，集群成功入围工业和信息化部组织的先进制造业集群初赛，成立集群促进组织，完善软硬件公共服务平台，加速向先进制造业集群迈进。在语音及语言信息处理领域，集群发挥语音及语言信息处理国家工程实验室的创新平台优势和科大讯飞等龙头企业的引领作用，重点突破自然语言表征与处理、深度语义分析、复杂环境下的语音识别交互等核心技术，开发多媒体信息理解人机对话系统、基于知识管理的协同翻译平台、海量文献翻译平台等智能应用系统。在认知智能领域，认知智能国家重点实验室和科大讯飞、华米科技等核心企业开展产学研合作，重点突破面向认知计算的深度学习共性技术及面向行业异构数据的知识自动构建与推理等关键技术，推进人机交互、智能教育、智能医疗和智能司法等领域的认知智能应用研发及产业化示范。在智能决策领域，发挥中国科学院合肥研究院、中国科学技术大学先进技术研究院（以下简称中科大先研院）、合肥工业大学智能制造技术研究院（以下简称合工大智能院）等平台的协同创新优势，重点推进智能决策控制、实时精准定位、复杂环境适航、智能人机交互等关键技术研究，支撑机器人、无人驾驶汽车和无人机等智能无人系统的产业化发展。

二、集群发展壮大的主要模式

（一）依托原始创新，实现产业无中生有

随着人工智能理论和技术的不断突破，人工智能加速发展，以计算机芯片、传感器等为代表的支撑层，以应用软件、智能控制模块等为代表的产品层和以“人工智能+”为代表的应用层等产业链条日臻完善，不断催生新技术、新产品、新业态、新模式。基于此，集群瞄准世界科技前沿，注重基础性、原创性的科研，在智能语音等领域持续深耕，取得一系列处于世界先进水平的创新成果，为产业创新发展提供了源头支撑。例如，科大讯飞专注于智能语音技术多年，研发投入连续多年占销售收入的25%，在中国语音技术市场

的占有率稳居第一，带动“中国声谷”智能语音产业从无到有，不断壮大。安徽科大国盾支撑“墨子号”量子卫星成功发射；世界首条长距离量子通信干线“京沪干线”及“量子科学试验卫星”合肥总控中心全面建成并投入使用，点燃了量子产业发展的火种。

（二）“平台+赛道”构建开放产业生态

“平台+赛道”模式能够更好地将人工智能技术落实到产品上、运用到实际场景中，进而促使技术加快向产业转化。集群通过打造开放性的科技平台，聚集产业资源要素，打通了从高端研发，到成果孵化，再到创新服务的链条，促进了科技研发高端化、共享化，推动了科技成果产业化，加快了产业创新发展。目前，集群建成科大讯飞人工智能开放平台、中科类脑开源平台等科研基础平台，以及中国科学院合肥研究院、中国科学技术大学先进技术研究院、合肥工业大学智能院等大型产业协同创新平台，加速了产业集聚。2017—2020 年，科大讯飞人工智能开放平台收入增速分别高达 243.95%、124.61%、68.71%和 66.42%。集群依托科大讯飞人工智能开放平台，孵化出一批专注于智能语音应用的企业，如咪鼠、声讯、矽智等。

（三）注重大中小企业融通发展

集群在支持龙头企业发展的同时，积极围绕龙头企业构建生态群落。例如，围绕智能语音龙头企业科大讯飞，构建智能语音生态群落，衍生出智能家居、机器人、智能鼠标、智能语音导航等一系列产品。咪鼠依托科大讯飞语音核心技术，开发出一款可实现每秒语音输入 400 字、识别率高达 98%的智能语音鼠标，并已实现批量销售。围绕可穿戴设备企业华米科技构建可穿戴设备产业链，依托华米科技发起成立了智能可穿戴产业基金，加快孵化运动健身互联网应用、健康养老、芯片设计、新材料及精密制造等领域的初创公司，不断壮大可穿戴设备产业链。

（四）政府审时度势出台专项政策

政府抢抓产业机遇，科学决策，创新机制，支持智能语音产业发展。2012 年 8 月 1 日，工业和信息化部与安徽省政府签署《关于共同推进安徽语音产业发展合作备忘录》，确定将合肥智能语音产业集聚发展基地（“中国声谷”）建设成为全国语音产业发展示范区。2018 年 5 月，工业和信息化部和安徽省人民政府签署《进一步共同推进安徽智能语音产业发展合作协议》，推动语音技术研发、语音技术推广应用、语音产业园区建设。为推动智能语音产业发展，省

市政府先后出台《安徽省新一代人工智能产业发展规划（2018—2030年）》《中国（合肥）智能语音及人工智能产业基地（中国声谷）发展规划（2018—2025年）》《合肥市大数据发展行动纲要（2016—2020）》《合肥市智能制造产业“十三五”发展规划》《合肥市人民政府关于加快推进新一代人工智能产业发展的实施意见》《合肥高新区人工智能产业发展规划纲要（2018—2025 年）》等文件，明确了智能语音产业的发展思路、目标、重点领域及主要任务，为智能语音产业发展提供了强有力的资金与政策支持。

三、集群发展存在的核心问题

虽然合肥智能语音集群的智能语音核心技术在全球处于领先地位，产业规模持续壮大，但与国内外其他人工智能集群相比，仍在以下几方面存在提升空间。

（一）基础设施有待完善

人工智能基础设施作为新基建的重要领域之一，是人工智能产业发展的基础，数据量、算力、算法模型等决定了人工智能的发展。研究显示，集群承载地合肥的人工智能基础设施建设与国内其他城市相比还有一定的差距。根据《2020—2021中国人工智能计算力发展评估报告》，2020年北京、深圳、杭州、上海、重庆位列人工智能算力城市前五，合肥则排在第七的位置。在已公布的15家国家新一代人工智能开放创新平台中，北京有7家，合肥仅有1家。

（二）硬科技支撑能力亟待增强

相比合肥智能语音集群在应用层研发的持续发力，国外人工智能巨头则更关注技术难度更大、带动效应更强的基础层研发。在芯片研发上，谷歌已于2016年宣布了其深度学习芯片的研发计划，并且还在同步推进与生物公司合作开发的高效计算DNA信息芯片。2017年4月，苹果公司宣布开展芯片自主研发和生产，进一步掌握产业链主导权。基础层硬核技术的研发推进能为产业生态圈的建立提供稳固的基础，汇集大量第三方开发者进入，并加深集群对产业的渗透程度。因此，智能语音集群在此方面，亟待加快发力。

（三）产业跨界融合发展能力不足

国外人工智能巨头还重视通过推动跨界融合来实现产业链的全方位布局。各业界巨头通过孵化中下游企业，实现软件、硬件、应用场景等的跨界联通。例如，谷歌的跨界非常广泛，包括芯片、机器学习平台、软件、云计算等各个

领域，实现了对人工智能主导产业链的全面布局，有做无人车项目起家的Waymo，专注智能家居的家庭互联网连接设备制造商Nest，专注老龄化及相关疾病的Calico，以及研制出AlphaGo的人工智能大佬DeepMind。各子公司各司其职又互帮互助的协同发展模式反过来又助推谷歌更好地将人工智能技术运用到各项业务和产品中，实现“1+1 > 2”的效果。目前，集群企业的资金、产业积累不够，在跨界整合资源、融合发展方面的能力还较弱。

（四）资源集聚能力有待提升

受政策、环境、地理位置等因素的影响，相比北京、上海等地，集群在吸引企业、集聚高端人才方面还有差距。在已有高端人才方面，与北京、上海相比也有差距，北京核心产业人才总规模超4万人，从业人数占全国从业人数的27.9%，上海从业人数接近全国从业人数的30%，集群从业人数占全国从业人数的19.8%。集群在创业、住房、教育、生活等配套环境方面需要进一步优化，以提升资源集聚能力。

四、集群培育提升的对策建议

未来，集群应瞄准世界级先进制造业集群的培育目标，加快基础设施建设、大力招引培育企业、补短板拉长产业链、拓展产业发展空间，不断完善集群生态。

（一）加快基础设施建设，提升人工智能算力支撑

建设高性能的人工智能数据中心，支撑多源异构数据融合、分布式数据处理、流式分析、图计算、虚拟化及集群资源管理和面向重点行业的数字建模等应用需要。推动智能语音、脑科学和类脑智能等平台提档升级，向集群成员提供更强算力。

（二）培育链主企业，提升产业链控制力

育龙头，发挥链主企业的关键带动作用，支持科大讯飞、华米科技等龙头企业加快技术创新、新产品研制和标准赶超，提升产业链控制力。在智能芯片领域，加快引进细分领域的龙头企业，带动智能硬件产业链的发展。

（三）完善供需对接机制，不断拓展智能语音应用场景

通过应用场景试点示范，形成需求牵引供给、供给创造需求的供需良性循环发展局面。着力开展先行先试，在生产领域、社会治理、民生领域实施一批应用示范工程。继续实施政府首购制度，推动智能语音产业与工业生产、城市

管理、民生服务深度融合，着力推进产业升级智能化、社会治理智能化和民生服务智能化。

（四）优化布局，拓展集群发展空间

按照“集聚发展、布局优化”的原则，在“中国声谷”的核心区之外，围绕信创、大数据等主题，借鉴“中国声谷”的发展经验，推动产业技术外溢，着力拓展智能语音外延，推动平台共建、品牌共用、政策共享，进一步构建起“一个核心承载区+若干个联动发展区”的“1+*N*”发展格局，促进要素集聚和集群发展。

撰稿人：赛迪智库规划所　岳维松

第七章

杭州数字安防集群

杭州数字安防产业随着我国城镇化进程和城市智慧化的推进不断发展，在市场需求促进技术创新、技术创新增强市场竞争力的正反馈循环机制作用下，虹吸效应不断增强，经过 20 多年的发展，逐渐形成具有较强竞争力的集群。集群创建有国家物联网产业示范基地、国家级战略性新兴产业集群、国家创新型产业集群试点（数字安防产业）、国家首批专利导航产业发展实验区等国家级试点示范基地。2022 年，集群主导产业总产值（规上企业）达到 7292.9 亿元，在全国占比超过 70%。

一、集群形成的动因和机制

杭州数字安防产业起步于 2001 年，抓住了技术变革机遇，以技术创新引领产业发展，在市场竞争中实现弯道超车，逐渐发展成为我国具有竞争力的数字安防先进制造业集群。产业大致经历了培育期、弯道超车期、引领发展期。

（一）培育期（2001—2008 年）

2001 年，在事业单位的改革政策利好下，中国电子科技集团公司第五十二研究所依托自身技术、人才力量和民营资本合作，成立了海康威视，致力发展安防产业。同年，由纯民营资本合资组成的大华也在杭州注册成立。海康威视和大华的成立标志着杭州安防产业的起步。从产业发展的背景看，一方面，美国“9 · 11 恐怖袭击事件”引起各国政府对视频监控的重视，政府及行业对安防需求的不断增加打开了安防产业的市场；另一方面，国内视频监控产品技术正由数字信号技术取代模拟信号技术，产品处于升级换代窗口期。杭州借 DVR 产品切入安防产业，后续几年杭州安防产业年均增长率达到 33.5%，高于全国安防行业 23.5%的年均增长率，也使“长三角”地区的安防中心逐渐从上海向杭州转移。

（二）弯道超车期（2009—2014 年）

当时，国内安防产业呈现以深圳为中心的“珠三角”、以杭州为代表的“长三角”，以及以天津为主力的“环渤海地区”竞争格局，其中前两者的竞争较为激烈。深圳依托电子产业基础和采购运输成本低的优势，代理国外产品，集成国外技术，产业规模大于杭州。但是，随着国内客户对产品的品质、性能及安全性要求的提高，杭州研制的安防产品得益于技术积累和国企背景，不断得到市场的青睐，安防产业竞争力逐渐超过深圳。2011 年，海康威视跃居 CCTV（闭路电视监控）和视频监控类别市场第一，这是安防领域的标志性事件。到了 2013 年，杭州聚集了上千家安防企业，安防设备产值占到全国的 70%，海康威视、大华占据行业第一、第二的位置。至此，杭州安防产业成功实现弯道超车，杭州成为我国最具竞争力的安防产业基地。

（三）引领发展期（2014 年至今）

随着杭州安防产业在全国市场领先地位的确定，集群在龙头企业竞合中不断壮大，企业生态更加成熟。辐射带动能力更强，在资本的助推下，有的龙头企业分裂出多家企业，产业溢出比较明显。专业分工更细，由于市场竞争，企业不得不在细分领域深耕，涌现出一批“专精特新”企业，如海康威视在录像机领域较强，专注于热成像技术的研发。融合新技术的能力更强，随着人工智能浪潮的到来，海康威视、大华加速新技术的融合发展，像阿里巴巴这样的互联网龙头企业凭借自身的技术和数据优势也切入智能安防赛道，合力引领集群向智能化方向发展。

二、集群发展壮大的主要模式

（一）创新铸就集群核心竞争力

创新成为集群发展的内生动力，鉴于安防产品的主要客户是政府及相关机构，杭州安防产业在集成和工程领域与北京、上海等地相比优势不明显，因此在发展策略上注重技术创新和新产品研发，以创新和有竞争力的产品引领产业发展，最终凭借创新赢得了市场。集群三家龙头企业从成立之初就注重研发，如大华的研发人员约占公司总人数的 40%左右；海康威视年研发投入超过营收的 5%；大立的技术人员占公司总人数的 70%。集群开发的 DVR、矩阵、光端机、摄像机等主要数字安防产品在全国乃至全球都具有竞争力，近年来在安防核心芯片攻关方面同样取得突破，相继实现红外探测器芯片、AVS2 编码芯片产业化。目前，集群研发投入占主营业务收入的比重超过 6%。

（二）政府支持助推集群不断壮大

建设安防示范城市，助推产业发展。杭州通过建设安防示范城市，在城市治安监控、道路交通监控、全球眼的使用等方面加大投入力度，使安防市场的空间得到扩展，产业机会明显增加，吸引了国内外实力雄厚的安防企业在杭州设立分公司或办事处，无形中刺激和带动了杭州安防产业的发展。政府把握时机为产业站台，引导产业品牌化发展。在产业发展成规模后，政府提出打响“品质安防、杭州创造”的产业品牌，加大对安防产业的号召和宣传力度，使产业品牌的影响力不断提升。

（三）以强链推动集群由大变强

依托核心技术，杭州安防产业的龙头企业不断扩充产品线，业务向监控前端、传输后端拓展，布局整个监控平台，逐渐形成从上游算法、芯片、传感器，到中游前端摄像机、后端存储录像设备、中控显示设备，再到下游系统集成、云平台、运营业务的全产业链体系。近年来，为应对国内外竞争环境的变化，提高产业链的抗风险能力，集群强化产业链的补链、强链、畅链，梳理产业链风险点并分类处置，引导链主企业建立企业共同体，组织芯机联动活动有效对接企业需求，助推企业合作，不断强化产业链韧性建设。截至 2023 年上半年，集群集聚相关企业超过 10 000 家，其中规上企业 845 家、制造业单项冠军企业 5 家、专精特新“小巨人”企业 76 家。

三、集群发展存在的核心问题

杭州数字安防集群已走在全国乃至全球发展前列，但对标国外先进集群水平，仍然存在明显差距。

（一）核心技术和关键环节仍需突破

从硬件层面看，杭州数字安防集群的高端芯片、传感器、存储器等产业链上游产品仍大量采购美国、日本、德国等国企业的产品。作为杭州安防行业的领军企业，海康威视、大华的高端产品核心组件还没能实现全部国产可替代，缺“芯”状况为安防监控设备生产带来高额成本。从算法及应用软件方面看，图像处理、视频压缩、内容识别等领域的算法基本上被外国垄断，集群企业的核心算法技术研发与创新能力仍然有待提升。同时，设计 EDA、FPGA 等技术开发工具依赖国外进口，有被“卡脖子”的风险。

（二）产业生态有待完善

一是企业结构有待优化。据统计，杭州数字安防产业相关企业数共计逾万家，但规上企业仅 845 家，多数企业为中小企业，龙头企业协同带动效应仍有待进一步增大。二是产业链延伸不足。集群企业的产品主要集中在数字安防产业链的中游，包括摄像机、存储设备、中控和显示设备等，同质化较为严重。虽然海康威视等已经向工业机器人等其他领域延伸，但总体延伸不足，差异性不够。三是产学研用协作仍需加强。数字安防产业涉及的技术、专业较多，产学研用合作创新不足，需加强协同整合，以形成良好的协同创新网络，提高集群的可持续发展能力。

（三）国际话语权和影响力仍需提升

杭州已经成为在全国乃至全球数字安防领域具有影响力的先进制造业集群，但尚未在标准、品牌等方面形成主导性影响力。一是行业标准国际话语权缺失。杭州数字安防产业标准仍主要采用国外制定的标准，自身话语权较弱，亟待制定行业统一、具有国际影响力的标准。二是区域品牌影响力有待培育。杭州数字安防集群拥有一些具有代表性的龙头企业，但“杭州视觉智能”区域产业品牌尚未形成，未创立类似“武汉光谷”的产业品牌，没有形成区域品牌影响力。

四、集群培育提升的对策建议

瞄准世界级先进制造业集群的培育目标，围绕集群存在的短板，加快提高创新能力、推动产业升级、优化产业生态，推动集群能级提升。

（一）提高创新能力

强化创新投入，加快建设智慧视觉国家级制造业创新中心。加快实施“强芯”行动，重点突破图像信号处理（ISP）芯片、网络摄像机芯片（IPC SoC）、DVR/NVR SoC 芯片和安防人工智能芯片技术，发展图像传感器、高精密光学镜头、存储硬盘等关键器件。

（二）推动产业升级

充分发挥数字安防产业的现有优势，加快延伸产业链，高起点谋划视觉智能产业，加快发展工业视觉、虚拟现实、自动驾驶、医学影像、新一代视频会议系统和影视文娱产业。推进人工智能、5G、超高清视频、虚拟现实等新技术

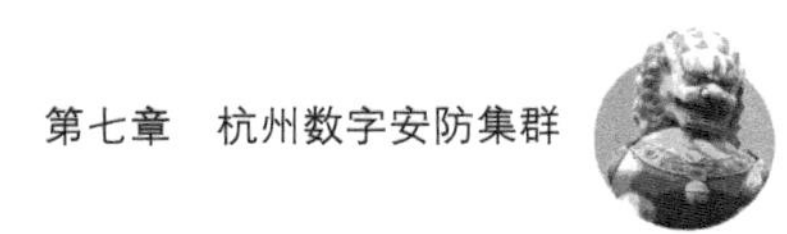

在视觉智能行业的应用，开发适应不同场景的智慧安防系统方案，形成全球领先的场景应用解决方案及系统集成服务能力。

（三）优化产业生态

继续支持龙头企业做大做强，培育更多链主企业，加快培育“专精特新”企业，形成企业“丛林”生态。大力开展全球人才招引，集聚海内外高层次人才。优化政策体系，加大对视觉智能产业的财政扶持力度，并加大项目审批协调、金融支持、用地用能保障和环评指导力度。激发政产学研各类主体的活力，提升集群整体智治和开放应用水平，推动产业链共同体建设，营造集群发展的最优生态。

撰稿人：赛迪智库规划所　岳维松

第八章

长沙新一代自主安全计算系统集群

长沙新一代自主安全计算系统集群率先在国内构建以麒麟操作系统为基座，以飞腾 CPU 和鲲鹏 CPU 为两芯的“两芯一生态”自主安全计算机体系，形成了国内领先的基础软硬件、整机及终端、应用软件、安全服务的新一代自主安全计算系统完整产业链。2022 年，集群主导产业总产值达 1700 亿元，在全国占比超 30%，初步具备培育具有国际竞争力集群的基础。

一、集群形成的动因和机制

（一）萌芽期：国家电子工业在长沙陆续落子奠定了集群发展的基础

1958 年 2 月，长沙无线电厂正式成立；随后，湖南广播器材厂和长沙无线电元件厂相继诞生。1965 年，随着曙光电子管厂全面竣工投产，湖南电子工业正式起步。1969 年，湖南省教学仪器厂正式更名为湖南省无线电厂，即后来的湖南计算机厂和长城集团。到 1998 年，湖南计算机厂已由小厂发展成为全国最大的计算机终端生产基地，当年完成工业总产值 60 463 万元，是 1976 年的 93 倍。随着改革开放的推进，一批民营高科技企业异军突起，如创智、长海、新浪潮，1998 年，创智、长海分别完成工业总产值 19 074 万元、18 654 万元。至此，长沙以计算机为主的电子信息制造业不断发展壮大。

（二）成长期：院企共同发力为集群发展储蓄力量

从 1983 年中国首台亿次巨型计算机“银河”在长沙研制成功，到 2009 年“天河一号”在长沙研制成功，再到 2014 年国家超级计算长沙中心正式运营，国防科技大学在研制超级计算机的过程中，不仅研制出了计算领域的大国重器，同时为长沙培育了大批信息技术人才。依托国防科技大学的科研力量，2002 年银河麒麟被列入“863 计划”项目，2006 年完成银河麒麟初版，2009 年国家

“核高基”重大专项启动，银河麒麟继续迭代升级至 3.0 版，2010 年 12 月 16 日，中标普华 Linux 和国防科技大学的银河麒麟合并为中标麒麟，麒麟操作系统成为集群发展的核心。2006 年 4 月，景嘉微成立，致力于研发国产 GPU 芯片。2008 年，国科微成立，致力于研制高端固态存储控制器芯片。2000 年，湘计算机投资近 2 亿元，建成国内最大的金融终端生产服务基地。

（三）成熟期：国家信创政策助力集群快速壮大

2016 年，国务院发布《国家信息化发展战略纲要》，提出要逐步形成安全可控的信息技术产业体系。2018 年以来，我国把信创产业纳入国家战略，提出“2+8”发展体系。2018—2019 年党政“信创二期”试点、18 个行业进行国产化替代，为信创产业发展提供了空间。长沙抓住机遇，大力布局信创产业，招引一批项目落地，加速推动新一代自主安全计算系统集群发展。2019 年，集群引华为鲲鹏入湘，着力构建鲲鹏生态链。2020 年，飞腾在长沙设立研发中心及区域总部，“PK”体系产业生态不断完善。2022 年，集群通过国家先进制造业集群决赛。目前，集群汇聚了长城、湘江鲲鹏、宝德、航天天玥、湘计海盾、同有飞骥六家整机，聚合了国科微、景嘉微、惠科、麒麟等生态合作伙伴，形成了覆盖处理器、操作系统、大数据、应用软件等全领域的产业生态链条。

二、集群发展壮大的主要模式

（一）顶层布局不断引导集群发展壮大

2016 年，湖南省确立重点发展自主可控计算机及信息安全等 20 个新兴优势产业链，作为制造强省建设的核心任务。后续长沙市人民政府又相继出台《国家网络安全产业园区（长沙）产业发展规划》《长沙市网络安全产业发展规划》《长沙市“十四五”科技创新发展规划（2021—2025）》等规划文件，为长沙新一代自主安全计算系统产业指明了发展方向和路径，并提出了可操作的配套措施。结合集群发展系列顶层规划，长沙市人民政府相继出台了《关于加快网络安全产业发展若干政策实施细则》《长沙市加快先进计算产业发展三年行动计划（2022—2024 年）》《长沙市加快网络安全产业发展三年（2019—2021 年）行动计划》《长沙市加快网络安全产业发展若干政策》，逐步把规划变为计划、计划变为行动。在政策的加持下，长沙新一代自主安全计算系统产业逐渐形成集群化发展态势。

（二）科技创新是集群自主安全发展的核心力量

集群坚持“以我为主、自主创新”的技术路线，着力攻克核心技术“卡脖子”问题，构建了包含基础软硬件、整机终端、应用等全要素的“两芯一生态”自主安全计算机体系。例如，国防科技大学研制成功的国内第一台一亿次、十亿次、百亿次计算机和第一台一亿次、十亿次仿真机，使我国的计算机水平和仿真技术迅速达到国际先进水平；中国电子科技集团公司第四十八研究所研制的高能离子注入机性能达到国际先进水平；楚微半导体集成电路成套装备处于国内领先水平；湖南智慧眼指静脉识别系统连续三年在全球挑战赛上夺冠，打破了国外的长期垄断。截至 2023 年上半年，集群集聚相关企业 1400 余家，其中国家高新技术企业 815 家。

（三）开展应用示范不断拓展市场空间

湖南省积极推进“信创”工程，逐步从党政机关向卫生医疗、金融服务、电力能源、大型央企、工业互联网、北斗等行业拓展，进而扩展到人工智能、车联网、5G、区块链等新基建领域，以支持集群发展。例如，中电长城（长沙）公司与长沙中电软件园携手，创建湖南网络安全适配中心和应用示范基地，引导聚拢的软件企业将原本基于 Wintel 体系研发的软件产品向“两芯一生态”转移。产品应用场景正在进一步向行业应用领域关键业务系统纵深拓展，如在智慧医疗、智能驾驶、城市治理、政策服务等领域开展应用试点示范。应用市场的不断拓展有效支撑了产业发展。

三、集群发展存在的核心问题

对标国际主流的 Wintel 生态，长沙新一代自主安全计算系统集群的发展时间还较短，硬件和软件基本处于追赶阶段，尤其是软件生态还不成熟，行业应用有待进一步深化和拓展，集聚全球高端人才的能力亟待提升。

（一）集群软件产业发展生态仍需加速完善

目前，集群在整机终端和硬件方面拥有较大优势，在软件适配业务方面投入了较多资源，并形成了良好态势，走在全国前列，但与微软、苹果公司稳定成熟的软件生态相比还有一定差距。以操作系统为例，全球形成了“Windows+Intel”“Android+ARM”“iOS+ARM”三大主流生态体系，其中微软公司的桌面操作系统在全球占比达 90%，谷歌的 Android 系统和苹果公司

的 iOS 系统瓜分了全球移动操作系统市场，相比而言，集群内的操作系统企业仍需加强适配，快速扩大产业生态圈。

（二）行业应用有待进一步深化和拓展

传统基于 Windows 系统的软件占据了大量市场，受技术代际差距、迁移成本、适配成本、用户习惯、稳定性等因素的影响，国产化替代工作压力大、周期长。目前，集群产品主要在党政机关、金融、医疗等领域推广应用，集群仍需进一步加大研发投入力度，加强企业融通合作，深化和拓展市场应用。

（三）集群集聚全球高端人才的能力亟待提升

安全可靠的计算机及创新应用产业是高度的技术密集型产业，高端人才、技术、资金等要素是产业持续健康发展的关键。从全球看，美国、以色列等产业发展较好的国家，集聚了大量的国际知名企业，汇聚了大批产业高端人才，引领行业的创新发展。从国内看，我国网络安全产业呈现区域集聚的特点，主要集中在北京、上海、深圳、杭州等城市，这些城市的高校、科研机构较多，培育了大量的计算机网络安全产业人才，同时这些城市的行业龙头企业多、产业配套好，凭借城市资源优势，吸引了大批产业高端人才。长沙虽然在人才引进与培养方面做了大量工作，但与上述城市相比，仍有不小的差距。

四、集群培育提升的对策建议

推动新一代自主安全计算系统集群迈向世界级先进制造业集群，长沙应紧盯国际先进集群，加快核心技术攻关，培育壮大龙头企业，拓展产品应用范围，推动区域联动融合发展，助力企业国际化，推动集群产品高端化、大众化，以及集群网络化发展。

（一）提升集成电路设计制造能力

充分发挥长沙在核心电子器件、高端通用芯片和基础软件产品领域的技术优势，进一步提升 CPU、GPU、DSP、SSD 主控、FPGA、RoCE 网络适配器等核心芯片的自主设计能力。提升 GPU 图形加速和并行计算能力，增强在虚拟增强现实、人工智能、云计算等领域的适用性，并实现规模化量产。持续提升国产存储控制芯片的纠错能力、运行速度并降低功耗。加快引进集成电路制造企业，提升长沙集成电路的制造能力。发挥国防科技大学、中国电子科技集团公司第四十八研究所等在微电子研发和设备制造方面的优势，重点发展集成电路产业配套服务，完善集成电路设计、测试及检验等，提升微处理器芯片的集成设计能力。

（二）进一步增强企业竞争力

目前，尽管长沙聚集了一批具有自主创新能力的企业，产品逐渐被市场认可，但无论是企业营收规模，还是研发投入、创新效率，与国外同类企业相比仍有较大差距，特别是民营企业的综合竞争力偏弱。需要瞄准市场需求，支持操作系统、GPU 领域的优势企业持续做大做强，通过协同研发，打造爆款产品，不断增强市场竞争力。支持龙头企业开展战略合作、兼并重组，以资本为纽带推进资源整合，加快形成和发展一批掌握关键核心技术、创新能力突出、品牌知名度高、国际竞争力强的领军企业。重点遴选一批技术含量高、成长性好的“隐形冠军”企业，在自主创新、品牌质量、上市培育、融资服务等方面加大帮扶力度，支持企业快速成长。

（三）拓展应用示范助力产业发展

加快国产化替代、应用系统迁移，加速示范应用工程落地实施，将通过适配中心测评的本地产品纳入两型产品认定范畴，推动本地安全可靠计算机整机、服务器、密码系统、工控安全平台及服务纳入政府采购名录，引导更多部门和企事业单位采购有关产品及服务，鼓励新型基础设施重点项目经过科学评估，积极采用集群产品和服务。以“信息技术+先进制造业”为突破口，鼓励企业打造一批应用示范样板工程，推动信息技术产业与工程机械、轨道交通装备、汽车及零配件、电子信息和新材料等先进制造业融合，提供工业互联网安全解决方案，带动区域先进制造业高质量发展。在商超等人流密集场所，开展宣传工作，引导市民加入消费行列，推动产业发展。

（四）推动集群区域联动融合发展

发挥长沙在“长株潭城市群”一体化发展进程中的“领头雁”作用，联动省内主要园区，推动集群融合发展。依托长株潭城市群的 9 个国家级园区、19 个省级园区，共同推进新一代自主安全计算系统集群与长株潭城市群一体化发展。推进中电软件园、芯城科技园、信息产业园、信创特色园等园中园专业化发展。支持开展国家网络安全技术应用试点示范，完善网络安全国家专业化众创空间，推动省级商密产业示范基地建设。

撰稿人：赛迪智库规划所　岳维松

第九章

广州、佛山、惠州超高清视频和智能家电集群

广州、佛山、惠州超高清视频和智能家电集群（以下简称广佛惠超高清视频和智能家电集群）在产业规模、创新能力、产业链配套、品牌知名度等方面初步具备较强竞争力。超高清视频和智能家电产业在广州、佛山、惠州底蕴深厚，优势明显。2022 年，集群主导产业总产值为 10 032.07 亿元，约占全国的 1/4。截至 2023 年上半年，集群拥有企业 6900 余家。

一、集群形成的动因和机制

广佛惠超高清视频和智能家电集群是兼顾市场驱动和政府引导，顺应产业发展趋势所形成的集群，经历了初期自主驱动模仿、各自形成规模、三地互联互动融合 3 个阶段，发展成为全国产业规模最大、品类最多的超高清视频与智能家电集群。

（一）初期自主驱动模仿

改革开放以后，中国家电产业进入起步阶段，但当时全国范围内仍以计划经济为主导，销售渠道相对单一，佛山顺德的乡镇企业抓住家电这一民生领域，开始生产最简单的电风扇，之后凭借与中国香港地区地理邻近的优势，将最新款式买回，拆解研究，再生产，向全国销售。这样质量好、价格低廉的顺德电风扇很快发展起来，同时凭借对外贸易的港口优势，远销 30 多个国家和地区。在市场经济下，家电市场的巨大需求让乡镇企业的数量快速增长，电冰箱、空调、微波炉等产品陆续出现，佛山顺德的家电产业集聚效应开始显现。

（二）各自形成规模

佛山顺德的家电乡镇企业为早期的产业发展做出了重要贡献，裕华、容声、美的等逐步成为国内知名的小家电品牌。随着时间的推移，家电行业的市场竞争越来越激烈，乡镇企业已经不能满足市场竞争需求，生存下来的企业纷纷改制。1993 年，美的完成内部改制，次年在深圳证券交易所上市。2000 年年初，顺德已经成为全国重要的家电生产基地。广州则抓住了超高清视频的发展机遇，2016 年，总投资约 610 亿元的超视堺第 10.5 代显示器全生态产业园区落户，成为自改革开放以来广州单笔投资规模最大的先进制造业项目，使康宁显示、维信诺（广州）全柔 AMOLED 模组生产线项目纷纷落地。短短几年时间广州就被认定为全国首个超高清视频产业发展试验区。TCL 是在惠州成长起来的国际化企业，其投资 129 亿元的 TCL 模组整机一体化智能制造产业基地项目全面建成投产后，将成为全球规模最大、最先进的模组整机一体化智能制造产业基地，惠州也将成为全球最大的模组和彩电生产基地之一。

（三）三地互联互动融合

随着产业发展到一定阶段，超高清视频与家电融合成为当前和未来发展的重要领域。以超高清技术为引领，促进其在黑电（黑色家电，如电视机、游戏机等）和白电（白色家电，如洗衣机、电冰箱等）产业的应用，其中广州超高清技术在惠州千亿元级黑电产业率先落地应用。惠州的黑电产业与佛山的白电产业也资源共享、信息互通，共促家电产业发展。在超高清视频产业链布局上，广州与惠州共同形成完整的产业链。未来，随着产业的发展，三地在新模式、新业务上会有更深层次的融合。

广佛惠超高清视频和智能家电集群的发展历程可以分为三个阶段。第一个阶段是智能家电的发展，在完全竞争的市场下，佛山的企业在家电市场大浪淘沙的背景下，使佛山获得了“家电之都”的美誉；第二个阶段是超高清视频产业投入大、风险高，政府在前期招商引资起到了关键作用，之后超高清视频产业快速发展；第三个阶段是随着不同产业融合成为未来的重要发展方向，政府引导，企业自主在三地布局，三地逐步形成了超高清视频和智能家电融合的集群。

二、集群发展壮大的主要模式

广佛惠超高清视频和智能家电集群的发展历程可以看作从独立走向融合的过程，超高清视频的发展源于前期政府资源的投入和引导，智能家电的发展

源于市场驱动，企业自主发展。到两个产业融合发展的阶段，在企业自发慢慢探索寻找结合方向的时候，政府从顶层设计，使三地相关产业资源对接，加快了三地产业的融合。

（一）加强顶层设计，引导三地产业加快融合发展

为推动集群内三地产业的融合，政府积极发挥引导作用，从政策支持到工作组织架构适应三地联动发展。广东省政府将超高清视频产业和智能家电产业列入了十大战略性支柱产业，广州、佛山、惠州三地政府共同编制集群实施方案，签订了战略合作协议，成立了建设工作领导小组，统筹资源，协调不同部门落实集群培育工作。政府支持促进组织，成立了以广州促进组织为核心，佛山、惠州设分促进组织的“三位一体”协作模式，促进组织理事长由三地轮值担任，财政资金由三地协商比例联合出资，并由促进组织统一管理使用。集群初步建立起以广州超高清视频产业促进会为依托的“1+2+N”的粤港澳大湾区全域联动一体化发展工作机制。

（二）深化联合创新引领，推动广佛惠超高清视频和智能家电集群发展

三地政府通过合作，促进创新资源对接，联合开展创新活动，如广州与佛山制定科技创新合作工作方案，共建粤港澳大湾区国际科技创新中心，合作创建区域协同创新共同体。集群内龙头企业牵头深化创新合作布局，同时加强与异地创新机构的联动合作，推动三地协同发挥创新资源优势，如惠州龙头企业TCL 牵头在广州设立广东聚华，该公司与 TCL 华星光电联合开展印刷 OLED 量产工程化验证，也与佛山季华实验室联合开展 G4.5 代 RGB 喷墨打印机设计制造。集群内通过建立创新联合体，联合三地创新力量进行关键技术攻关。佛山季华实验室积极开展“璀璨行动计划”，联合广州、惠州等相关单位组建新型显示制造装备创新联合体，发力显示制造关键装备研制，计划到 2030 年达到国外同类装备的性能指标，具备上线验证的条件。

（三）提供金融和人才等相关支持，全面打造集群生态

集群享受政府出台的各类吸引人才政策，如制造业高端人才“千企智造 · 智汇行动”“广聚英才计划”等，集聚高精尖缺人才，目前集群内主导产业从业人员人数接近全国从业人员总数的 1/4。同时，集群也积极开展人才招聘，如广州市工业和信息化局组织包含集群在内相关重点企事业单位到武汉华中科技大学举办首场招聘活动，受到了相关人才的青睐。金融机构积极服务集群内企业，2023 年广东省工业和信息化厅与中国工商银行广东省分行等 5 家银行机构分别签署了《培育发展战略性产业集群战略合作框架协议》，未来 5

年，5 家银行机构将为包含集群在内的广东战略性产业集群企业新增合计 1.95 万亿元人民币资金支持。

（四）汇聚全球产业资源，提升集群品牌影响力

集群内已经拥有一批国际化龙头企业，通过强化全球供应链布局，带动提升了集群的国际品牌影响力。例如，美的在全球拥有 200 多家子公司，在 11 个国家设立了 34 个制造基地，是德国库卡集团最主要的股东；TCL 在墨西哥、波兰、印度等多个国家和地区设立了生产基地，业务遍及全球 160 多个国家和地区。在国内，集群承办了世界超高清视频（4K/8K）产业发展大会、中国国际 OLED 产业大会等一系列具有国际影响力的产业发展大会，累计吸引全球 5000 余家企业参展，集中展示了集群形象，同时集群企业借德国柏林消费电子展等机会，展示集群品牌，提升了品牌美誉度。

三、集群发展存在的核心问题

三地跨区域、跨行业培育的集群在全国范围内已经走在了前列，但是在三地联合培育集群的过程中，跨区域、跨行业可借鉴的例子较少，创新水平存在短板，产业融合还不够深入，影响集群向更高目标迈进。

（一）跨区域、跨行业可借鉴的例子较少

三地在培育跨区域、跨行业的先进制造业集群方面处于“无人区”状态，在集群共治、合作机制、配套政策等方面，可借鉴的经验不多，打破行政区划局限、跨区域优化资源配置依然较为困难。三地促进组织如何形成联动，促进整体资源更有效流动，发挥三地的协同优势，需要不断进行探索、创新、变革。

（二）创新水平存在短板

尽管集群在部分领域达到国际领先水平，但在产业链关键领域仍存在短板，如在超高清视频领域部分核心知识产权储备不足，智能控制网络技术不强，高端产品（如 OLED 电视、高端可靠智能家电、VR/AR）与国际一流产品还存在差距，4K/8K 图像传感器芯片、主控 MCU、超高清摄像机等还需要进口。

（三）产业融合还不够深入

集群内超高清视频和智能家电作为两个相对独立的产业，融合发展是未来的产业方向，目前处于起步阶段，超高清技术在黑电产业和白电产业的落地应

用有限，黑电产业和白电产业的融合发展还需加快。超高清视频和智能家电结合的产品未赋能更多应用场景，跨界融合优势还有待进一步挖掘。

四、集群培育提升的对策建议

为推动广佛惠超高清视频和智能家电集群成长为世界级先进制造业集群，应加快推进建立多主体的现代化集群治理机制，打造与集群发展需求相适应的生态体系，为此我们提出以下建议。

（一）发展跨地域、多层次合作机制

建立共同管理、合力推进的集群培育新机制：首先，从省级层面在三地落实相关集群建设政策；其次，发挥由三地工业和信息化部门牵头的领导小组的作用，协调和调动集群在三地发展中需要的资源。集群促进组织在现有“三位一体”的发展模式下，需要完善自身组织架构和制度，切实发挥“织网”作用，为加快三地产业融合提供有效服务，完善促进组织负责人三地轮值制度，保证三地利益均衡，促进三地协同发展。

（二）加强创新主体建设，提升研发能力

充分发挥国家印刷及柔性显示创新中心的力量，扩大创新主体，支持智能家电制造业创新中心、超高清视频前端制造业创新中心建设，推动龙头企业建设研发中心，从国外引进研发机构入驻，服务集群创新发展，推动佛山全球创新技术应用转化中心（中国香港分中心）、粤港澳大湾区创新技术应用转化中心等的建设。加大对基础科研的研发支持力度，积累一批原创性科技成果，在降噪和静音技术、空气净化高效过滤技术、音视频编解码技术等方面突破国外相关领域的技术垄断，针对量子点显示、气动噪声预测等前沿技术提前布局。

（三）加快产业融合步伐

以高清技术为媒介，促进家电行业内白电产业和黑电产业的融合发展，将超高清智慧屏作为流量入口，实现对家中所有智能家居的统一控制。以超高清技术为突破口，推动其在工业可视化、缺陷检测、产品组装定位引导等场景下的应用。开发超高清视频和智能家电融合产品，在安防监控、教育、影音娱乐等领域拓展新的应用场景。

（四）加强相关要素保障

落实企业技术改造等财政政策，推动集群内重大项目的顺利进行。鼓励龙头企业发展供应链金融，帮助供应链上下游供应商降低融资成本。支持中小企业通过融资租赁方式进行设备更新。充分保障集群产业用地供给，在新增城乡建设用地时优先保障集群发展需求。面向国内外引进集群所需的高端人才和创新团队，同时自主培养集群所需人才，与中山大学、华南理工大学等高校长期合作，支持设置和发展相关学科。支持发展职业教育，推动与企业的对接合作。

撰稿人：赛迪智库规划所　张兆泽

第十章

南京软件和信息服务集群

作为新一代信息技术的重要组成部分，软件已成为引领技术创新的关键力量。南京软件和信息服务集群历经萌芽阶段、集聚阶段、集群阶段，已形成以产学研联动为内生引力、以政策引领为强大推力、以链式延伸为不竭动力、以平台保障为新型助力的“四力合一”发展模式。但与国际一流软件集群相比，该集群目前面临人才流出流入剪刀差扩大、企业培育有高原无高峰、促进组织中介作用有限等问题，需从加强生产要素保障、培育壮大骨干企业、健全组织实施机制 3 方面协同发力，推动集群稳健发展。

一、集群形成的动因和机制

（一）萌芽阶段：1949 年至 20 世纪末

中华人民共和国成立后，在“一五”计划、改革开放等重大时间节点上，南京均将电子产业视为首要发展的产业，并在“工业第一方略”中明确要强化电子产业的优势。在此背景下，南京依靠良好的产业基础和政策环境，发展出一系列电子代工及其衍生的软件代工产业。成立于 1976 年的熊猫电子便是以电子业务起家、兼顾软件开发的典型代表，该公司通过与日本日立等公司合作，于 1994 年正式量产出 3 万台模拟手机，后又与芬兰爱立信合作，生产出第一台全中文界面、中文软件输入的 GM518 自动双频手机。

（二）集聚阶段：2000—2010 年

进入 21 世纪，软件行业步入飞速发展阶段。为节约软件开发所需的人力成本，美国、日本及欧洲等地区的软件公司纷纷将软件开发业务外包，南京由于有强大的高校资源与丰富的人力资源而成为软件外包业务的重要承接地。为加快形成规模效应、提升产业实力，南京市政府在 2004 年颁布的《南京工业

产业布局规划》中正式提出要构筑产业链和产业链招商的概念，提高产业集聚程度。通过设立国家级南京高新技术产业开发区、江宁经济技术开发区等园区，建成江苏软件园、南京徐庄软件园两个国家级软件产业基地，南京逐渐形成“区区有软件业”的发展模式。2005 年，南京市委、市政府正式提出建设“中国软件名城”的发展战略。为此，南京将软件产业作为第一优先发展的产业来抓，通过优化政策环境、推进企业自主创新、培育和引进软件龙头企业，使软件产业实现了跨越式发展，2005 年至 2010 年连续多年年均增长率达到 40%，最终于 2010 年正式建成首个“中国软件名城”。创立于 2006 年的江苏润和便是以代工起家，后来发展壮大的典型公司，该公司相继为丰通、PASCO、甲骨文、苏宁电器、江苏电力、南瑞集团等国内外知名客户提供软件外包服务，已成为信息技术服务国家标准工作组的全权成员单位和外包专业组副组长单位。

（三）集群阶段：2011 年至今

近年来，软件产业已由以专业公司为主演进到以互联网增值服务企业为主，南京软件业也由以代工为主发展为全链条多环节生产。简单的产业集聚已无法满足软件企业间的互联互通需求，逐渐形成了一种强调产业内的协同和不同产业之间的相互配合、分工协作，并且也具有区域分布集中化的产业区域网络结构，即产业集群。进入集群式发展后，南京形成了“一谷两园”“一核多级”的发展模式，软件产业规模逐年攀升，集群在 2022 年实现软件业务收入 6479 亿元，同比增长 8.9%。截至 2023 年上半年，集群集聚相关企业 7042 家，其中规上企业 4030 家，专精特新“小巨人”企业 21 家，独角兽企业 10 家，重点企业质量不断提升。在此阶段，该集群涌现出一批掌握行业核心技术的本地企业，如自主操作系统领域的诚迈科技、智能电网解决方案领域的南瑞集团、能源信息化及轨道交通自动化领域的国电南自等。

二、集群发展壮大的主要模式

回顾发展历史，南京软件和信息服务集群的形成与发展并不是一蹴而就的，而是多种因素协同作用的结果，其中最为重要的有产学研联动、政策引领、链式延伸与平台保障，四者协同作用形成了驱动集群发展的不竭合力。

（一）内生引力——产学研联动

软件产业为人才密集型产业，南京得天独厚的高等教育优势为集群发展提供了源源不断的高素质人才。南京大学、东南大学、南京理工大学、南京航空航天大学等高校的软件专业多为其强势专业。南京的科研机构也十分丰富，中

国电子科技集团公司第五十五研究所、第二十八研究所均坐落于此。同时，南京的软件企业也有较强实力，从最初的熊猫电子，到华为软件、中兴软件，再到南瑞集团、诚迈科技，均为产学研联动提供了重要平台。正是在“基础教育—科技研发—产业应用”的良性循环中，南京软件业获得了发展的基石，集群获得了发展的内生引力。

（二）强大推力——政策引领

单个经济主体总是从自身利益最大化出发做出决策，不可能实现帕累托改进，因此只有作为公共管理者的政府才能统筹分配资源，推动帕累托改进。在推进集群建设的过程中，政府的政策引领就是推动帕累托改进的强大推力。若无南京市委、市政府建设“中国软件名城”的政策，则南京软件行业难以得到长足发展，集群建设更无从谈起。若无金融、人才、土地等多方面的政策支持，南京对于软件企业的吸引力将大幅下滑，集群发展将被束之高阁。例如，仅在 2019 年 3 月至 2020 年 12 月，南京各部门就出台了 27 条培育软件和信息服务集群的重点政策，平均每月不止一条，对培育先进制造业集群起到了重要的引领作用。

（三）不竭动力——链式延伸

南京的传统优势软件主要集中于电力、通信、智能交通等应用软件领域，为获得更加全面的发展，南京市委、市政府出台《关于实施产业链链长制的工作方案》，在全省率先实施产业链链长制，聚焦软件和信息服务、人工智能等八大产业，以顶层设计为指导，统筹推进全市软件和信息服务产业链高质量发展，打造具有全国影响力的软件产业链。近年来，南京软件产业在保持电力、通信、智能交通三大传统软件优势的基础上，大力推动电子商务、云计算、大数据、人工智能等新业态、新技术与实体经济融合，培育了新的增长点，形成了不竭动力。

（四）新型助力——平台保障

集群的发展壮大对公共服务、信息渠道等均提出了新要求。为此，南京软件和信息服务集群建立起多个软件产业平台，这些平台有利于提高基础性产品的互通程度，降低经济主体间的信息不对称程度，进而起到降低成本、提高研发效率的作用，进一步扩大规模经济和范围经济。其中，“我的麦田”知识产权互联网公共服务平台是围绕为更多创新主体拓宽融资渠道、助推创新主体技术进步和经济发展成立的专业“互联网+知识产权+金融”的第三方综合服务平台。

南京市软件产品检验检测公共服务平台为南京市软件企业全面构建集质量评估、质量咨询、技术支撑、需求分析、方案建议、协助实施等于一体的“一站式”软件质量服务体系，促进了软件产业和检验检测产业在南京的集聚，增强了软件企业的核心竞争力。基于“私有云+公有云”互联互通的混合云模式的维拓工业云综合服务“双创”平台，实现了三维 CAD/CAE/SRM/MES 等工业软件的 SaaS 化，降低了企业的工业设计成本。可见，产业平台是南京软件产业发展的必然结果，也是产业发展的新型助力。

三、集群发展存在的核心问题

南京软件和信息服务集群已明确提出要建设世界级先进制造业集群的目标。当前，虽然该集群发展态势良好，但与美国硅谷、我国中关村等国际知名软件集群相比，还存在要素保障有缺口、企业培育有瓶颈、促进组织有短板等问题，需要进一步在要素保障、企业发展、体制机制等方面协同发力，寻求更为长久的发展合力。

（一）在要素保障方面，人才流出流入剪刀差扩大

南京市人社局在 2020 年对 4422 家企业进行调研后，做出的调研报告显示，16.2%的企业表示人才非常紧缺，32.0%的企业表示人才比较紧缺。在出现人才紧缺的企业中，44.0%的企业缺少专业技术类人才，23.1%的企业缺少经营管理类人才，16.4%的企业缺少技能操作类人才。同时，东南大学的芯片创新中心、南京理工大学的工业互联网研究院先后从南京流出落地无锡，导致南京软件人才流入/流出缺口不断增大。面对目前软件人才从业门槛高、社会储备少、工资收入低的现状，如何解决人才培养难、招聘难、留住难的三个“造血”难题，成为南京软件和信息服务集群需要处理的核心问题。

（二）在企业发展方面，企业培养有高原无高峰

江苏是民营经济的集结地，但放眼整个江苏，很少有叫得响的互联网科技企业。从上市公司来看，虽然近年来南京的 A 股公司数量增长，2020 年，南京 94 家上市公司市值累计达 12 441 亿元，但市值最高的 10 家公司中，仅有南瑞集团和苏宁易购两家涉软企业。相对于互联网行业同样较为发达的上海而言，南京的国内互联网百强企业数不足上海的 1/4，缺少阿里巴巴、百度、京东、拼多多等平台型龙头企业。云计算和大数据、电子商务、移动支付、数字安防等在杭州、上海已经发展成熟，这些领域创造出大量新兴行业，对南京软

件人才的虹吸效应显著。可见，品牌龙头企业相对缺乏、新业态发展仍显不足等，都是南京软件产业亟待解决的问题。

（三）在体制机制方面，促进组织中介作用有限

虽然集群已成立了专门的南京软件和信息服务集群发展促进机构（组织），但目前该机构主要在加强组织服务方面发力，如组织举办中国（南京）国际软件产品和信息服务交易博览会、“中国软件杯”产教互动高峰论坛、校园招聘会等活动，尚未在资金融通、创新激励、产业发展等方面起到了显著作用。

四、集群培育提升的对策建议

要培育世界级先进制造业集群，需以“政策引领+市场主导”为基本原则，在加强生产要素保障、培育壮大骨干企业、健全组织实施机制等方面多措并举，进一步释放“四力合一”的发展合力，切实推进集群稳健发展。

（一）加强生产要素保障

一是打造一流人才队伍。用好南京高校资源，持续深化软件学科建设，加快建设特色化示范性软件学院，鼓励职业院校与软件企业深化校企合作，培养出兼具理论功底与实践经验的高素质人才。二是优化人才待遇。从提高工资待遇、住房补贴等方面“开源”，从有针对性地减免税收、降低杂费等方面“节流”，提高稀缺人才的可支配收入。三是加强人才对接。依托江苏省软件人才公共服务平台，开发南京软件人才公共服务平台，按需制定差异化的人才引进政策、人才评价标准和人才激励机制，协同加大对高层次人才的引进与培养力度，加快建设梯度人才团队。

（二）培育壮大骨干企业

一是加快重点企业库建设。根据企业营收规模建立全国软件业务收入百强企业、互联网百强企业培育库等数据库，根据与国家政策的契合度及发展潜力建立国家规划布局内重点软件企业数据库等，对数据库实行动态管理的淘汰制度，筛选出一批实力强、前景好、发展快的龙头企业。二是加大对优质企业的支持力度。以软件大企业、大集团战略为抓手，加大政府性产业基金对优质企业的金融支持力度，发挥政府基金的杠杆效应，纾解优质企业、优质项目的资金压力。三是加强培育高成长型企业。聚焦产业前沿领域，通过政府购买、横向课题、纵向课题等方式发挥政府的中介作用，加强大企业与中小企业的联合

创新、联手攻关、联动发展，通过大企业的带动能力努力培育一批瞪羚企业、独角兽企业。

（三）健全组织实施机制

一是拓展促进组织的工作权限。明晰促进组织在完善软件和信息服务集群建设督查考核制度、制订软件和信息服务产业目标考核责任制度等方面的重要作用，重视促进组织在组织考察方面的作用。二是完善集群工作制度。推动集群项目推进、资金利用、项目跟踪与验收等流程规范化、动态化、透明化，由促进组织密切跟踪、实时汇报、定期总结各个项目的进展情况及存在的问题，牵头召开项目推进会，协调各软件园解决项目推进中的问题和困难。三是牵头开展产业研究。深化促进组织对重点细分领域的跟踪研究，加强促进组织对集群内企业的动态分析，由促进组织定期发布南京集群产业调查报告或产业发展白皮书，持续提升促进组织的影响力，加强企业与促进组织的双向互动。

撰稿人：赛迪智库规划所　李婧、侯霁珊

第十一章

成都软件和信息服务集群

软件是信息技术产业的灵魂，是数字经济的重要组成部分。成都作为全国首批、中西部唯一的综合性“中国软件名城”，已成为我国中西部地区软件产业发展的领军城市，聚集了微软、华为、甲骨文、SAP、卫士通等国内外知名企业。2022 年，集群软件业务收入达 4734.9 亿元，同比增长 6.2%，产业规模占全国的 5%，位居中西部地区首位。成都软件和信息服务集群培育是落实国家软件产业战略、打造“中国软件名城”、提升全球比较优势的重要抓手，该集群在信息安全、集成电路、物联网和移动互联网等领域形成了较强的竞争力，具备了成为世界级软件和信息服务集群的基础条件。

一、集群形成的动因和机制

20 世纪 90 年代以来，软件作为信息技术产业的核心与灵魂，得到了各国的高度重视。为推动我国软件产业的形成和快速发展、进一步促进产业创新和集聚发展，2001 年国家计委和信息产业部决定在成都等 10 个城市建设 10 个国家级软件产业基地，2008 年工业和信息化部启动了“中国软件名城”创建工作。在国家推动软件产业快速发展、促进产业创新和集聚发展的大背景下，成都以国家软件产业基地建设、“中国软件名城”创建和软件产业由沿海向内地梯度转移为契机，充分发挥当地的智力资源和区位环境比较优势，制定出台了多项优惠扶持政策，投入大量资金创建软件产业基地、软件开发平台和相应基础设施，使产业发展环境日益完善，产业要素加快集聚，产业规模不断扩大。集群经历了如下发展历程。

（一）产业谋划期（2001—2002 年）

2001 年起，四川省和成都市政府把信息技术产业确立为推动经济跨越式发展的“一号工程”，并将集成电路设计等确定为产业重点方向，但受当时我国软件产业整体都处于发展低谷期等因素的影响，软件产业并未被列为发展重点。2001 年 11 月，在中国国际贸易促进委员会的支持下，成都市贸促会联合中国台湾地区中华资讯软体协会和台湾对外贸易协会，在成都举办了海峡两岸软件高峰会暨软件开发合作洽谈会。该会议的举办使成都认识到软件产业的发展潜力，软件产业重视度提升。

（二）产业起步期（2003—2005 年）

2003 年，成都市贸促会策划举办了首届中国国际软件合作洽谈会（以下简称软洽会），英特尔于同年正式落户成都。2004 年 4 月 1 日，成都市政府颁布了《成都市鼓励软件产业发展的政策意见》，正式对整合全市资源共同促进软件产业发展进行了分工，该文件的出台和实施进一步展示了成都大力发展软件产业的决心。2004 年，国家软件产业基地（成都）通过验收。2005 年 5 月，成都正式提出将软件产业作为全市的“基础性、先导性和战略性产业”进行重点扶持、重点发展，在软件产业战略布局规划上，成都高新区成为承载产业发展的核心载体。自此，成都软件产业开始进入快速发展时期。

（三）产业集聚期（2006—2011 年）

2006 年是成都软件产业进入快速发展的转折年，一系列重大事件相继发生：该年 10 月，成都、深圳、大连、西安、上海被商务部、信息产业部、科技部正式确认为首批“中国服务外包基地城市”；成都软件外包联盟作为中西部地区首个软件外包联盟正式成立；国务院信息化工作办公室正式同意作为软洽会的主办单位，有效提高了软洽会的会议规格，扩大了行业影响力。这些都为成都软件和信息技术产业的飞速发展提供了良好条件。此后几年，成都在高层次人才引培与使用、公共服务平台建设、重大项目引进、信息基础设施建设等方面均给予了政策扶持和资金支持。2010 年，成都获批全国首批“中国软件名城”创建试点城市，成都软件和信息技术产业开始进入集聚发展和创新提升新阶段，产业规模在 2011 年突破 1000 亿元，由 2006 年的 206.3 亿元增加到 2011 年的 1001.4 亿元，年均增速高达 37.2%。

（四）集群发展期（2012 年至今）

以 2012 年 2 月成都被工业和信息化部认定为“中国软件名城”为标志，成都软件和信息技术产业进入快速发展时期。为促进软件和信息服务集群健康、快速发展，成都制定实施了一系列政策文件，使产业实力、创新能力、公共服务能力得到提升，产业规模从 2012 年的 1701 亿元增长到 2022 年的 4732 亿元，软件行业从业人员约为 57 万人。截至 2023 年上半年，集群集聚企业超

过 23 万家，其中规上企业 1387 家，国家高新技术企业 2395 家，瞪羚企业 653 家，在信息安全领域、集成电路领域、物联网领域和移动互联网领域集聚了数量众多的企业和创业团队。

二、集群发展壮大的主要模式

经过多年的发展，成都软件和信息服务集群探索出了“政策保障+平台赋能+院校企地合作”的发展模式。

（一）政策保障

在国家高度重视软件和信息技术产业发展的大背景下，成都市委、市政府也高度重视该产业的发展，由市委书记牵头成立了电子信息产业生态圈领导小组，由市长牵头成立了软件产业发展推进领导小组，为软件和信息技术产业的发展提供了有力支撑。自 2005 年成都提出将软件产业作为全市“基础性、先导性和战略性产业”并进行重点扶持以来，先后制定了一系列促进产业发展的政策。人才方面，通过“蓉漂”计划并启动实施“蓉贝”软件人才“百千万”引育计划，推出系列特色化人才新政，2020 年吸纳“蓉漂”青年人才落户 5930 余名，评定“蓉贝”软件人才行业领军者 3 人、软件人才技术领衔人 24 人、软件人才资深工程师 116 人。金融方面，成都打出“壮大贷、科创贷、科创投、科创保、园保贷”系列组合拳，并吸引上海证券交易所、深圳证券交易所、新三板西部基地落地，引导 3000 余家金融机构服务集群发展。截至 2020 年 11 月底，成都“涉软”上市公司 37 家，“涉软”新三板挂牌企业 111 家，天府股交中心信息技术企业挂牌企业 1008 家。财税方面，2020 年，全年落实软件集成电路产品增值税即征即退 26.94 亿元，2021 年前三季度落实集成电路和软件企业所得税税收优惠 30.24 亿元，实现“首版次”软件资金支持 340 万元。

（二）平台赋能

一是会展交流平台。集群每年由政府、行业组织、专业机构、集群企业主办的软件行业主题大会、研讨会、交易会、博览会、对接活动等展会和活动达 450 余项，其中市级及市级以上重大软件行业活动超过 40 项，代表活动包括“软洽会”、软件设计大赛、数字世界博览会、“蓉贝”软件人才大会、中国网络视听大会、中国信息通信大会等，为软件人才、企业提供了更多的合作交流平台，使集群的资源汇聚力、行业影响力不断提升。二是公共技术支撑平台。集群已建成成都高新产业孵化培育网络平台等 13 个国家级平台、成都市科技金融服务平台等 12 个省级平台和四川金融网等 52 家市级平台在内的产业公共

服务平台。为降低软件企业的技术投入，促进产业集聚发展，成都打造了全开放、公益性的公共技术服务平台，平台联合行业知名企业，为集群的软件开发、IC 设计、数字媒体、信息安全等企业提供研发、测试、演示、验证、信息共享、工程管理等多方面的技术支撑服务，已累计为 1000 多家会员单位提供服务。天府软件园还与移动应用测试平台 TestBird 合作建立了手游测试平台，为园区近百家游戏企业提供免费基础产品测试。三是创新创业平台。成都拥有数量众多的创新平台载体，其中国家级技术创新载体 39 家，计算机科学技术领域的国家级实验室——天府新区的先进微处理器技术国家工程实验室极大地提高了集群的产业创新能力。高新区技术创新服务中心、天府新谷孵化器、武侯高新技术创业服务中心等创业平台载体超 250 家。

（三）院校企地合作

一是推动产学研用协同创新。成都软件和信息服务集群内高校院所密集、科教资源丰富，成都整合骨干企业、高等院校、科研院所、协会联盟等优势资源，结合企业主导、平台营造、机构推动等产学研用合作机制，不断提高软件技术的创新能力和成果转化能力，如依托中国网安、极米科技等龙头企业在技术、资金、人力、渠道等方面的优势，联合电子科技大学、中国电子科技集团公司第三十研究所等开展技术攻关、标准制定、产品研发和行业应用推广，极大地增强了产业实力。二是深化院校企地合作。成都支持集群促进组织提升能力，促进在蓉高校、科研院所与企业、用户等的紧密协作，创新“研究院+产业园”“创业苗圃+孵化器+加速器+产业园”等集群协同发展新模式，支持建设国家级特色化示范性软件学院，积极搭建院校企地合作平台，大力推进“校企双进”系列活动，通过校企合作建成 8 个环高校知识经济圈，校企协同创新加速形成。

三、集群发展存在的核心问题

（一）产业规模仍需做大

近年来，成都软件和信息服务集群快速发展，2010—2022 年，集群软件业务收入年均增速高达 18.5%，产业规模由 2010 年的 616 亿元增加到 2022 年的 4732 亿元，占全国的 4.38%，位居中西部城市首位。但是，该集群软件产业规模与发达城市相比仍有不小差距，与国内副省级城市比较，2022 年成都软件和信息技术产业规模位居第 5 位，落后于深圳、杭州、南京和广州，产业规模仅为深圳的 47.4%、杭州的 57.3%。

（二）高端软件较为缺失

经过多年发展，成都在基础软件、嵌入式软件、行业应用软件、信息技术服务等领域都有不同程度的发展，在数据库、中间件等基础软件，以及设计研发、信息管理、生产管理等工业软件领域具备了一定的基础，但产业规模、技术水平、产业影响力等与国外发达地区相比仍有巨大差距。以操作系统为例，美国的 Windows、macOS 垄断了全球 95%以上的个人计算机操作系统市场，Android、iOS 占据了全球 99%以上的智能手机操作系统市场。另外，成都在数据分析处理、计算机辅助设计、企业管理等工业软件领域也未形成能与美国、德国、法国等国家的软件相媲美的软件产品。

（三）行业龙头企业缺乏

2019 年，成都有 4 家企业入围中国软件百强、中国互联网百强，中国网安、成飞集成等大企业通过搭建创业孵化平台和协同创新平台等方式，培育了思维世纪、高锐信息等 100 多家创新型中小企业，但与国内外发展较好的软件产业园区相比，集群现有大企业知名度较低、产业带动力不强。仅以印度最大的班加罗尔国际科技园为例，该园区是全球重要的软件外包中心，涌现出塔塔咨询、Infosys、Wipro 等全球知名的软件外包龙头企业，并聚集了通用、微软、甲骨文等全球知名软件企业，包括塔塔咨询、Infosys 等在内的前 20 家企业贡献了园区大部分销售收入。

（四）本土品牌影响力小

集群现在已集聚了甲骨文、西门子、微软等国际知名企业，以及阿里云、华为成都研究所、中兴成都研究所、腾讯成都分公司等国内知名企业，但除卫士通等少数具有成都特色的品牌外，具有本土特色的软件品牌数量仍较少，且行业影响力也较小，与成为世界级软件和信息服务集群的目标仍有一定差距。以 2022 年度软件和信息技术服务竞争力百强企业为例，成都入围企业数量、企业实力远低于深圳、北京、杭州、南京等地，位次最靠前的成都企业为积微物联，位列第 39 位。

四、集群培育提升的对策建议

成都应以“中国软件名城”的创建为契机，聚焦集群培育目标，坚持问题导向，调动多方力量，着力发挥院校企地的作用，打造名城、名园、名企、名品、名人、名校、名会/展、名赛集聚的完整产业生态体系，培育形成国内领先、具有较强国际影响力及竞争力的软件和信息服务集群。为此，我们提出以下建议。

（一）调动多方力量，全力促进集群做大做强

政府机构、天府软件园等园区管理机构着重在产业政策制定、公共服务平台建设等方面为产业营造良好的发展环境。集群促进组织着力在打造集群品牌、提升产业创新能力、促进大中小企业融通发展等方面，不断创新服务模式，为产业发展做好服务工作。企业及高校院所着力在做大产业规模、提升创新能力等方面做出更多贡献。

（二）加大院校企地合作，着力提升创新能力

充分发挥成都电子科技大学、四川大学、中国电子科技集团公司第三十研究所等科研院所的创新资源优势，鼓励和引导相关院所与企业开展技术攻关、标准制定等合作，着力提升集群创新水平。支持高校创建国家级特色化示范性软件学院，为集群产业发展提供更多的软件人才。继续推进“校企双进”系列活动，引导创新资源向集群集聚，促进科技成果就地转化。

（三）突出精准施策，引导区（市）县完善产业政策

充分落实国家、省、市现有软件产业相关政策，鼓励和引导区（市）县坚持问题导向，制定完善且符合自身实际的支持软件产业发展的配套政策措施，精准施策，促进产业高质量集聚发展。着重加强对“首版次”、企业承担国家重大项目、大型企业软件能力商业化转化、优势企业开拓海外市场等的支持。

（四）聚焦创新和龙头企业培育，做好金融和人才保障

充分利用财政和金融手段，着重加大对重大项目引进、技术攻关、产业化应用、公共平台建设、龙头企业引育、大中小企业融通发展等的支持力度。做好企业用工调查研究，以企业实际需求为导向，加大“蓉贝”等相关政策对“高精尖缺”人才的引进与培养力度；进一步完善人才服务保障机制，以吸引更多的人才。

（五）加强集群宣传，打造成都品牌

用好软洽会、软件设计大赛、数字世界博览会等行业交流平台，通过组织学术交流、软件新品发布、品牌推广等活动，加强集群宣传，扩大集群影响力。以成都获批全国首批“中国软件名城”创建试点城市十一周年为契机，加大对成都市软件产业发展历程和成就的宣传力度，提高集群知名度。加强软件产业政策、规划宣传，促进产业高水平集聚发展。

撰稿人：赛迪智库规划所　黄玉洁

第十二章

成渝地区电子信息先进制造集群

成渝地区的电子信息产业经过 50 余年的发展，已成长为全国电子信息制造业的第四极，2022 年营收超过 16 809 亿元，实现了电子信息制造业 5 个大类、21 个中类全覆盖，是中国第三、全球前十的电子信息制造业聚集地。集群通过大力招引国内外龙头企业、培育本地核心企业，在集成电路、新型显示、智能终端、计算机等优势领域涌现出一批具有较强市场竞争力的企业，已成为全球最大的智能终端生产基地、全球最大的计算机整机生产基地、第三大智能手机生产基地，集聚了鸿海精密、英特尔、陶氏化学、成都海光、新易盛、成都集佳、长虹电器等国际、国内领先的龙头企业，形成了“国际巨头+行业龙头+全品布局”的发展格局。但是，集群也具有关键核心技术产品自给能力不强、成渝地区本土品牌显示度不高、产学研协同创新有待加强等问题。对此，我们提出了创新治理模式、推动优势互补、整合创新资源、优化生态环境等建议。

一、集群形成的动因和机制

（一）种子期：“一五”计划和“三线建设”为成渝地区发展电子信息制造业打下了基础

1953 年，国家开始实施“一五”计划，随后中国电子科技集团公司第十研究所、东郊工业区、电讯工程学院的设立初步奠定了成都“院所+企业+高校”的电子工业发展基础。“三线建设”时期，中和无线电厂、重庆无线电厂、重庆微电机厂、长虹机器厂、华丰无线电厂、中国科学院光电技术研究所等一大批项目在成都、重庆落地。长虹机器厂、华丰无线电厂、涪江机器厂、涪江有线电厂 4 个重大项目的落地为四川绵阳开启了工业化的大门，为成渝地区发展电子信息制造业播下了种子。在此期间，成都红光电子管厂诞生了全国首支黑白显像管、首支投影显像管等多个全国第一；重庆依托“三线建设”时期的30多个电子工业项目建设，实现了14大类320余个品种的电子产品生产制造能力。

（二）成长期：国际巨头入驻为成渝电子信息制造业的快速发展提供了动力

从外部环境来看，中国半导体市场展现出了巨大的发展潜力，这也推动着国际巨头在国内积极布局建厂。从国内来看，随着《国务院关于印发鼓励软件产业和集成电路产业发展若干政策的通知》（国发〔2000〕18号）的发布，全国开始大力发展集成电路，成渝地区则依托前期的积累及人才、要素成本等优势占得先机，富士通半导体、南山之桥微电子等知名企业在成渝布局，特别是英特尔在2003年宣布在成都建设芯片封装测试工厂，为成渝地区吸引全球领先的上下游企业创造了有利条件。四川省为英特尔公司提供了财税、土地、建设等方面的政策优惠，帮助英特尔解决海关、税务、外贸等方面的问题，为企业开展进出口业务提供了便利，为后续广泛招引国内外龙头企业积累了经验。

（三）成熟期：双城经济圈建设为电子信息制造业的发展赋能添力

从顶层设计来看，2019年，成渝两地获批国家数字经济创新发展试验区，为两地协同发展电子信息制造业创造了有利条件；2020年10月，国务院印发《成渝地区双城经济圈建设规划纲要》，提出围绕电子信息领域形成研发在中心、制造在周边、链式配套、梯度布局的都市圈产业分工体系，以及双城联手打造具有国际竞争力的电子信息产业集群等重要部署。从产业链来看，成渝两地电子信息制造业优势互补的特征明显，四川是国内集成电路封装测试的大户，重庆则布局了国内优秀的晶圆制造商，带动以端屏为核心的多类产品的生产规模不断壮大，形成了全球最大的智能终端生产基地、全球最大的计算机整机生产基地、第三大智能手机生产基地，全球约2/3的iPad、约50%的X86 CPU芯片、约50%的笔记本电脑、超10%的智能手机在成渝地区制造。

二、集群发展壮大的主要模式

（一）国内外知名企业引领集群发展

一是知名企业带动中小企业广泛布局。成渝地区国际知名企业和国内龙头企业具有数量多、产业链条长、主导产品门类多等明显特征。截至2023年上半年，集群集聚国家高新技术企业5900余家，规上企业1700余家，成都银河磁体、重庆美利信等国家制造业单项冠军企业11家，国家级专精特新“小巨

人”企业265家，本地注册上市企业58家；吸引了华为、海力士、博世等40余家电子信息领域世界500强企业布局成渝地区；培育了长虹、九洲集团等全国电子信息百强企业，以及振芯科技、新易盛、卫士通、川仪股份、极米科技等53家上市企业。二是龙头企业带动中小企业发展壮大。例如，长虹、华为、京东方、通威太阳、富士康等龙头企业，通过组建协同创新中心、打造配套产业园、探索网络化协作创新模式、搭建大中小企业融通服务平台等，培育了西亿达、迪谱光电等超100家创新型中小企业。同时，京东方带动康宁、出光等90余家上下游企业集聚；鸿富锦与本地80余家配套企业形成常态化合作；达威科技建成全链工厂，链接1400余家用户企业。

（二）“两地”协同推进电子信息制造业发展

成都与重庆两个地区（简称两地）协同发展，取得显著成效，第一，建立成渝地区电子信息制造业共建协作机制。成立电子信息产业合作工作专班，以电子信息产业的发展建设为契机，推动成渝地区双城经济圈战略的深化落实；成立产业协同招商领导小组，定期交换相关数据，开展联合调研，共享重大展会、重大活动等招商引资平台，共同开展联合招商推介，避免产业同质化竞争；联合制定《成渝地区双城经济圈电子信息产业高质量协同发展实施方案》《川渝电子信息产业“十四五”发展布局及产业链全景图》等政策文件25项，分年度制定工作任务清单和集群发展促进工作方案，形成由两地政府统筹部署，省级部门具体牵头，有关地方共同推动的工作机制。第二，上线运行电子信息产业重点产品产业链供需对接平台。共建成渝地区工业互联网及智能制造服务商资源池，加强两地企业及关联企业供需精准对接，实现产业链、供应链上下游协作配套；共建数字供应链，推动订单、产能、渠道等信息共享，以信息流促进上下游、产供销协同联动；共同设立成渝地区双城经济圈建设发展基金，促进战略性新兴产业的发展。

（三）打造成渝地区电子信息制造业国际名片

集群的电子信息相关产品出口额超过4900亿元，以电子信息产品为主导的加工贸易是成渝地区参与国际合作的重要标志。一是推动国际化品牌加速“出海”。《成都市人民政府办公厅关于促进电子信息产业高质量发展的实施意见》《重庆市数字产业发展“十四五”规划（2021—2025年）》提出积极支持本土骨干企业“走出去”。成渝地区生产的笔记本电脑、平板电脑、手机、智能手表等消费性电子终端产品大量出口海外，该地区已成为全球最大的笔记本电脑生产基地、全球最大的苹果手表制造基地。二是对成渝地区电子信息产业的宣

传推广力度不断加大。通过举办中国国际智能产业博览会、中国—欧盟投资贸易科技合作洽谈会等一批重大国际化会展活动，推动实现集群及其成员与国际知名电子信息制造业集群频繁互动和深度对接，与海外各国电子信息企业建立紧密的联系。

三、集群发展存在的核心问题

（一）关键核心技术产品自给能力不强，整体仍处在价值链中低端

近年来，尽管成渝地区通过大量招引国内外龙头企业，快速建立起电子信息制造业的规模优势、产品门类优势及终端产能集聚优势，但创新能力总体较为薄弱，关键设备与核心材料、元器件的进口依赖度较高，部分基础元器件、基础材料、基础装备、工业软件等自给能力不强等问题突出。

（二）外来企业成为集群的支柱，成渝地区本土品牌的显示度不高

尽管集群已成为全国电子信息制造业的第四极和全球最大的智能终端生产基地，但本土品牌的显示度不高、龙头企业的根植性不强、本土品牌的电子信息制造体系尚不完善，“靠前而不拔尖”的特点较为突出。具体表现在龙头企业以英特尔、海力士、华为、京东方等外来企业为主，类似四川长虹、九洲集团等诞生于成渝、成长于成渝的龙头企业还不够多。

（三）产学研协同创新有待加强，高校院所集聚优势亟待释放

高校院所与本地产业的合作仍不够紧密，先进创新成果在本地发育成引领型、原创型的科技企业和新兴产业不多，人才也存在“培育在川渝、发展在沿海”的现象，引导企业通过产学研合作降低企业创新成本、提升产业创新效率的长效机制仍待完善，缺少典型的产学研合作模式。例如，华为成都研究所的生产、供应链环节均在外地，创新服务和研发成果对本地产业的带动作用较为有限；电子科技大学、四川大学等本地高校毕业生留川、留渝比例较经济发达城市低，对集群企业创新发展的支撑作用未得到充分发挥。

四、集群培育提升的对策建议

为推进集群迈向世界级，应从顶层设计、产业本身、产业创新、产业生态等方面入手，以创新治理模式、推动优势互补、整合创新资源、优化生态环境，推动集群发展。

（一）创新治理模式，完善集群治理体系

发挥好集群促进组织的作用，以做好政府部门助手、集群成员帮手、生态建圈推手为目标，服务于成渝地区双城经济圈。发挥好工作专班的作用，共同制定集群培育发展的推进计划和阶段性目标，细化工作任务和具体措施，在重大项目落地、重大规划对接、重大政策协同等方面加强统筹协调。完善政策保障与川渝互认机制，推动要素市场一体化，以电子营业执照为基础，加快建立公共资源交易平台两地互认机制；推动“蓉城人才绿卡”“天府英才卡”“重庆英才服务卡”的功能耦合，促进人才资格互认、人才市场互通，推动成渝地区电子信息人才柔性流动。推进“蓉易办”“渝快办”平台对接，推动两地相关业务通办。

（二）推动优势互补，打造具有全球竞争力的集群产业体系

突出现有优势，巩固成渝地区“芯屏器核网”全球制造基地的优势地位，持续增强集群的国际竞争力。优化配套能力，发挥川渝电子信息产业重点产品产业链供需对接平台的作用，优化“整零”共享配套体系，提升区域的配套能力，减少同质化恶性竞争，引导各级配套企业建立创新驱动的发展模式。提升自给能力，加快发展一批质量稳定可靠、性能国内领先的无源电子元器件、智能传感器、汽车电子和电子材料等，不断提高终端产品中基础元器件、基础材料的自主供给能力。

（三）整合创新资源，打造具有区域带动力的集群创新高地

制定技术路线图，围绕集成电路、新型显示、智能终端、关键元器件及材料等重点领域组织编制并定期优化完善集群技术路线图，为集群创新相关技术产品、出台优化产业政策提供参考，引导企业主动参与先进技术和产品的研发。布局一批产业化攻关项目，依托电子科技大学等科研院所及龙头企业，聚焦重点领域布局一批产业化攻关项目，争取获认川渝一批“首台套”产品。共建共享高水平公共服务平台，鼓励龙头企业、科研院所坚持需求导向，联合上下游企业，共建一批中试基地、试验验证平台、实际应用场景等，加速推动成渝地区创新成果实现工程化、产业化突破。加强国际合作，重点加强与日本、德国、法国、意大利等国家科学城的技术交流与合作。

（四）优化生态环境，构建国际一流集群关键要素聚集洼地

用好“天府英才”“人才特区”“金凤凰”等人才扶持计划，打造优质人才队伍，联合制订成渝地区电子信息高端人才招引计划，进一步推动两

地政策协同；支持成渝重点高校、职业院校加强电子信息制造业人才培养标准。提升金融服务效率，研究设立通用共享的电子信息制造业信贷产品，筹划、设立成渝地区电子信息制造业发展基金，用好、用活天府芯云数字经济发展基金“科创贷”等金融工具，撬动社会资本、推动产业项目落地等。提高要素供给质效，建立跨域、通用的成渝地区土地供给、数据流通、物流保障机制。

撰稿人：赛迪智库规划所　黄诗喆

高端装备篇

第十三章

株洲轨道交通装备集群

株洲轨道交通装备产业从一个机车整车修理厂起步，到如今形成了以百亿元企业为龙头、十亿元企业为支撑、科技型中小微企业为基础，产业集聚度较高的先进制造业集群。2022 年，集群主导产业总产值达 1506 亿元，在全国占比超过 30%。截至 2023 年上半年，集群集聚相关企业 378 家，拥有中车株机、中车株洲电力机车研究所有限公司（以下简称中车株洲所）、中车电机、时代电气、铁建重工等核心配套企业，以及中车长江、湘电集团、中国通号、联诚集团、飞鹿股份、九方装备、福德电气等龙头企业。集群经过数十年的发展在国内外已经形成了较强的竞争力。研究集群形成的动因和机制、集群发展壮大的主要模式、集群发展存在的核心问题及集群培育提升的对策建议等能够为我国夯实轨道交通装备发展的基础，增强轨道交通装备产业的竞争力，打响轨道交通装备国际品牌，培育一批世界级先进制造业集群提供经验。

一、集群形成的动因和机制

（一）我国首台干线电力机车在株洲实现“从 0 到 1”

1936 年，中车株机的前身株洲总机厂成立，筹备制造中国人自己的机车。然而，当时的株洲总机厂仅能开展蒸汽机车维修业务。“一五”时期，株洲发挥交通便利、周边矿产资源丰富等优势，成为 20 余家国企的布局要地，这为株洲发展轨道交通产业奠定了基础。1958—1968 年，株洲数十家机车厂合作实现了中国第一台干线电力机车——韶山 1 型产业化的突破，推动我国进入电气化铁路时代，株洲成为中国电力机车的摇篮。

（二）确立主攻方向，推动轨道交通装备多元化发展

1978 年，中车株机关闭了蒸汽机车维修业务，确立了以电力机车的研发制造为主攻方向，并于 1997 年率先完成了我国电力机车的首次出口。2001 年，

中车株机厂寻求多元化发展道路，成功取得了城轨及车辆国产化定点企业资格，正式进军城轨产业，从以电力机车为发展根基，逐步扩展至城际动车组、中低速磁悬浮列车、储能式电车、轨道交通工程车等多个新兴领域。企业的牵引带动能力逐渐增强，集群内的企业数量逐步增长，集聚效应初步显现。

（三）主动“出海”，打响株洲轨道交通装备新名片

龙头企业主动出击，通过加快海外并购、海外投资，推动国际高水平人才合作，定期在株洲举办具有国际影响力的轨道交通装备主题论坛等方式推动集群发展。例如，中车株机 2011 年成立首个海外子公司——吉隆坡维保有限公司，2014 年出口马来西亚的 ETS 动车组创造了世界米轨最高速度为每小时 176 千米，2015 年我国动车组首次进入欧洲市场，2020 年并购德国福斯罗机车公司。

（四）集群化发展打造轨道交通“动力谷”

2013 年，株洲启动打造“中国动力谷”，提出以最先进的机车牵引引擎、最强大的航空动力引擎和最环保的汽车动力引擎为核心助推器，打造当今的“中国动力谷”和未来的“世界动力谷”。2014 年，长株潭自主创新示范区获得国务院批复同意，“中国动力谷”是其中的核心内容之一。2015 年，随着南北车合并，株机成为中车的核心子公司，株洲成为国内最大的轨道交通装备生产基地和出口基地。2019 年，株洲“国家先进轨道交通装备创新中心建设方案”成功通过论证，依托这一国家级制造业创新中心，集中龙头企业、创新平台、高校院所、配套企业等力量，建立了企业集聚度高、产业覆盖面广、产业资源丰富的轨道交通装备集群。集群的电力机车、动车组、城轨车辆等整机产品，轨道交通电传动系统、网络控制系统、轨道交通车辆牵引电机和牵引变压器等核心零部件在国内外市场的占有率均居第一位，电力机车产品占全球市场份额的 27%，居世界第一位，城轨车辆占国内市场份额的 30%，动车组出口份额居全国第一，整机及配套出口居全国第一，中低速磁悬浮列车、超级电容储能式现代有轨电车、虚拟智轨列车、超级电容储能式现代无轨电车等新型轨道交通车辆均为行业首创。

二、集群发展壮大的主要模式

株洲轨道交通装备集群经过“从 0 到 1”、由小及大，已集研发设计、生产制造、售后服务、物流配套于一体，在行业内具备了较强的国际竞争力，形成了“创新驱动+龙头引领+开放合作+政金扶持”四位一体的发展模式。

（一）加强核心技术攻关，围绕轨道交通产业链部署创新链

一是不断突破核心技术。例如，中车株机承担中国标准动车组牵引电机、牵引变压器的研制任务，时代电气承担牵引变流器、网络控制系统等八个子系统的攻关任务。二是加快创新载体建设。株洲整合各类创新资源，发挥中车株机、时代电气等龙头企业的资源优势，加速建立国家级制造业创新中心、工程技术研发中心、企业技术中心等，建立起分工明确、梯度分明的平台架构。三是建立产业创新“朋友圈”。通过整合各类创新载体，集群串联起基础研究、工程化技术研究等形成了“政产学研金”的创新体系，并由促进组织、龙头企业牵头建立了中国先进轨道交通装备创新联盟、中国 IGBT 国家级技术创新战略联盟等 3 个国家级联盟和 6 个省级创新战略联盟。四是鼓励企业主导或参与标准制定。株洲鼓励核心企业主导或参与国家轨道交通装备标准体系的建设，完善关键装备的重点标准，健全与轨道交通装备质量和安全相关的重要标准，建立轨道交通装备产业服务标准。

（二）强化行业龙头引领，围绕轨道交通装备布局全产业链

一是围绕龙头企业开展强链、补链行动。通过供应链协作，集群本地综合配套率达到 80%以上，形成了整车系统集成、关键核心部件系统、配套部件、路轨系统、基础设施及物流配套五个板块。以“一厂一所”为核心，不断推动产业链向上下游延伸，以提升本地配套率，拓展株洲轨道交通装备产业边界，从而带动株洲轨道交通装备集群高速发展。二是鼓励龙头企业多元化发展。鼓励龙头企业逐步推动产业链向上下游延伸，推进电气设备、磁悬浮列车等布局完善，形成了以电力机车、城轨车辆、铁路货车、铁路道岔、车载电气系统、铁路工程机械等为核心的产品体系。三是探索“四方发力、同频共振”的新模式，推动企业结对共建。坚持“产业相关联、发展相匹配、共建有意愿”的原则，以企业结对、党支部结对、研发人员结对、购销人员结对“四个结对”为主线，以“国企带民企”“主机带配套”的模式，配对开展联合科研攻关、掌握最新供需动态等，推动产业链高效发展。

（三）推动国内市场与国际市场协调推进，全方位对外开放

一是组建产业联合体出海竞争。例如，与中铁建、北方国际、丝路基金等成立联合体，共同应对海外市场竞争，同时依托整车出口，带动产业链上下游企业和技术“走出去”。二是鼓励企业跨国并购。例如，通过跨国并购英国 Dynex 半导体公司，一举掌握了 IGBT“芯片设计—芯片制造—模块封装—系统应用”完整技术链；又如，中车株机收购德国福斯罗机车业务，为打开德国乃至欧洲

市场奠定了基础。三是在重点国家建设研发、生产和维保基地。在美国、英国、德国、马来西亚、南非、土耳其、奥地利等国组建研发、生产和维保基地，实现了从输出产品向输出技术、输出服务转变。四是促进国际人才交流合作。依托中车株机、中车株洲所等龙头企业，与德国、法国等国家的轨道交通装备先进制造业集群开展合作，促进人才、技术、项目的合作交流。五是定期举办轨道交通装备国际论坛。例如，2021 中国国际轨道交通和装备制造产业博览会集展览展示、贸易洽谈、项目合作、成果发布于一体，通过线上线下的形式，吸引了 800 多家国内外企业参展参会。

（四）"央地接轨""政金叠加"为轨道交通装备集群发展保驾护航

国家层面，科技部印发《长株潭国家自主创新示范区发展规划纲要（2015—2025 年）》，在产业发展的定位上提出要打造"中国动力谷"；行业唯一的国家先进轨道交通装备创新中心在株洲正式揭牌。省级层面，湖南省人民政府出台实施了《关于印发加快轨道交通装备产业发展若干政策措施的通知》；湖南省新兴产业发展基金牵头，设立了先进轨道交通装备产业发展子基金，引导各类社会资本支持轨道交通装备产业发展。市级层面，株洲先后出台《关于支持轨道交通装备产业发展的若干意见》《株洲市轨道交通产业发展规划（2019—2025 年）》等政策文件，在土地保障、标准厂房建设、基础设施完善、项目绿色审批等方面全力支持轨道交通先进制造业集群发展；出台《株洲市产业链金融"一行一主链"对接工作方案》，对轨道交通产业链进行"一行一主链"服务；设立产业发展引导基金、创业投资引导基金、科技成果转化基金等引导社会资本投向集群产业。除此之外，省、市、区安排配套专项资金 800 余万元用于促进组织开展公共服务。

三、集群发展存在的核心问题

（一）产业创新仍存在短板

一是核心技术还有短板。与西门子、庞巴迪、阿尔斯通等国际巨头相比，在高、精、尖的关键控制技术及核心零部件制造工艺等方面还存在一定差距。二是产品验证体系仍需健全。受土地等要素的制约，集群缺乏创新产品贴近实际运营场景的模拟验证、场景验证能力。三是国际化要素有待集聚。缺乏国际领先水平的产业创新平台和国际化、开放式的科技创新联盟，汇聚国际化技术、人才、资本等高端科创要素的支撑不够。

（二）产业结构调整压力较大

一是体制市场化程度不够高。核心企业绝大多数是“中车系”国有龙头企业及其下属企业，自主开拓市场的能力有限，存在“吃不饱”的情况。二是产业链之间的耦合关系不够紧。从产业链的角度来看，中小配套企业对龙头企业的依赖度高，企业的自主创新意愿不强、能力有限，很难跟上龙头企业的步伐。三是大中小企业之间的融通有待加强。大企业与中小企业之间缺乏基于产业生态、供应链协同、创新能力共享、信息驱动资源共享、互利共赢的孵化服务平台，投资公司与中小企业之间缺少基于创业投资、产业基金等以资本融通为主的孵化服务平台。

（三）生产性服务业支撑乏力

一是生产向服务转型缓慢。集群第三方物流、电子商务、服务外包、融资租赁、人力资源服务、售后服务等生产性服务业发展不充分，个性化定制服务、全生命周期管理、网络精准营销和在线支持服务等新业态尚未完全构建。二是制造向智造转型水平不高。核心零部件和高端轨道交通装备制造智能化升级才刚刚起步，在集群内培育发展个性化定制、远程运营维护等新模式尚未形成，中小企业数字工厂（车间）、智能制造等转型升级缓慢。三是制造服务能力有待提升。缺乏能够为零部件提供试验检测、产品设计、仿真计算、可靠性分析等配套服务的专业化检验检测平台，缺乏能支撑数据共享与协同制造的公共服务平台。

（四）集群生态建设需进一步加强

一是产品应用需进一步横向推广。例如，IGBT 产品在工业控制、汽车、船舶驱动、智能电网、新能源等领域的推广应用仍需提速。二是新产品示范展示平台不足。例如，株洲智轨电车示范线建设需要进一步在海内外推广，同时积极汇集市场应用反馈，对生产、运营中存在的问题进一步改进。三是产业延伸的广度不够。在基础技术研发、工程设计施工、延伸及衍生产业等方面缺少相应布局，工程总包、通信信号、车站系统、车辆段业务等占据相当市场份额的“轨下”“路外”业务板块小而散，远未形成体系和规模。

（五）集群人才存在短缺问题

一是人才分布“大小不均”。集群在研发、制造领域集聚了大批高端人才，特别是整机企业集聚了大量技术骨干，但在配套的中小企业，人才相对匮乏，造成了配套能力弱于整机制造能力的局面。二是缺乏具有国际视野的高层次管

理型人才。随着轨道交通产品“走出去”的步伐加快，资本运作、国际贸易、高端管理、工程咨询、通关报检、法律维权等方面的高层次管理型人才短缺，需要加大力度引进培育。三是株洲人才流失问题须警惕。株洲虽作为轨道交通产业重要的聚集区，但城市所处地域及经济、社会发展水平与沿海城市相比仍有一定差距，基础设施功能不足、公共资源品质不优、城区整体风貌等与发达地区相比存在差距，对高端人才的吸引力不足。

四、集群培育提升的对策建议

（一）加强“整零”攻关，进一步提升集群配套率

沿技术路线梳理，形成集群产品短板清单。从轨道交通装备全产业链贸易逆差、进口依赖程度等方面综合研判，打通四区四园发展需求，动态更新产品短板清单。支持龙头企业联合高校、科研院所，聚焦产品短板清单，组织开展“卡脖子”关键核心技术攻关项目，为重大成果提供激励资金。建立重大创新成果追踪机制，针对集群内的重大创新成果，建立起应用反馈机制，鼓励研发生产企业在应用端“驻场”，进一步改进产品质量性能，推动产品迭代升级。

（二）加强创新成果应用示范，进一步提升集群在海内外的品牌影响力

充分利用好“首台套”推动创新成果在集群内的应用推广，支持轨道交通创新成果纳入本地“首台套”推广目录，为主动试用、采购的应用端企业提供奖补激励。建立产业链上下游应用生态，发挥好本地高水平试验验证平台的作用，推动其与全国轨道交通试验认证平台实现检测认证结果互认互通。进一步加强与国内外城铁、轻轨等的合作，根据各地的地铁、城铁、轻轨等规划积极在重点城市设立联络点，积极推动创新产品的应用试点。推动形成以标准带动需求的发展模式，依托集群技术产品门类相对齐全的优势，对标国内外先进标准，推动轨道交通装备标准体系的完善，积极召开国际、国内标准会议，加大标准宣传力度，形成以标准建设推动产品应用的引领模式。

（三）实施生产性服务支撑工程，提升集群服务化、智能化水平

建设国家级轨道交通产品检测和评估认证平台。依托湖南国基检测认证有限公司获批的国家级检验检测机构资质，推进轨道交通装备本地检验检测与评估认证；鼓励核心企业将内置的高端生产性服务业分离出来发展，建设

国家检验检测认证公共服务平台示范区和国家检验检测高技术服务业集聚区。做大做优株洲轨道交通产业物流基地。依托“湘欧快线”在海运、空运上的时间、成本优势，加速形成集装卸、仓储、配送、电子商务、贸易、增值服务于一体的现代物流重镇，同时在铁路沿线国家加大对株洲电力机车、轨道交通装备等集群特色产品的宣传力度。鼓励龙头企业提升 5G、人工智能、数字孪生等新技术的应用水平，开展异地协同开发、云制造、柔性制造、模块定制、智能运维等新模式试点示范，并形成智能制造系统解决方案，全面带动中小企业共同发展。

（四）加大人才引进培育力度，打造全国轨道交通装备人才“洼地”

建立轨道交通装备集群战略咨询委员会。汇集技术攻关、行业分析、政策指导等多领域专家组建轨道交通装备集群战略咨询委员会，从技术、行业、政策等角度为集群提供高水平的智力支撑。实施高层次人才集聚工程。加快梳理轨道交通领域顶尖专家、院士、技术领军人才名录并重点引进一批能够承担重大科研任务、重大建设工程及工程技术创新的国际化人才团队。加大产教融合与校企合作的力度，完善一流技师队伍建设，培养工匠精神。支持企业联合中南大学、湖南大学、湘潭大学、同济大学等省内外顶尖高校，在校企联合培养人才上深化合作。

撰稿人：赛迪智库规划所　黄诗喆

第十四章

青岛轨道交通装备集群

青岛轨道交通装备集群形成了以整机生产制造为主，涵盖高速动车组、城际动车组、城市轨道交通车辆、高档铁路客车、内燃动力产品从整机制造到应用服务全部环节的轨道交通装备产业链。截至 2023 年上半年，集群集聚相关企业超过 300 家，拥有中车四方股份、中车四方有限、四方庞巴迪、中车青岛四方车辆研究所有限公司（以下简称中车四方所）等龙头企业，拥有青岛高新技术产业开发区等国家级高新技术产业开发区、青岛轨道交通产业示范区等省级经济开发区，构建形成了“一核、多园、多点支撑”的空间布局，具备了打造世界级轨道交通装备集群的坚实基础。

一、集群形成的动因和机制

集群源于四方机厂的革命传承，发展于铁路技术的提升，兴盛于我国轨道交通事业的大发展。

（一）萌芽期：共和国机车车辆的摇篮

1900 年 10 月，德国人在修筑胶济铁路的同时，开始兴建胶济铁路四方机厂。在 20 世纪前半个世纪里，四方工厂主要从事铁路机车、客车及货车的修理和组装。中华人民共和国成立后，集群的轨道交通企业获得新生。1952 年 7 月，四方机厂自力更生，自行研制出我国第一台蒸汽机车（命名为“八一”号），结束了中国人不能制造火车的历史。此后，四方机厂创造了第一列铁路客车、第一列双层客车等中国铁路工业多个“第一”，并具备了批量生产能力。

（二）发展期：逐步发展壮大

20 世纪 60 年代，通过坚持发展生产和产品开发并举，青岛成功研制出中国首台液力传动内燃机车并实现批量生产，由此实现了我国机车牵引动力由蒸

汽向内燃的历史变革。20 世纪 70 年代，机车、客车开始大批量出口，先后向越南、阿尔巴尼亚、巴基斯坦等国家出口机车、客车，奠定了我国机车、客车出口基地的地位。1998 年，四方机厂研制出中国第一列单层液力传动动车组、第一列交流传动内燃机车和双层健康快车，树立了良好的产品和企业形象。从 1997 年铁路第一次大提速开始，四方机厂就成为铁路提速的主力军，前五次铁路大提速共研发制造了 1100 辆提速客车。2006 年，四方机厂研制的青藏铁路高原客车在“世界屋脊”投入运营。

（三）兴盛期：现代化轨道交通装备研发制造基地

党的十八大以来，集群轨道交通装备产业规模连续多年全国领先。2022 年，集群主导产业总产值达 1200 亿元，在全国占比超过 38%。动车组、地铁及铁路高档客车制造业在国内集中度最高，产能规模位居全国前列，实现了全速度等级、全产品谱系和全寿命周期的产品平台和服务体系建设。截至 2023 年上半年，集群集聚相关企业超过 300 家，其中规上企业 110 多家。经过引进消化吸收再创新、自主提升、全面创新和持续创新，集群相继研制了中国首列时速 200 千米高速动车组、首列时速 300 千米高速动车组、首列时速 380 千米高速动车组、首列城际动车组和“复兴号”动车组，形成了不同速度等级、适应不同运营需求的高速动车组和城际动车组系列化产品。

二、集群发展壮大的主要模式

集群通过“龙头企业引领+强化创新能力+完善的产业链、供应链”模式，不断提升产业集中度，强化产业根植性。

（一）持续强化龙头企业的引领带动能力

集群依托中车四方股份、中车四方有限、四方庞巴迪、中车四方所等龙头企业，持续推动大中小企业融通发展，补全产品谱系，夯实产业基础，提升市场占有率，初步形成整体竞争力较强、产业规模较大、龙头带动作用明显、在全国乃至全世界具有一定比较优势的轨道交通装备产业体系。中车四方股份、青岛阿尔斯通生产的高速动车组（“和谐号”CRH380A 电力动车组、“复兴号”CR400AF 电力动车组）占全国市场份额的 55%，城轨地铁车辆占全国份额的 20%。从产业链协同发展看，集群整车制造优势明显，除青岛本地外，产业链辐射全国，配套商有千余家，带动全国各轨道交通地域经济 8000 亿元以上。

（二）持续提升技术成果转化能力

2022 年，集群企业平均研发投入强度超过 6%，属于全国第一阵营，其中“一种轨道车辆前端吸能装置”获得 2018 年我国专利领域的最高奖项——中国专利金奖。2016 年，集群建设了国家高速列车技术创新中心，其是以高速列车产业前沿引领技术和关键共性技术研发与应用为核心，打造的创新资源集聚、组织运行开放、治理结构多元的综合性技术创新平台。集群还持续打造“永不落幕”的网上技术交易市场，依托科技大数据平台、蓝海网等网络平台，常态化发布、展示高校院所科技成果信息和企业技术需求信息，主动牵线搭桥，协调供需双方采取培训、路演、竞赛等形式，举办多场洽谈活动，促进技术、资本、人才对接，助力高校院所与企业开展产学研用合作交流。

（三）优化科研支撑体系

依托国家高速列车联合行动计划，集群企业与清华大学、浙江大学等 20 余所一流大学构建了产学研用相结合的协同创新机制，通过协同创新，攻克了一批高铁发展的关键技术，形成了从零部件到模块、部件，从系统到整机、整车的全产品链，以及涵盖应用基础技术、共性技术、关键技术研发的较为完善的科技创新体系。

（四）不断完善产业链、供应链

集群产业链基本覆盖了产业链上中下游和相关延伸产业环节，实现了集聚发展。集群内龙头企业的示范带动效应强，专业化协作水平较高，整车和部分关键零部件本地配套率较高。目前，产品本地配套率超过 50%，动车组整车本地配套率为 53%，城轨地铁整车本地配套率为 73%，铁路客车整车本地配套率为 34%，牵引传动系统、网络控制系统和制动系统等关键系统本地配套率为 50%。四家龙头企业中，中车四方股份和中车四方有限本地配套率超过了 70%，中车四方所本地配套率约为 50%，四方庞巴迪本地配套率约为 40%。

（五）促进组织持续推进网络协作

青岛市轨道交通装备产业协会作为促进组织，已初步具备整合区域内轨道交通企业的优势资源能力，能够推动企业共享市场资源，协调龙头企业与配套企业间的资源整合。通过统一规划和布局，促进组织积极构建了以信息化为手段，涵盖研发、设计、工艺、制造、运维全过程的系统研发平台；通过业务流程驱动，推动了技术体系一体化建设，为“产品+技术+服务”产业模式奠定了基础，为凝聚创新资源和助力产业创新升级创造了条件。

三、集群发展存在的核心问题

（一）国际影响力有待进一步提升

青岛轨道交通装备产业虽已形成一定规模，但仍未形成如庞巴迪等国际巨头一样的技术优势，国际影响力、掌控力不够，仍有部分轨道交通核心技术空白领域。从企业来看，规模基础、创新能力、人才保障、管理规范等方面仍有上升空间，研究人员、技术工人、管理人员梯队建设尚不完善。从国际市场来看，集群在欠发达世界国家有一定的市场声誉，但在世界范围内整体市场影响力、控制力与国际巨头相比都有较大差距，且车辆出口多、成套系统出口较少。

（二）产业基础尚有断点

世界级先进制造业集群需要产业基础高度夯实，产业链、创新链和价值链不存在明显断点，主要零部件、元器件、材料和工艺均有可靠的保障能力。与世界先进水平相比，青岛轨道交通装备产业基础尚有提升空间，智能通信信号装备系统、关键核心零部件体系、运营监控系统等关键核心技术需要进一步攻关，专利、标准等方面与国际巨头存在差距。

（三）智能化水平有待进一步提升

随着新一轮技术革命和产业变革的发展，对世界级先进制造业集群智能化水平的要求持续提升，轨道交通智能化系统、智能制造、轨道交通大数据等领域的竞争日益激烈。集群企业的制造模式较为传统，智能化水平与国际先进水平相比存在差距，集群科研体系对制造体系智能化支撑不足。

四、集群培育提升的对策建议

（一）提升集群智能化水平

把握轨道交通装备产业数字化、网络化、平台化、智能化的发展方向，延伸、拓展智能化产业，强化智能运维、智能传感、机器视觉等环节的能力，围绕智能化系统的补链、强链需求，着力攻坚碳化硅等下一代半导体功率器件核心环节，提前布局智能化系统软件，打造国际轨道交通智能运维中心和在线交易平台。引导龙头企业研究能源领域装备智能制造综合标准体系、全三维协同设计、三维工艺快速精准设计技术，实现苦、脏、累、险作业的“机器换人”与生产率提升，推动企业提升智能化水平，建设全球领先的“灯塔工厂”。建设完善中车车辆配件电商平台，运用互联网、大数据等信息技术，整合中车系统

内动车、机车、城轨车辆及相关配件资源，实现配件采购过程的信息化和网络化，降低新产品的推广与交易成本。

（二）不断夯实产业基础

发挥中车四方股份、中车四方所等龙头企业对产业基础的带动作用，推动技术关联度大的重点企业在技术示范、信息扩散方面发挥更大的导向作用，强化电气、电子、制动、钩缓、减震、智能装备等核心部件优势，重点研发制动系统、轮对、车轴、连接器、牵引电机、变压器等轨道交通装备核心部件，实现轴承、减震器、高端电子元器件、高性能复合材料等技术突破。围绕集群轨道交通装备和装备配套需求，着力引进信号、运控、路网装备等地面设备制造厂商，完善轨道交通装备产业链。

（三）持续提升国际影响力

促进企业着眼长期需求，组建联合体，重点关注东南亚、南亚、中西亚，并延伸至独联体、中东、南非、南美等对互联互通有迫切需求的地区，对外开拓市场。深化战略合作关系，通过工程总承包、项目联合体等各种方式，参与“一带一路”沿线国家，以及非洲、拉丁美洲等国家的轨道交通项目。充分发挥驻外经商机构、各行业商会和各类中介组织的作用，为企业提供信息、法律、财务、知识产权和认证等方面的服务。支持建设集群展览展示平台、电子商务平台等公共营销渠道，推动线上电子商务与线下专业市场融合发展。

（四）提高维护保障能力

开发轨道交通智能检修机器人等新产品，建设动车、城轨、磁悬浮等轨道交通装备检测线和工业工程研究与测试实验中心。提高计量校准检测、金属材料试验、高分子材料应用工艺研究实验和制造工艺可靠性检测水平。引导企业积极开发智能化主控系统装置及特种检测专用仪表、环境监测仪器、工业在线测量分析仪器、自动控制系统装置、疲劳测试机等，提高智能检测仪器仪表与测控设备的研发与生产能力。

撰稿人：赛迪智库规划所　侯彦全

第十五章

长沙工程机械集群

长沙工程机械产业经过 60 余年的发展，工程机械产销量连续多年居全国前列，产品涵盖 12 大类、100 多个小类、400 多个型号，其中混凝土机械、起重机械、挖掘机产销量居全国第一，涌现出三一集团、中联重科、铁建重工、山河智能等具有国际影响力的主机企业，已形成“龙头企业+创新驱动+海外扩张”的发展格局。2022 年，集群主导产业总产值达 2000 亿元，在全国占比超过 23%。面对龙头企业市场占有率有待提升、核心零部件和关键技术有待突破、产业链协同能力有待增强等问题，集群要加快关键零部件技术攻关、进一步增强企业竞争力、鼓励产学研用协同合作、加速完善产业生态。

一、集群形成的动因和机制

（一）萌芽期：国家“三线建设”为工程机械产业的发展奠定了基础

湖南工程机械产业起源于 20 世纪 60 年代。1965 年，国家以战备为指导思想，大规模在中西部地区开展“三线建设”。在此背景下，1968 年，生产桩工机械和压实机械的上海工程机械厂迁至湖南常德，成立浦沅工程机械厂。1969 年，一机部建机所迁至湖南常德。这些企业和科研院所的入驻，加上湖南原有的江麓机械厂等企业，构成了湖南工程机械产业的基础。长沙拥有湖南大学、中南大学、长沙理工大学、国防科技大学等一批以机械工程专业为强势学科的国内一流大学，在高校的支撑下，长沙于 20 世纪 70 年代脱颖而出，成为湖南工程机械产业发展的新高地。1978 年，一机部建机所由常德迁至长沙，改名为建设部长沙建筑机械研究院（以下简称长沙建机院），并带来一大批业界的科研人员、专家，进一步提升了工程机械产业的研发创新能力。1983 年，浦沅工程机械厂与长沙新中机械厂实行跨地区联合，长沙开始进入工程机械生产制造领域。

（二）成长期：多元化种子企业的崛起为工程机械集群提供了动力

长沙工程机械集群拥有三一集团、中联重科、山河智能等种子企业，而这些企业的形成和发展各具特色，涵盖了民营企业发展、科研院所改制、产学研融合等多种模式。三一集团是民营企业发展的杰出代表。其前身是梁稳根等人创立的湖南省涟源市焊接材料厂，后更名为三一集团。1994 年，三一集团提出“进入大城市长沙，进入大行业工程机械”双进战略，迁移到长沙。中联重科是传统科研院所改制的成功典范。在计划经济体制转向市场经济体制的关键时期，为适应市场化要求，时任长沙建机院副院长詹纯新推进体制改革，于 1992 年创办新型高科技企业——长沙中联建设机械产业公司，即中联重科的前身。2000 年，中联重科在深圳证券交易所上市。山河智能是产学研融合的创新成果。1999 年，在“专家教授办企业”的浪潮下，中南大学何清华教授带领研发团队创办了长沙山河工程机械有限公司，即现在山河智能的前身。自此，3 家种子企业集聚长沙，为工程机械集群的形成提供了初始动力。

（三）成熟期：外部环境与内部扶持相结合，助力长沙工程机械集群发展壮大

从外部环境来看，21 世纪初期，随着国家进一步加大对公路、铁路等基础设施建设的投资，西气东输、西电东送、南水北调、青藏铁路等一大批战略性重点工程相继启动，工程机械产业获得了难得的发展机遇。当时，国家为扶持装备工业发展，明确表示尽量采用国产设备，这对国内工程机械生产企业来说是重大利好政策。从内部扶持来看，湖南省政府、长沙市政府把握住了发展机遇，将工程机械作为拉动经济的重要增长点，给予大力扶持。在政策支持方面，湖南于 2007 年出台地方性产业政策《湖南省人民政府关于鼓励和支持工程机械产业发展的意见》等政策文件，引导生产要素向集群集聚，同时不断加大地方财政对工程机械产业的支持力度。在企业扶持方面，支持长沙建机院、中联重科、浦沅工程机械厂、湖机、湖桥等并购重组，迅速做大做强。此外，铁建重工建设之初，在全国寻找落户地点时，长沙市政府获得消息后，多次上门沟通，并提出给予政策支持，帮助铁建重工成功落户长沙。长沙市政府相继出台《长沙市培育发展工程机械先进制造业集群实施方案》《长沙市培育工程机械先进制造业集群中长期行动计划（2019—2030 年）》等专项政策文件，并在《关于加快建设国家重要先进制造业中心的实施意见》《提升工业新兴优势产业链现代化水平的若干意见》等政策文件中，明确提出支持长沙打造世界级工程机械集群的目标和政策措施。

二、集群发展壮大的主要模式

（一）多元化的龙头企业引领集群发展

一是龙头企业的特色与优势双突出。长沙工程机械集群的龙头企业具有数量多、主导产品种类多、发展路径多元化等特点。集群拥有三一重工、中联重科、铁建重工、山河智能等“四大金刚”，四家企业全部位列全球工程机械50强。截至2023年上半年，集群集聚相关企业超过380家，其中规上企业339家，国家制造业单项冠军企业6家，专精特新“小巨人”企业20家，国家高新技术企业超过120家，本地注册上市企业6家。集群拥有12大类、100多个小类、400多个型号的产品，涵盖全国工程机械品种的70%。龙头企业通过民营企业发展、科研院所改制、产学研融合等多种模式形成，这也使其发展路径更加多元化。例如，三一重工依托民营企业的活力不断扩大规模，花重金引进业内高端人才以提升产品质量，并率先完成股权分置改革；中联重科背靠长沙建机院，在自主研发核心产品方面具备优势，成立后的第二年，中联重科就生产出中国第一代独立研发的混凝土输送泵；山河智能则聚焦“小而美”，充分发挥产学研融合优势，其机电液控制及中挖阀等技术处于国际领先水平。二是龙头企业引领带动集群发展壮大。一方面，作为龙头企业，中联重科、三一重工等吸引了长沙方圆回转支承、浏阳方圆液压、湖南特力液压等一大批配套与服务企业集聚，同时也引来若干细分领域的“小巨人”企业，如星邦重工在臂式高空作业平台细分领域优势显著，国内销量及保有量遥遥领先。另一方面，长沙工程机械集群带动了株洲、湘潭、常德、衡阳等城市工程机械产业的发展。按照长沙、湘潭发展高端整机，株洲、衡阳、常德等城市提供中高端产品及零部件、基础材料配套的思路，形成了“两极带动、多点支撑”的发展格局，带动了工程机械产业链上下游企业的全面发展，从而推动集群向外扩展。

（二）产学研协同创新驱动集群高端化发展

长沙工程机械集群具有专业人才聚集、科研力量集中等优势，产学研基础雄厚。长沙拥有湖南大学、中南大学、长沙理工大学、国防科技大学等多所高等院校，与三一集团、中联重科等企业形成协同创新机制。一机部建机所是中国创立最早的应用型研究院，集工程机械科研开发和行业技术归口于一体，支持了当时中国70%的工程机械企业走上发展之路，被誉为中国工程机械行业的技术发源地。科研资源优势使集群重视产学研协同创新，集群企业分别与清华大学、浙江大学、国防科技大学、中国科学院等一流高校、科研院所，以及华为、东风等核心企业建立协同创新机制，建立了长沙市钻凿机械产业技术创新

战略联盟、长沙市泵阀产业技术创新战略联盟等7个产业技术创新战略联盟，成功攻关了多路阀、油缸、泵等多项核心零部件技术。集群拥有国家级技术创新平台25家，通过“补短板”“领先性”并重的原则，实现了核心技术的自主突破和领先超越。一方面，集群聚焦中高端建筑机械、地下工程装备及其他特种工程机械等领域的核心零部件技术突破，核心零部件如多路阀、油缸、泵、电机、底盘等实现自制，进口件由以前的60%降至10%。另一方面，集群将智能化主机作为“拳头产品”，不断推出以中联重科4.0智能精品、三一集团遥控挖掘机、铁建重工智能型钻爆法隧道、山河智能旋挖钻机等为代表的产品，在自我感知、自主决策和自动控制中不断蜕变与升级。

（三）以国际合作、海外拓展获取发展机遇

工程机械产业的发展与基础设施建设密不可分。近几年，我国基础设施建设速度减缓，国内工程机械市场趋向饱和。相比之下，“一带一路”沿线国家的基础设施建设却开展得如火如荼，它们对工程机械产品的需求量正日益加大。因此，集群构建了全球化制造、销售、服务网络，已成为全球市场有力的竞争者。多家企业在“一带一路”沿线国家拥有工业园或生产基地，通过建立海外整机仓库和售后备件仓库等方式深入推动产品“走出去”。龙头企业通过并购等方式，引进国际先进技术，增强整体竞争力。其中，中联重科先后收购意大利CIFA公司、德国M-TEC公司、德国Wilbert等世界一流企业，收购企业仅在湖南的直接投资已经累计超过1.16亿元；三一集团收购中信产业投资基金管理有限公司下属卢森堡公司100%股权，获得有“大象”之称的世界混凝土机械第一品牌德国普茨迈斯特100%股权，累计吸引外资约1.62亿元。

三、集群发展存在的核心问题

（一）从企业规模来看，龙头企业市场占有率有待提升

尽管长沙工程机械集群发展迅速，也产生了三一集团、中联重科等工程机械全球工程机械50强企业，但对标世界级工程机械龙头企业卡特彼勒、小松等，长沙工程机械集群还未产生世界级龙头企业。一是规模差距明显，世界级龙头企业规模均在千亿元级以上，卡特彼勒2021年营收为510亿美元（约合人民币3627亿元），小松营收为232.98亿美元（约合人民币1657亿元），而三一重工2021年的营收为882.81亿元人民币，中联重科为671.31亿元人民币，距离千亿元级还有相当一段距离。二是市场占有率有待提升，卡特彼勒工程机械业务占全球市场份额的13%，在建筑工程机械、矿用设备、柴油和天然气发

动机等领域具有领先优势，小松也拥有全球10.4%的市场份额，而三一集团、中联重科的市场占有率还有很大的发展空间。

（二）从技术创新来看，核心零部件和关键技术有待突破

虽然长沙拥有一批业内知名的零部件配套企业，但核心零部件和关键技术仍与世界先进水平存在较大差距。例如，国产柱塞泵/马达平均使用寿命仅为国外同类产品的1/2左右，高压液压元件平均无故障工作时间为600～1300h，距离国外≥6000h的先进水平尚有差距。部分核心零部件及关键软硬件产品依赖进口，如大吨位工程起重机上用的400kW以上发动机、大扭矩（2200N · m以上）液力制动等。高端核心零部件被“卡脖子”，制约了整个集群的发展。

（三）从产业生态来看，产业链协同能力有待增强

虽然长沙工程机械集群拥有一批龙头企业，且带动性较强，但企业之间的协同创新机制并不完善，上下游企业的协同发展有待加强。一是长沙工程机械集群内部平台数量和种类不足。产业链上游缺少工业设计、专业检验、成果转化服务平台，产学研用合作创新平台不足，科技成果产业化程度不高，大量研发成果停留在实验室；产业链下游缺少规模化的展销中心、工程机械物流中心等。二是配套企业普遍规模较小，自主研发能力弱，管理水平有待提高，产品质量和性能档次不高，对龙头企业的依赖性较强且支撑不够。三是生产性服务业相关企业缺失。为了增加产品附加值，增强企业整体的竞争力，工程机械企业逐渐从制造、销售大型设备转向提供设备到工程服务的全套定制。而长沙工程机械集群的各种社会化服务体系，如代理、信息咨询、融资租赁、金融保险、法律服务、技术服务、人才培训、会展服务、物流配送、售后服务等尚不完善，影响了产品附加值的进一步提升。

四、集群培育提升的对策建议

（一）加快液压件、传动件等关键零部件技术攻关

为避免发达国家对工程机械领域关键零部件、关键基础材料“卡脖子”，保障产业链、供应链安全，应尽快突破关键核心技术短板。依托中联重科、三一集团等龙头企业，联合湘电重装、江麓重装、泰富重装等省内高端装备企业，大力提升高品质传动部件、重卡底盘、重载精密轴承、柱塞型液压马达、液压泵、液压元器件，以及“四轮一带”（驱动轮、导向轮、支重轮、托轮、履带）等关键零部件的自主研发和制造能力，提高产品模块化设计水平，提升工程机械零部件本地配套率。突破新材料及器件的技术关和市场关，实现产业化和规

模化应用。落实“首台套”“首批次”产品应用奖励政策，对下游企业应用“首台套”产品给予补助。加强“首台套”“首批次”产品支持政策与先进制造业集群、“一条龙”示范应用等政策的有效衔接，为新产品的应用提供保障。

（二）进一步增强企业竞争力

针对龙头企业与世界级工程机械企业相比存在的规模差距、市场占有率差距，支持中联重科、三一集团、山河智能等企业同具有品牌、技术和市场优势的国外企业开展技术合作，吸收国外先进经验，推出高端化、绿色化、智能化的工程机械新产品。支持企业继续围绕“一带一路”增加投资，将与工程机械产业契合度高、合作愿望强烈、合作条件和基础好的发展中国家、“一带一路”沿线国家作为重点，充分了解当地的市场需求和使用偏好，推出适应用户使用习惯的新产品，推动工程机械企业完善全球业务网络。

（三）鼓励产学研用协同合作

创新是建设世界级先进制造业集群的重要驱动力，长沙工程机械集群应充分发挥产学研优势，加快应用创新，推动更多创新成果产业化，增强产品竞争力。鼓励企业自主研发和承担国家项目，在工程机械模块化设计制造技术、成套工程机械装备系统集成技术等关键核心技术领域取得突破。鼓励拥有先进技术的企业参与制定或修订国家标准，推动工程机械产业整体水平的提高。支持本地龙头企业、“专精特新”企业、配套企业与国内外知名高校、科研院所深入开展合作，共建一批拥有较高水平的协同创新平台，联合开展技术攻关，攻克混凝土机械、起重机械等细分行业的多款专用机型和高可靠性产品技术，促进产品系列化和多元化。

（四）加速完善产业生态

针对当前产业生态不完善、大中小企业配合度不高、产业链协同能力不强等问题，建议着力加强产业的横向集聚，以龙头企业为磁极，带动配套企业进行系统性完善与升级，形成有效供应链，深化企业合作交流。进一步发掘本地中小企业的潜力，鼓励中小企业主动开发一些性能更强、品质更优、性价比更高的配套件，提升本地配套能力。加快发展技术转移、创业孵化、知识产权交易、科技咨询、品牌推广等相关服务业企业。打造产需对接平台，经济预警预测平台，服务园区/企业创新、创业、投融资的公共服务平台，形成上下游产业配套完善、大中小企业协同发展的良好生态。

撰稿人：赛迪智库规划所　张昕嫱

第十六章

徐州工程机械集群

徐州作为中国工程机械的发源地，始终引领中国工程机械技术创新方向，两次被中国机械工业联合会评为全国唯一的“中国工程机械之都”。以龙头企业徐工集团为引领的工程机械集群坚持“三高一大”的产品战略和“技术领先、用不毁”的产品理念，已具备打造世界级先进制造业集群的坚实基础。但在向世界级先进制造业集群迈进的过程中，徐州工程机械集群也面临着龙头企业市场占有率有待提升、核心零部件和关键技术有待突破、后市场服务差距较大、对引领未来发展的新能源动力支持不够等问题，亟待尽快突破。

一、集群形成的动因和机制

徐州工程机械集群目前正由成长期逐步迈入成熟期。回顾徐州工程机械集群的发展史，主要包括 4 个阶段。

（一）初始阶段：20 世纪 50 年代末至 60 年代初，我国工程机械行业形成和发展的起步阶段

在这一阶段，一批原来的修理企业开始研发工程机械产品，成为中国第一批工程机械骨干企业。徐州凭借本地丰富的煤矿资源，逐渐衍生出了早期的钢铁、机械等相关基础工业，当时徐州本地成立了诸多相关机械企业，如建筑机械厂、农业机械厂等。其中，最有代表性的企业是徐工集团，其前身是于 1943 年创建的八路军鲁南第八兵工厂，至今已有 80 年历史。徐工集团是我国工程机械行业的“排头兵”、工程机械行业发展的见证者。随着我国第一台塔式起重机和 5 吨汽车起重机在徐州研制成功，徐州正式拉开我国工程机械行业发展的大幕。

（二）测绘仿制阶段：20 世纪 60 年代中期到 70 年代中期，我国工程机械行业进入测绘仿制阶段，但行业整体发展缓慢

当时，徐州成功试制出了矿山机械调度绞车、汽车起重机、内燃压路机、手扶拖拉机等产品，填补了国内相关领域的多项空白，走在了我国工程机械行业的前沿。徐州在产品上深耕，在质量上发力，徐工集团 20 世纪 70 年代生产的压路机至今仍能正常使用。中游整机的发展也衍生出了早期的工程机械上游零部件产业。在这个阶段，徐州工程机械集群正由萌芽期向成长期过渡，产业以空间集聚为主，形成了初步的上中下游分工，但产业规模较小，产业间尚未形成业务上的合力，产业集聚作用尚不明显。

（三）引进、消化、吸收阶段：进入 20 世纪 80 年代后，在改革开放思想的指引下，工程机械行业恢复了蓬勃发展的活力

在国家“引进、消化、吸收”的产业政策推动下，徐州抓住机遇引进了大量国际技术，如引进罗特艾德回转支承结构技术、法国驱动桥技术等。徐工集团由当时的徐州三家主机厂和一个研究所（重型机械厂、工程机械制造厂、装载机厂和工程机械研究所）整合而成，开启了向集团化转变的进程。同时，徐州工程机械集群也逐步引进卡特彼勒（徐州）、阿文美驰等外资企业入驻，集群企业梯队初步建立。

（四）自主创新阶段：2000 年以后，我国工程机械行业发展进入重要转折期

一方面，国家基础设施建设在“扩内需”政策的带动下，极大地刺激了国内工程机械产业的发展；另一方面，国外企业进入、国内企业扩张，市场竞争日益激烈。在这一阶段，政府开始发挥推动作用，一系列的政策、资金扶持极大地促进了产业发展。集群内，围绕徐工集团，大量配套企业入驻，通过系列配套政策，促进了徐州工程机械集群的发展。

二、集群发展壮大的主要模式

（一）全方位产业支持政策综合发力

规划体系不断完善，徐州先后编制了《徐州市“十三五”战略性新兴产业发展规划》《促进装备和智能制造发展实施方案》等一系列围绕工程机械产业的专项产业规划及实施方案。创新政策不断聚焦，徐州围绕建设区域性产业科技创新中心、构建包容创新环境、调动企业科技成果转化等多措并举，出台了

近 10 项鼓励创新的政策，为徐州工程机械集群创新建设营造了良好的环境。金融政策持续加码，“十三五”以来，徐州实施“金融助推制造业优化升级”行动，强化对徐工集团、海伦哲等工程机械龙头企业的金融支持，健全完善龙头企业带动产业升级的金融支持机制，为产业发展提供稳定资金，持续增加对制造业的信贷投放。人才政策持续强化，徐州有针对性地出台了“1+*N*”人才政策，系统构建了顶尖人才、领军人才、杰出人才、技能人才、名校优生等多层次人才引进政策，并从子女入学、医疗服务、出入境等方面着力优化高层次人才的生活环境。一系列规划、政策文件的出台和落地实施，为徐州工程机械集群的发展营造了良好的政策环境。

（二）强化本地配套能力，推动产业链完整度不断提升

长期以来，徐州聚焦本地企业需求，通过精准招商、鼓励研发、技术合作等手段着重提升核心零部件的本地配套率，提高集群供应链的安全性、稳定性。当前，集群已形成了良好的整机—部件产业链协作关系，徐工集团、卡特彼勒、罗特艾德、布兰肯等龙头企业本地配套率均在 55%以上，形成了上下游产业消化和供给能力协调匹配发展的高效体系。截至 2023 年上半年，集群集聚相关企业超过 4000 家，全面覆盖了挖掘机械、铲土运输机械、起重机械、工业车辆等 20 大类主机产品，以及液压件、回转支承、结构件、驾驶室、铸锻件等 100 多个系列近 330 个品种的基础零部件产品，产业链完整度在全国乃至全球都处于高水平，已成为全国工程机械生产企业最多、综合规模最大、品种覆盖面最广、产业集中度最高的工程机械集群。数据显示，2022 年，集群主导产业总产值达 1721 亿元，在全国占比超过 20%。

（三）坚持制造服务相融并进的集群发展模式

徐州工程机械集群从早期的以制造业为核心转向“制造业+制造服务业”，打造生产智能化、制造服务化的特色产业。在工业和信息化部批复的多个制造服务平台项目中，徐州拥有徐工工业设计中心、贯通企业全价值链的互联网协同研发“双创”平台、制造业与互联网融合发展试点示范项目、服务型制造重点示范企业等，为工程机械制造服务转型提供了大力支持。企业方面，徐工集团通过内部孵化培育出了工业互联网、租赁、再制造等多个细分领域的国内领先企业。其中，徐工广联租赁已经是国内工程机械经营性租赁行业的第一企业；徐工汉云平台已经入选了工业和信息化部十大跨行业跨领域工业互联网平台；徐工再制造是工业和信息化部第一批再制造试点企业。

三、集群发展存在的核心问题

（一）从企业规模来看，龙头企业市场占有率有待提升

尽管徐州工程机械产业发展迅速，产生了徐工集团这样的龙头企业，但对标世界级工程机械龙头企业卡特彼勒、小松等还有一定差距。一方面，规模差距明显，卡特彼勒 2021 年营收为 510 亿美元，小松营收为 232.98 亿美元，徐工营收为 843.28 亿元人民币，对比下来，徐工还有相当一段距离。另一方面，市场占有率有待提升，卡特彼勒尽管近两年有所下降但在全球仍拥有 13%的市场份额，小松拥有 10.4%的全球市场份额，而徐工集团等的市场占有率，尤其在高端产品领域还有很大提升空间。此外，徐工集团与世界级工业机械龙头企业相比，在横向集聚与垂直整合策略、理念性设计、人性化关怀等方面，都存在一定差距。

（二）从技术创新来看，核心零部件和关键技术有待突破

对标国际先进水平，我国在上游核心零部件方面与国外有较大差距。例如，国产柱塞泵/马达平均使用寿命仅为国外同类产品的 1/2 左右，高压液压元件平均无故障工作时间为 600～1300h，距离国外≥6000h 的先进水平尚有差距。部分核心零部件及关键软硬件产品依赖进口，如大吨位工程起重机上用的 400kW 以上发动机、大扭矩液力制动等。高端核心零部件被“卡脖子”，制约了整个工程机械集群的发展，造成生产成本居高不下。

（三）从产业链完整性来看，后市场服务差距较大

在欧美成熟市场，工程机械企业的利润有 2/3 来自后市场服务，国内的工程机械后市场服务领域相对落后。2020 年，整机销售业务贡献给代理商平均 64%的营业利润，后市场业务利润占比 37%，其中包括配件销售业务贡献给代理商平均 19.9%的营业利润，保内服务贡献给代理商平均 9.1%的营业利润，二手机械销售业务为亏损状态；经营性租赁贡献给代理商平均 3.9%的营业利润，保外服务和其他维修服务业务贡献给代理商平均 3.2%的营业利润，金融服务和其他业务贡献给代理商平均 0.9%的营业利润。但目前徐州工程机械集群后市场服务企业经营水平较低，代理商后市场吸收率亟待提升。

（四）从产业政策保障看，对引领未来发展的新能源动力支持不够

在当前全球能源消耗和环境污染的严峻形势下，未来工程机械转向环保的电驱动等新能源动力发展已是大势所趋。我国的电动技术与发达国家电动技术

的代差相比内燃机较小，局部领域甚至有技术优势，大力发展电动机械设备，将有助于我国企业加速赶超发达国家的标杆企业。但目前存在集群内电动化刚刚起步，缺乏成熟的相关标准；动力电池、电气控制系统等产业化早期产品成本较高，市场竞争力不足；相关产品局限于特定应用场景，缺乏大规模的市场培育等问题，亟待尽快制定有关政策，支持集群工程机械电动化、助推行业绿色发展，抢占国内乃至全球产业发展先机。

四、集群培育提升的对策建议

当前，徐州已发展成为国内外工程机械领域门类最全、品种最丰富、产业链最完整的地区。为加快迈向世界级工程机械集群，下一步需从拉长产业链条、强化协同创新、支持新动力发展、壮大配套服务、推动开放合作等方面入手，推进徐州工程机械集群转型升级，促进产业集聚发展。

（一）全面加强产业基础能力

强化前瞻性基础研究，加大对“五基”领域技术的研发支持力度。建立工艺基础创新体系和行业基础数据库，加强对企业实验监测数据和计量数据的采集、管理、应用和积累。依托徐工集团等龙头企业，集中力量突破柱塞型液压马达、液压泵、高压大流量液压阀、大扭矩液力制动器等智能液压元件技术，加大对高频响比例阀控制、阀体铸造等液压元件等相关技术的研究力度。进一步提升传动件性能，掌握减速机、变速箱、驱动轮、导向轮、支重轮、托轮、履带等关键零部件的生产能力。引进和开发高品质底盘，大直径、高承载大型盾构机主轴承，高层压密封件，高质量液压件及液压元件，大马力发动机，重载轴承，变速箱，回转支承等关键零部件及配套产品核心零部件。

（二）提升产品质量和附加值

持续提升集群智能制造水平，引导企业更新数字化装备或利用智能化技术改造非数字化装备，提高企业产品质量和劳动生产率，保证产品质量的稳定性。推广智能制造模式，强化集群内零部件企业协同制造、云制造等智能制造模式，针对客户个性化需求，建立柔性、快速响应、定制化生产模式，开展用户消费行为分析，提升精准营销、精细服务水平。加大对过程检验和监测手段的投入力度，加强对外购件和外协件的质量检验，提升整机产品质量。加强可靠性设计、实验与验证技术的开发应用，提升重点产品的性能稳定性、质量可靠性、环境舒适性。

（三）支持发展新能源动力

加大研发创新力度，鼓励属地高校、科研院所和优势整机企业合作，建立产学研深度融合的协同创新平台。鼓励工程机械整机企业与零部件企业形成研发协同联盟，加强新能源工程机械产业链上下游企业的协同配套，鼓励它们共同参与新产品开发，提高产品的市场适应能力，缩短产品开发周期，降低产品开发风险和开发成本。提高成果转化应用能力，鼓励集群开展新能源工程机械示范应用行动，增加研发奖励和销售补助份额。开展全面电动化先行先试计划，通过申请省内和国家基建投资补助等方式，支持徐州新能源机械应用。

（四）壮大生产性服务业

鼓励龙头企业发展服务型制造业，引导企业生产模式从产品导向型向解决方案型转变，产品营销模式从提供设备向提供咨询设计、项目承接、工程施工、仓储物流、系统维护和管理运营等系统集成总承包服务转变。鼓励工程机械龙头企业向产业价值链高端发展，发展壮大第三方物流、服务外包、融资租赁、售后服务、品牌建设等生产性服务业，提高其对集群转型升级的支撑能力。积极发展销售后市场，完善二手设备交易平台建设，加快后市场服务平台建设和与互联网的融合，通过互联网服务平台实现设备的智能化运营管理，进一步提升服务效率和服务水平。

（五）努力提升国际化发展水平

鼓励企业积极参与境外产业集聚区、经贸合作区、工业园区等合作园区建设，引导集群企业抱团出海。支持搭建公共服务平台，依据集群企业抱团出海的实际需求，为企业顺利“走出去”提供必要的市场信息、客户资源。创新集群国际合作方式，积极开展“工程承包+融资”“工程承包+融资+运营”合作，积极争取与力士乐、川崎、KYB 等世界知名零部件企业合作，采取联合共建、技术合作、技术援助等方式开发市场。鼓励企业继续围绕“一带一路”增加投资，支持企业在境外开展并购和股权投资，建立研发中心、实验基地和全球营销服务体系，依托互联网开展精准营销、增值服务创新和品牌推广，不断提升国际市场占有率。

撰稿人：赛迪智库规划所　孙海尧

第十七章

西安航空集群

西安航空集群以西安为核心，重点依托陕西航空经济技术开发区、西咸新区、西安经济技术开发区、西安高新技术开发区、陕西航天经济技术开发区等国家级开发区、新区，通过“龙头企业带动+全产业链发展+前沿创新带动”模式，不断提高产业集中度，强化产业根植性，从而实现发展壮大。2022 年，集群主导产业总产值达 700 亿元，在全国占比超过 25%。截至 2023 年上半年，集群集聚规上企业 177 家，制造业单项冠军企业 3 家、专精特新“小巨人”企业 31 家。

一、集群形成的动因和机制

集群发展得益于国家“一五”“二五”期间进行的“三线建设”，以西安飞机制造厂为代表的装备制造企业的布局落地，揭开了集群航空产业发展的序幕。

（一）萌芽期：肇始于 156 个项目和“三线建设”

1952—1954 年，我国与苏联共签订 156 个项目，陕西获得了 24 个项目，西安获得了 14 个项目，成为接受项目最多的城市。随后，陕西又在“三线建设”中获得大批重要国防工业项目，其中航空工业项目 33 个，主要集中在西安，从而使西安的航空工业形成体系。随着西安飞机制造厂的建成，西安拥有了居全国之首的飞机研发制造能力和航空产业配套能力。同时，20 世纪五六十年代，西安交通大学、西北工业大学、西安电子科技大学、西安航空学院等学科比较齐全、专业比较配套的高等院校相继从沿海迁建、组建、合并、分设和扩建到西安，并相继建成；中航工业飞行试验研究院、中航工业第一飞机设计研究院等数百个科研院所相继建立，使西安的高等教育水平和科技创新水平处于先进行列。

（二）转型期：科技创新和灵活转型突破生存困境

1980 年 2 月，运-8 原型机设计定型，转入批量生产。受宏观形势的影响，订货严重不足，航空企业面临严峻的生存危机。以陕飞为代表的航空企业一方面对运-8 飞机改进改型，拓展产品用途；另一方面积极开拓以微型汽车为主的市场，实行生产自救。按照“完善基本型、拓展改进型、发展民用型”的思路，航空企业大力推进航空产品研发和市场开拓，使飞机生产线基本摆脱了半停产状态。航空企业继续把微型汽车作为最大、最现实、最富有潜力的经济增长点来培育，并深化“三项制度”改革，大打减亏扭亏之战，为后续发展积蓄了能量。

（三）壮大期：党的十八大以后成就世界级先进制造业集群

党的十八大以后，集群经济指标连年攀升，行业地位和企业形象大幅提升，航空企事业单位达到 304 家，拥有西飞、西航发、庆安、远东等龙头企业 18 家，科研院所 16 家，航空相关院校 19 家，航空配套企业 1000 余家，已经形成了以航空制造为主的阎良航空集群和以航空物流、航空维修为主的临空经济产业集群。全国航空产业百强企业名单中西安占 15 家。新舟 60、新舟 600 已成为我国民用飞机的重要品牌，飞豹、轰-6K、空警 2000、运-20 等达到世界先进水平。

二、集群发展壮大的主要模式

（一）持续强化龙头企业的带动能力

集群拥有全国最大的大中型飞机设计研究院和飞机制造企业，坚持“龙头带动、园区承载、分工协作”，紧密围绕西飞、西航发等龙头企业配套需求，坚持本地培育和外地招引两手抓，推动园区零部件配套企业从部分工序加工发展到全工序制造交付，实现供需匹配、精准对接，使零部件配套企业的创新活力和智能制造能力快速提升，三角防务、兴航航空、康铖机械等一批中小企业迅速成长，成为国家重点飞机型号的主要零部件供应商。

（二）持续提升产业链完整度

集群已形成了集飞机设计、生产制造、配套装备技术、航空新材料、试验试飞、产品支援、综合保障、航空文旅及教育培训于一体的完整航空产业体系。集群拥有全国最大的大中型飞机设计研究院——中航工业第一飞机设计研究院，全国最大的飞机制造企业——西飞，亚洲最大数控立式和卧式旋压机及全

国领先的 4 万吨大型模锻液压机等，全国最大的航空钛材和陶瓷基复合材料生产基地——宝钛公司和鑫垚公司，全国唯一的飞行试验研究鉴定中心——航空工业试飞中心，全国唯一的飞机强度试验基地——中国飞机强度研究所，全国首批及全国唯一拥有民用航空器全部维修培训类别的试点机构——陕西金宇航空。同时，集群强化产业链向下游服务延伸，立足“中国航空城”的特色 IP，建成航空科技馆、雏鹰展翅航空文化研学旅游基地、飞鹰亚太航空研学旅游基地等一批特色鲜明的航空研学旅游项目，打造中国航空文化研学旅游目的地。

（三）以强大的科研力量突破前沿技术创新

集群内西安交通大学、西北工业大学、西安电子科技大学、西安航空学院等 19 所高等院校为航空产业培养了高层次的航空科研和管理人才及各类技能人才，每年航空相关专业毕业生约 1.5 万人，航空从业人员达 10 万人。集群拥有各类科研及开发机构 3000 多家。中国“飞豹”（FBC-1）歼击轰炸机获国家科技进步特等奖、“耐高温长寿命抗氧化陶瓷基复合材料应用技术”获国家技术发明一等奖。

三、集群发展存在的核心问题

（一）缺乏国际影响力

世界级先进制造业集群想在全球产业格局中占据主动权和话语权，就要在全球具有较大的市场份额或处于主导地位，具有显著的行业影响力和市场控制力。集群虽在国内处于领先水平，但产品系列较为单一，产业规模、产能规模都较小，整体缺乏市场影响力和辐射能力。从企业看，我国特种飞机、大中型运输机、通航飞机等无论是从产量还是对外国的交付量都落后于波音等航空巨头。从国际市场看，波音等美国航空巨头占据军用运输机、特种机和民用飞机的绝对优势，空客、庞巴迪等在通航飞机上占有优势，我国占据市场较小。

（二）规模优势尚未凸显

世界级先进制造业集群需要产业基础、技术、人才、资本等要素高度集聚，集群企业在产业链、创新链和价值链中形成高度专业化分工。与世界先进水平相比，西安航空产业链条虽比较完整，但每个环节都不够强，部分环节产业基础薄弱、“卡脖子”问题依然严重，以物联网为基础的平台建设滞后，协同制造体系建设不完善，产学研用结合的合作模式、分配方式尚不健全，在临空经济和航空文旅等领域存在产业链断点，在航空整机和发动机研发领域、通用航空

领域的技术水平、产业规模和生产效率都有较大的提升空间，部分先进基础材料、核心零部件依赖进口。领军人才缺口较大，高级技术人才培养出来留不住问题较为突出，自主创新能力偏弱。

（三）集群治理机制亟待优化

集群促进组织对主要龙头企业和产业资源缺乏调动能力，组织机制不健全，以自发治理为主、公共治理为辅的集群治理能力尚未形成，制造业协同制造程度较低，促进组织实体项目少、展会多，成为协会套皮。集群涉及多个空间上独立分布的产业园，园区定位存在交叉，部分重点企业远离装备制造业集聚区，制约了生产能力的发挥和与其他企业的合作，不利于资源优化配置和充分利用。

四、集群培育提升的对策建议

为推动龙头企业充分发扬大飞机、特种飞机、航空发动机等产业领域的技术优势，持续提升龙头企业的发展质量，夯实产业基础，提升国际影响力，我们提出以下建议。

（一）推动龙头企业高质量发展

实施龙头企业扶持计划，大力扶持一批具有支撑带动作用的龙头企业，支持西飞、西航发、庆安、远东等龙头企业做大做强。加速培育世界级企业，通过龙头企业的培育，逐步形成本地装备制造十亿元级、百亿元级企业，发挥龙头企业的产业带动作用，逐步形成市场自发的产业链拉动效应，尤其注重以整机龙头企业带动配套企业的集群发展模式，提升区域装备制造业整体专业化协作水平。实施重点企业数字化转型行动计划，推进“智能+”技术改造，促进互联网、大数据、人工智能等新一代信息技术与重点工序深度融合，加大技术改造和设备更新力度，加快转型升级步伐。出台航空先进制造业企业上市培育工程实施方案，加快培育兴航航空、昱琛航空、康铖机械等一批“银鹰企业”挂牌上市。

（二）不断深化产业链融合

坚持龙头引领、配套协作的良性产业生态，持续聚焦强链、构链、扩链、延链，坚持全产业链构建模式，加大招商引资和项目建设力度，进一步扩大集群规模。鼓励产学研深度融合发展，企业与高校、科研院所共建技术创新联盟、应用研究院、院士工作站、博士后工作站，加快提高科研成果本地转移转化效率。建立中小微企业培育库，形成大中小微企业协同发展格局，培育航空制造业单项冠军、“专精特新”和规上企业。

（三）持续提升国际影响力

依托西咸新区空港新城，加速打造西安国际航空枢纽，重点发展航空物流、航空维修等临空产业，打造国家临空型对外开放高地。依托西安蓝田机场，建设西安蓝田航空科学城，打造国产民用飞机交付中心、空中生态保护中心、通航国家会展中心。支持引导企业、研究机构开展标准制定、技术研发和战略性大项目合作。围绕航空制造、航空电子、发动机、通用航空等领域招大引强，针对主机缺失的产业，有选择性地承接国际产业转移，努力引进国际航空巨头。

（四）优化集群治理机制

加快设立专业化集群促进组织，以集群视角厘清政府与企业的关系，扮演集群企业及机构与政府之间的联结纽带和桥梁，弥补政府机构提供公共产品的不足，促进集群内知识、信息和经验的沟通与交流，降低集群企业和潜在合作者的交易成本，协助政府实施集群管理。

撰稿人：赛迪智库规划所　陈笑天

第十八章

株洲中小航空发动机集群

株洲中小航空发动机集群以株洲为核心区，跨区域融合了长沙、湘潭、岳阳、常德和娄底等地。2022 年，株洲中小航空发动机集群主导产业总产值达 512 亿元，在全国占比超过 75%。截至 2023 年上半年，集群集聚规上企业 212 家、制造业单项冠军企业 2 家、专精特新“小巨人”企业 29 家，形成集发动机研制、通航整机研制、通航运营、配套衍生、产业服务于一体的全产业链发展格局。

一、集群形成的动因和机制

（一）萌芽期：种子企业的落成促进集群的诞生

关键性企业是促进集群诞生的“第一粒种子”。促进株洲中小航空发动机集群诞生的“第一粒种子”是 331 厂（中国航发南方工业）和 608 所（中国航空动力研究所）。中国航发南方工业始建于 1951 年，是国家“一五”期间 156 个重点建设项目之一，也是我国早期六大航空企业之一，更是全国中小型发动机研制生产基地。中国航发南方工业研制出中国第一台航空发动机，为中国航空产业发展开启了强劲引擎。1968 年，中国航空动力研究所经中央军委批准扎根于株洲。该所是我国唯一集型号研制、预先研究于一体的中小航空发动机及直升机传动系统研究、发展基地。二者的相继成立和壮大，为株洲发展中小航空发动机产业奠定了深厚的基础。

（二）成长期：科技园的成立为集群发展提供战略支点

2000 年，株洲国家高新区董家塅高科技工业园经科技部批准正式成立。2005 年，中国航发南方工业与中国航空动力研究所相继入驻董家塅高科技工业园。自此，凭借国有军工企业研发和生产配套设施齐全的独特优势，株洲开

始建设以中小航空发动机为核心的产业集群。“十二五”期间，株洲中小航空发动机集群相继引进山河科技、罗特威、中航湖南通航、中航动力、翔为通航等多家企业，初步形成中小航空发动机研制、整机制造与通航运营、科技创新及配套衍生、航空小镇生活配套四个功能板块。此时，株洲中小航空发动机集群已具备中小型涡桨、涡轴、涡扇、活塞发动机的系列化生产能力，并且在辅助动力装置、燃气轮机、直升机传动系统等方面具备显著的技术优势。

（三）转型期：通用航空运营催生产业裂变活性

“十三五”以来，中国促进通用航空发展的政策密集出台，释放出大力发展通用航空业的政策信号。与之相对应，湖南专门出台了《关于支持通用航空产业发展的若干政策》，全力支持株洲航空产业发展壮大。以全国首个全域低空空域管理改革试点省份为契机，2020 年湖南建成全省首个 A1 类通用机场——株洲芦淞通用机场，该机场也是唯一通过军方、民航审批的“双证”通用机场，牵手企业包括山河科技、翔为通航等两家甲类通航运营企业，以及英安通航、湘军通航等 12 家通航企业，集群通用航空市场显示出勃勃生机。随着通航运营企业及机队规模的不断壮大，集群已形成“中小航空发动机研发制造+通航整机制造+通航运营+配套衍生”的全产业链布局，航空产业从研发到生产的闭环就此形成。

二、集群发展壮大的主要模式

（一）注重多元化主体融通发展，推动产业融合发展

株洲中小航空发动机集群通过小核心、大协作、专业化、开放式的模式，与多所高校、科研院所和相关配套企业开展基础研究、应用研究、前沿技术探索及关键技术攻关等多领域合作，深入开展产学研用合作。集群内龙头企业的发展来自技术攻关和产品研发，而中小企业的成长动力则来源于龙头企业，龙头企业对零部件等配套业务的需求催生了一批中小企业，为集聚发展增添了动力引擎。截至 2023 年上半年，集群拥有高新技术企业 124 家、国家级专精特新“小巨人”企业 29 家、上市及挂牌企业 42 家，本地配套率超过 66%。科研院所、龙头企业及中小企业的紧密协作，促进了一批优质科技成果转化落地，实现了高质量融通发展。

（二）提供优质金融服务，推动集群企业快速成长

金融支持是集群高速发展的必要支撑。金融机构通过提供信贷融资、财政补贴、贷款贴息、产业投资基金、产权交易、证券市场融资等多种融资渠道，

切实解决了企业的融资问题，提高了集群企业的融资能力。2021 年以来，集群举办政银企洽谈对接活动 20 多场，为中小微企业综合授信 30 亿元、贷款金额超 10 亿元，惠及企业 100 余家。同时，集群高度重视企业上市工作，在全省率先启动企业上市“倍增”计划，按照“储备一批、培育一批、辅导一批、申报一批、上市一批”的工作思路，开辟企业上市绿色通道。另外，市财政对首发上市、新三板和湖南股交所股改板挂牌企业分别给予 1000 万元、100 万元和 20 万元补助，各县市也出台了相应的奖励政策，助力集群企业快速成长。

（三）重视公共服务平台建设，打造通航生态圈

株洲中小航空发动机集群积极推进工业化和信息化融合，推动互联网企业无缝对接航空企业，集群企业上云率在 95%以上，75 家企业获评省级上云标杆。以工业大数据为支撑，依托株洲强大的中小型航空发动机维保能力，集群建立了中国首个中小航空发动机大数据平台，将航空发动机各零部件的专家数据库进行了互联互通，促进了集群的科技成果转化与企业创业孵化，增强了产业聚变与裂变活性。同时，集群通过运用北斗卫星、5G 通信等技术，建设了低空空域监管服务网，建设了飞行服务站软硬件系统，建立了系统飞行服务配套的程序、规范、制度，并建设了工业 App，实现了通航企业飞行终端和飞行服务系统的互联互通，促进了通航生态圈的形成。数据显示，集群拥有包括航空动力国家实验室、直升机传动技术国防科技重点实验室等在内的 25 个国家级技术创新载体和 80 个省级技术创新载体，省级以上公共服务平台 44 家。

（四）深化集群开放合作，提升集群国际影响力

株洲中小航空发动机集群主动融入国家“一带一路”倡议，坚持“引进来”与“走出去”并重。集群先后与俄罗斯、乌克兰、法国、德国等先进航空发动机制造集群开展国际合作，大力开拓海外市场。其中，集群研制的“玉龙”发动机、涡轴-8、涡桨-6、AEP50E 等 8 种具有国际影响力的中小航空发动机品牌产品出口沙特阿拉伯、阿联酋、巴基斯坦、阿根廷等国家，山河科技阿若拉 SA60L 轻型运动飞机通过美国 FAA 适航认证并出口意大利、美国等国家。此外，国际化并购实现扩张是集群发展的又一途径。例如，山河科技成功并购全球前五名支线飞机租赁商加拿大 AVMAX 公司，并与美国三角鹰公司合作开发通用飞机重油发动机。罗特威全资收购了全球最大的实验类直升机生产企业美国罗特威直升机公司，以此助力中国制造的航空发动机零部件配装国外飞机进入全球通航市场。

三、集群发展存在的核心问题

株洲中小航空发动机集群虽然在中小航空发动机、轻型燃气轮机、通航整机制造等领域处于国内领先地位，但与美国、英国、法国等航空强国相比，仍具有一定差距。

（一）集群产业结构有待完善

株洲中小航空发动机集群虽然初步形成了集发动机研制、通航整机研制、通航运营、配套衍生、产业服务于一体的全产业链发展格局，但存在军民失衡、上下游实力不均等结构性问题。一方面，集群的主营业务长期偏重于军用发动机，较少将优势嫁接到民用发动机上，“军转民”始终未能实现大范围实操性进步。另一方面，受制于低空空域管理改革的进程，通用航空发动机研发与衍生产业集群规模较小，难以在通航制造业领域形成竞争力。

（二）集群产业生态有待健全

株洲中小航空发动机集群虽然拥有山河科技和罗特威等龙头企业发挥通航整机牵引作用，但是相较于西方发达国家航空集群而言，仍然缺少如飞机/直升机整机制造商等通航整机、航空电子设备、航空新材料、航油等配套企业的加入。多方牵引力量的缺失使集群还未形成功能完备的通航产业网络化生态。

（三）技术成果转化有待强化

虽然中小航空发动机在军用、民用应用上具有技术基础相同、工业基础融合的特征，但集群在军民先进技术成果相互转化等方面与美国、法国等国相比仍有一定差距。一方面，军用成果转化效率偏低。军用技术向民用领域转移不足，科研成果产业化率较低。另一方面，“民参军”审查准入门槛高。国家对承接航空发动机研发制造任务的企业有明确要求，部分集群企业难以满足航空发动机产业研发难度高、周期长、投入高、专业化的要求。

四、集群培育提升的对策建议

为将株洲中小航空发动机集群打造成为产业实力一流、创新能力一流、集群生态体系一流的世界一流集群，我们提出以下建议。

（一）合力攻克尖端技术

以重点项目和重点产品为牵引，培育壮大以多领域科研人才团队为特色的协同创新体系，突破制约我国民用航空发动机发展的技术瓶颈，系统解决工程研制项目实施过程中面临的关键技术难点和研发能力短板，掌握民用航空发动机的关键核心技术。同时，支持企业深化与加拿大普惠、法国赛峰等公司的合作，逐步消化、吸收国外先进技术，推动一批战略性、前沿性、颠覆性技术取得突破。

（二）完善通用航空产业体系

加快延伸配套产业链，引导配套企业在株洲设立分（子）公司，形成高度集成的本地配套体系；加快拓展民用产业链，顺应"一体两翼两合"趋势；加快培育通航产业链，深入推进全域低空开放试点，从政府购买服务、支持低空航线常态化运营、鼓励发展通航文旅产业等方面入手，做热做旺通航市场，增加对民用航空发动机的市场需求，不断壮大集群规模。

（三）进一步发挥公共服务平台的作用

进一步发挥技术平台、企业中心的作用，通过整合中国航发网上商城等权威网站发布的供需信息，及时掌握先进技术转化应用的动态，第一时间向集群企业精准推送信息，加强供需对接，加快集群相关技术成果转化。同时，通过多种形式摸底掌握企业的融资需求，有针对性地提供资金支持，解决企业的实际困难，精准帮扶企业，促进集群企业可持续发展。

（四）提升集群开放合作水平

鼓励通航企业依托政策优势，促进具备比较优势的通航产品"走出去"。支持国外航空设备知名厂商与集群企业合资、合作生产、联合开发设计。推动航空企业融入全球采购、研发、制造、销售、服务体系，并利用"互联网+"等多种渠道，加大对产品和园区的宣传力度，开创经济界、产业界、科技界等多方广泛传播集群品牌和发展优势的良好局面，不断提升集群品牌形象。

撰稿人：赛迪智库规划所　侯霁珊

第十九章

成都、德阳高端能源装备集群

成都、德阳高端能源装备集群（以下简称成德高端能源装备集群）主要依托德阳经济技术开发区、德阳高新技术产业开发区、成德工业园等高端能源装备制造产业聚集区，整合两地的相关产业资源进行建设。集群拥有东方电气、国机重装、通威太阳能等一批在全国乃至世界占有一席之地的能源装备企业，2022 年，集群主导产业总产值达 2300 亿元，在全国占比超过 20%。截至 2023 年上半年，集群集聚相关企业 2868 家，已形成以先进水电、清洁火电、高端核电、大功率风电、太阳能发电为主，以燃气轮机、生物质发电、储能装备为辅，相关材料和零部件企业配套的高端能源装备产业体系。

一、集群形成的动因和机制

集群的发展得益于国家“一五”“二五”期间在成都和德阳进行的工业区建设，重型机器厂、大型水力发电设备制造厂等企业的布局落地，揭开了集群重型机械和发电设备等高端能源产业发展的序幕。

（一）萌芽期：肇始于“三线建设”

集群工业主要起源于“三线建设”。20 世纪五六十年代，成都、德阳作为“三线建设”的重点地区之一，在新建一批企业的同时，还接收了从东北和沿海地区迁来的一批骨干企业。在十余年的时间里，第二重型机器厂、东方电机厂，东方汽轮机厂、东方电工机械厂、德阳耐火材料厂、四川省树脂厂、四川省玻璃纤维厂、四川省化工设备机械厂、四川省粮食机械厂、四川钻采设备厂、四川省东方轴承厂等工矿企业先后在德阳建立。1958 年 10 月 25 日，邓小平视察德阳工业区时说：“德阳的工业是国家的大工业，拿制造冶金设备、电站设备的大工厂来说，是目前全国最大的，是机械工业之母，这里将成为一个新兴的工业城市。”

（二）转型期：企业立城构筑集群雏形

1983 年 2 月 17 日，第二重型机器厂、东方电机厂、东方电工机械厂、第一机电安装公司、德阳耐火材料厂、四川省玻璃纤维厂、四川省树脂厂、第二物探大队、四川德阳九五厂、绵阳地区旌阳磷肥厂、四川省建筑工程机械厂、四川省建设厅德阳水泥制品厂等 13 个单位关于德阳地区体制改革建议联系会召开，会议一致通过拟绕开绵阳地委直接给中共四川省委、省政府的《关于德阳地区体制改革的报告》。1983 年 4 月 1 日，四川省委、省政府同意德阳县关于筹建地级德阳市的申请报告，1983 年 8 月 18 日，国务院函安〔1983〕156 号文批复同意设立德阳市。随着建市后改革发展的不断深入，集群以高新技术改造传统产业，培育壮大新兴产业。第二重型机器厂、东方电机厂、宏华石油、东方风电等一批企业成长为德阳装备制造业的龙头企业，带动了一大批中小微企业快速发展，初步形成了以发电设备和油气钻采设备为主，以燃气轮机、新能源装备为辅的高端能源装备产业高地。

（三）壮大期：党的十八大以后成就世界级先进制造业集群

党的十八大以来，集群聚焦供给侧结构性改革，大力实施创新驱动发展战略，认真落实“建设世界级重大装备制造基地，构建支撑成都都市圈高质量发展的重要功能板块”的战略任务，以成德同城化为统揽，依托德阳发电装备、油气钻采装备，以及成都光伏设备的优势，共建协作平台。经过发展，成德高端能源装备集群的规模、技术水平、市场竞争力均处于国内领先地位，发电设备产量连续多年居世界第一，石油钻机出口居全国第一，“精品大水电”实现行业引领，白鹤滩百万千瓦水电机组关键核心技术实现全面突破，引领世界水电进入“无人区”，重型燃气轮机等 15 个能源装备产品的市场占有率位居国内第一。

二、集群发展壮大的主要模式

集群通过“龙头企业引领+强化本地配套+推动一体化合作”发展模式，不断提升产业集中度，强化产业根植性。

（一）持续强化龙头企业的创新能力

集群围绕东方汽轮机厂、第二重型机器厂等龙头企业创建开放式产学研用协同创新体系，建成德阳中科先进制造创新育成中心等科技成果转化平台，拥有科技创新基金 10 亿元，实施了一批重大科技成果转化项目。集群依托企业研发力量建成长寿命高温材料国家重点实验室、工程研究中心、工业设计中心、院士专家工作站等创新平台载体153家，累计参与制定国际、国家标准144个。

（二）围绕重点型号突破关键核心技术

集群聚焦重点型号、重点领域，以龙头企业为核心，大力发展具有高附加值、高技术含量的高端装备，解决关键核心技术“卡脖子”问题，拥有一批具有世界竞争力的大国重器。第二重型机器厂突破超大型、高精度极限制造技术，具备了百万千瓦级水电、火电、核电大型铸锻件能力，自主研制了世界最大的8万吨模锻压机和断直面弧形特钢板坯连铸装备。东方汽轮机厂研发掌握了G50F级重型燃机的压气机、燃烧室、透平和控制系统等关键核心技术，填补了国内重型燃机的技术空白。东方电气研制“华龙一号”、CAP1400国产第三代核电机组，以及亚洲最大的13MW海上风电机组和全球单机容量最大的百万千瓦水电机组。通威太阳能电池产能、产量均为全球第一。

（三）推动龙头企业高端化发展

集群以智能化改造、工业互联网建设为重点，实施产业赋能行动。集群强化数字赋能作用，启动全国首批“5G+智能制造”示范区建设，大力推进全市制造业向数字化、网络化、智能化转型升级。截至2021年，集群数字化研发设计工具普及率达76.4%，关键工序数控化率达47.1%，10家企业入选国家智能制造综合标准化与新模式应用项目，打造东方电机厂“大型清洁高效发电装备智能制造数字化车间”和宏华石油“石油钻采装备智能制造新模式应用”两个国家智能制造试点示范项目，34个项目入选四川省智能制造新模式应用项目。

（四）强化本地产业链配套

集群健全企业梯度培育体系，基本形成大中小企业融通发展的格局，建立起门类齐全、体系完整的高端能源装备制造体系，大中型企业与小微企业比例接近1∶5。针对龙头企业，培育了1000多家合格供货企业，其中装备制造配套企业600余家，配套涉及金属材料加工、重型机械制造、机械零部件、输配电设备、仪器仪表、电气自动化等领域，具备从材料端到产品端的全产业链覆盖能力。截至2023年上半年，集群培育上市企业6家、国家级“专精特新”企业13家、单项冠军企业7家。

（五）推动成德一体化合作

成德两地签订《推动成德一体化发展合作备忘录》等一揽子协议，出台《德阳市推进成德同城化发展“十四五”规划》《成德一体化发展实施方案》

《成德工业同城化发展规划（2019—2022 年）》《关于共建工业集中发展区的协议》《成德同城化乡村振兴先行示范带规划》《德阳市综合交通体系规划》《成德眉资“三区三带”空间规划》《凯州新城战略发展规划》等 9 项规划，共同研究制定了《培育成德高端能源装备产业集群实施方案》，签署了《成德通信一体化工作备忘录》《成德通信资费一体化合作备忘录》《中国大车都成德配套产业园合作协议》。成德两地建立开放式的政产学研协同创新体系，推动成德之间以“成都研发+德阳制造”“成都总部+德阳基地”等模式进行合作。成德两地发挥了产业基金的引导作用，加强了成德两地的产融合作。成德两地推动信息共享，推进装备制造工业互联网二级标识解析节点建设，加快创建国内一流“5G+工业互联网”先导区。成德两地共建国际铁路物流港姊妹港，实现了一体化运营。成德两地实施了“领军人才”“英才计划”“技能大师”等专项人才引育工程。成都高等教育和德阳职业教育优势明显，四川大学、电子科技大学、四川工程学院等院校每年可为集群输送上万名管理、研发和技术人才。

三、集群发展存在的核心问题

（一）缺乏国际影响力

世界级先进制造业集群要想在全球产业格局中占据主动权和话语权，就要在全球具有较大的市场份额或处于主导地位，具有显著的行业影响力和市场控制力。成德高端能源装备制造产业虽已形成一定规模，能源设备装机产量多年位居世界第一，但主要深耕国内，整体缺乏世界级企业和市场影响力。从企业看，东方电气厂 2022 年营收为 553.53 亿元，而西门子的营收为 5093.28 亿元，企业规模差距较大。

（二）产业基础不强

世界级先进制造业集群需要产业基础、技术、人才、资本等要素高度集聚，各成员企业在产业链、创新链和价值链中形成高度专业化分工。与世界先进水平相比，成德高端能源装备集群产业基础薄弱，以物联网为基础的平台建设滞后，协同制造体系建设不完善，产学研用结合不紧密，成果转化率不高，重型燃气轮机燃烧室、高温透平叶片和盾构机的刀盘驱动系统、特殊刀具、高端轴承等核心零部件依赖进口。领军人才缺口较大，高级技术人才培养出来留不住问题较为突出，自主创新能力偏弱，基础共性技术研究不足。

（三）集群治理机制亟待优化

集群管理机构尚未成立，中小企业促进中心作为促进组织具有其他利益取向，组织机制不健全，以自发治理为主、公共治理为辅的集群治理能力尚未形成，造成德阳高端能源装备制造业协同制造程度较低。集群涉及多个空间上独立分布的产业园，园区定位存在交叉，部分重点企业远离装备制造业集聚区，制约了生产能力的发挥和与其他企业的合作，不利于资源优化配置和充分利用。

四、集群培育提升的对策建议

为推动龙头企业充分发扬水电装备、火电装备、油气钻采装备等产业领域的技术优势，持续提升龙头企业的发展质量，夯实产业基础，提升国际影响力，我们提出以下建议。

（一）推动龙头企业高质量发展

加速培育世界级企业，通过龙头企业的培育，逐步形成本地装备制造十亿元级、百亿元级企业，发挥龙头企业的产业带动作用，逐步形成市场自发的产业链拉动效应，尤其注重以整机龙头企业带动配套企业的集群发展模式，提升区域装备制造业整体专业化协作水平。实施重点企业数字化转型行动计划，推进“智能+”技术改造，促进互联网、大数据、人工智能等新一代信息技术与重点工序深度融合，加大技术改造和设备更新力度，加快转型升级步伐。引导龙头企业研究能源领域装备智能制造综合标准体系、全三维协同设计、三维工艺快速精准设计技术，实现苦、脏、累、险作业的“机器换人”与生产率提升，推动企业提升智能化水平，建设全球领先的“灯塔工厂”。

（二）不断夯实产业基础

发挥龙头企业的带动作用，推动技术关联度大的重点企业在技术示范、信息扩散和销售网络中发挥更大的导向作用。研发新一代大容量、高参数、高效低耗、低污染和自动化程度高的火力发电机组，以及超大功率、高效率超临界汽轮发电机组，实现前沿技术突破。围绕集群重大装备和高端装备配套需求，依托成德在铸锻件、热处理、表面处理等工艺领域及基础材料领域的传统优势，研制中大型护环锻件、汽轮机油涡轮、阀芯零件、缸箱零件、轴承瓦块锻件、低压缸、轴承箱等配套设备，加快突破产业链薄弱技术。开展高端能源装备“工业云”创新行动，促进互联网、大数据、人工智能和实体经济深度融合，强化工业互联网平台的资源集聚能力，有效整合产品设计、生产工艺、设备运行、运营管理等数据资源，提升工业互联网平台的运营能力。

（三）强化集群智力支撑

提高集群专家咨询委员会解决专业化问题的能力，为集群龙头企业核心产品的发展方向、产品出海、商业防御政策、颠覆性技术和预先研究等重大事项的决策提供咨询和建议，对重点项目实施方案进行评估，指导企业实施高端能源装备制造重大工程。聘任国家科研院所人员、市内高校教授、重点企业高端技术人员等专家，集中突破高端能源装备制造的基础技术、关键技术，为集群企业提供智力支撑。以重大项目为依托，从国内外吸引一批掌握高端技术、拥有自主知识产权的创新型科技人才。最大限度地减少和缩短海外人才引进手续的办理程序和时限，为其解除在户籍、住房、医疗、社保、配偶安置、子女入学等方面的后顾之忧。尽快出台返乡人才认定标准和奖励措施，鼓励外流人才回乡创业。

（四）持续提升国际影响力

鼓励企业着眼长期需求，到中亚和西亚国家获取能源、矿产资源，深度挖掘合作潜能。推动集群龙头企业“走出去”，开拓“一带一路”沿线国家营销网络，构建海外名牌产业集聚区，打造国际品牌，带动中小企业抱团出海。充分发挥驻外经商机构、行业商会和各类中介组织的作用，为企业提供信息、法律、财务、知识产权和认证等方面的服务。支持引导企业、研究机构开展标准制定、技术研发和战略性大项目合作。围绕高端能源装备制造产业招大引强，针对主机缺失的产业，有选择性地承接国际、国内发达地区的产业转移，努力引进国际、国内强企落户。

（五）优化集群治理机制

加快设立专业化集群促进组织，以集群视角厘清政府与企业的关系，扮演集群企业及机构与政府之间的联结纽带和桥梁，弥补政府机构提供公共产品的不足，促进集群内知识、信息和经验的沟通与交流，降低集群企业和潜在合作者的交易成本，协助政府实施集群管理。加速机制变革，推动由园区行政机制向集群组织机制的变革，捋顺干部、财政、行政等的关系，形成基于云服务平台的装备制造产业链条数据抓取、管理和处理系统，建立实施动态统计监测指标体系和配套的考核奖惩机制，实现与旧有复杂的园区行政脱钩，加快向现代化集群治理转变。

撰稿人：赛迪智库规划所　陈笑天

第二十章

潍坊动力装备集群

动力装备为各行业提供生产动力、能源动力、行驶动力、航运动力，被称为“工业的心脏”，世界制造强国都高度重视、竞相发展。潍坊是全国著名的工业城市和山东制造业的核心基地，工业历史悠久、基础雄厚，素有中国动力城、电子城、纺织城的美誉。2022 年，集群主导产业总产值达 3793 亿元，占全国的 30%以上。截至 2023 年上半年，集群集聚相关企业超过 310 家，其中规上企业 211 家，制造业单项冠军企业 4 家，专精特新“小巨人”企业 27 家，形成了以燃油动力装备为主，氢燃料、风电、电磁能、空气能等新能源动力装备快速推进的集群化发展格局。

一、集群形成的动因和机制

（一）萌芽期：国企改制造就领军企业为集群发展奠定基础

潍坊动力装备集群的发展绕不开一个企业——潍柴控股集团有限公司（以下简称潍柴）。其前身可追溯到 1946 年，是位于山东威海的一家枪械修理军工厂，随后迁至潍坊，1953 年建立潍坊柴油机厂，走上柴油机生产的专业化道路。1998 年，在从计划经济向市场经济转轨中，潍柴因跟不上市场经济的步伐陷入困境，濒临破产。新上任的掌舵者谭旭光通过大刀阔斧的改革，让潍柴迅速走出困境，建立起了现代企业制度，并在中国香港成功上市。2005 年，潍柴并购湘火炬，将行业内优质资源陕汽重卡、法士特变速箱、汉德车桥纳入麾下，打造了重卡黄金产业链，形成了“潍柴系”的雏形。随后，潍柴在国内收购亚星集团、扬州柴油机厂，国外并购整合法国博杜安、意大利法拉帝、德国凯傲和林德液压等知名企业，逐渐成为行业领军企业。

（二）成长期：围绕龙头企业加速本地配套为集群扩规增量助力

围绕潍柴、盛瑞传动、天瑞重工等核心企业，产业链本地配套能力加速提升，集群本地配套率已超过 50%。截至 2022 年 7 月，潍柴国际配套产业园一期、二期工程已全面建成，产业链协同效应基本形成，引进了德国克诺尔、瑞士泰科、意大利索菲玛等 37 家配套企业，建立了潍柴供应链管理体系。潍柴还向 100 多家集群企业和供应商推广潍柴 WOS 质量管理模式。在协助供应商夯实精益管理等持续改进工具的基础上，潍柴还延伸推广指标管理体系和标准流程体系，联合供应商基于指标和流程，改善提升项目，以项目方式助推供应商管理水平提升，逐步构建起以潍柴为核心，大中小企业融通发展的生态系统。

（三）转型期：顺势转型发展新能源为集群持续领先创造条件

以传统内燃机为核心的潍坊动力装备集群从未停止探索的脚步，以潍柴为核心的龙头企业，纷纷顺应科技进步和产业发展的浪潮，向新能源领域转型发展。2018 年，潍柴与英国锡里斯、加拿大巴拉德、西港燃料系统公司签署战略合作协议，掌控了固态氧化物燃料电池、氢燃料电池、HPDI 天然气发动机等未来新能源商用车的三个核心技术；2020 年，与德国欧德思、奥地利威迪斯开展合作，有效补齐了中国在新能源动力系统和农业装备 CVT 动力系统的关键技术短板，加速了新能源动力装备的产业化进程；引进培育了天瑞重工等磁动力、空气动力研发生产企业，并出台《关于加快打造千亿级磁悬浮产业的实施意见》，大力推动磁悬浮产业发展，打造动力装备产业的发展新动能。

二、集群发展壮大的主要模式

（一）以龙头企业为核心打造产学研协同创新体系

潍坊动力装备集群形成了以潍柴为核心的产学研用网络化合作生态体系，截至 2022 年 7 月，集群企业与海内外数十所高校、科研院所累计开展重大合作项目和课题研究 630 余项，获得国家科技进步奖 6 次。例如，潍柴联合盛瑞传动、雷沃重工等集群重点企业，与浙江大学、天津大学等十余所高校累计开展科研合作项目 195 项，与英国里卡多、美国西南研究院等国外科研机构累计开展各类项目 169 项；潍柴、康跃科技等企业共同组建了研发共同体，开展同步研发、同步试制、同步应用，用于潍柴船机配套，增强了我国船舶产业的自主配套能力。天瑞重工先后与英国利兹大学、西安交通大学等 20 余所国内外高校院所开展科研合作项目 30 余项，形成了集科技研发、实训基地、成果转化于一体的综合性创新平台。

（二）"龙头企业+本地园区化配套"强化产业根植性

潍坊动力装备集群支持潍柴、盛瑞传动、天瑞重工等龙头企业建设专业配套园区，在土地、投资等方面提供优惠政策和专班服务，以龙头企业为核心，加快推动产业链上下游企业集聚发展。潍柴国际配套产业园区一期、二期工程已全面建成，产业链协同效应基本形成，引进了德国克诺尔、瑞士泰科、意大利索菲玛等 37 家配套企业，本地配套率达到 50%。磁悬浮产业园围绕天瑞重工，签约引进企业 6 家，延长、完善了磁悬浮产业链。

（三）成立"产业学院"加快技术人才培养

潍坊市政府牵头推动潍柴在潍坊学院设立了潍柴产业学院，开设机械设计制造及其自动化、自动化（智能控制）两个本科专业，实行"2+1+1"的全新培养模式，即 2 年理论基础学习，1 年专业方向理论和实践课的学习，1 年开展职业化应用型教育。潍柴产业学院被列入首批山东省现代产业学院建设名单，拥有机电工程基础实验室、先进材料及表面工程实验室、机电工程创新实验室等 5 个校级实验室，学生可在潍柴的整车整机与动力总成实训中心、智能制造实训中心等实验实训基地实践学习。潍柴产业学院 2021 年共招生 100 人，每个专业 50 人。该举措推动了教育链、人才链与产业链的有机融合，走出了一条"产教深度融合、校企一体育人"的新路子。

（四）"海外并购+外资引进"构建全球协同发展体系

潍坊动力装备集群高度重视对外开放，鼓励龙头企业强化国际合作。外资引进方面，集群建立了潍柴国际配套产业园，截至 2022 年 7 月，一期、二期工程已建成，引进了德国克诺尔、瑞士泰科、意大利索菲玛等 37 家配套企业。海外布局方面，集群持续拓展海外布局，潍柴、雷沃重工先后收购了德国林德液压、法国博杜安、加拿大巴拉德、意大利马特马克等 8 家欧美高技术企业，掌握了高端液压、大缸径高速发动机、低排放天然气发动机等核心技术，打破了国外巨头在高端液压动力总成、大型农业装备 CVT 动力总成、大型矿车动力等方面的技术垄断，形成了产业发展优势。

三、集群发展存在的核心问题

近年来，集群虽然取得了巨大的成就，但与国际知名集群相比差距尚存，具体存在以下几个核心问题。

（一）关键技术自主创新能力有待进一步提高

集群虽然拥有一批创新能力强、技术水平高的龙头企业，但集群整体的创新水平尚需提升。部分企业的技术创新仍停留在成本低、见效快的引进和仿制上，自主开发达到国际领先水平的独创、原创技术和产品较少。获取的国家授权专利 80%以上为实用新型专利和外观设计专利，代表自主创新和原始创新能力的发明专利比例还需提高。自主创新和原始创新能力不强，已成为影响装备产业加快发展的“软肋”。

（二）关键基础产品本地配套率有待进一步提高

目前，集群基础制造总体技术水平不高，配套能力不强，铸造、锻造、热处理、表面处理等基础工艺整体水平不高，达不到高档主机的要求。关键零部件产品落后，为整机和成套设备配套的轴承、液气密封件、模具、齿轮、紧固件等基础件，泵、阀、风机等通用件，工业自动化控制系统、精密仪器仪表等测控部件，质量和可靠性不高，品种规格不全。特别是代表集群动力装备产业特点的内燃机、自动变速器等行业关键配套产品被国外厂商所垄断，如内燃机电控燃油喷射系统（特别是高压共轨系统）90%的国内市场被博世、德尔福、西门子等国际巨头垄断。

（三）多数企业的国际化影响力有待进一步提升

目前，集群动力装备企业整体处在价值链的中低端，国际影响力较小，国际竞争力不强。集群动力装备产业利润率约为 6.5%，与发达国家 10%以上的利润率相比差距明显。集群多数动力装备产品的营销模式为拼规模、拼价格、拼市场占有率，缺乏独创技术，没有话语权和定价权。虽有潍柴这种可以全面开展国际链条融合业务的龙头企业，但盛瑞传动这种国内自动变速器龙头企业与德国采埃孚和日本爱信相比，在国际经营能力和影响力方面差距较大，采埃孚和爱信在全球均有合资生产企业，给我国企业拓展市场带来极大压力。

四、集群培育提升的对策建议

潍坊建设国家级动力装备集群，要坚持创新驱动，聚焦重点，完善产业生态，探索动力装备产业链高质量发展新路径、新模式、新业态，努力建设具有全球核心竞争力的国际动力名城、具有全国引领力的动力装备创新策源地、高端装备集群治理模式创新标杆区。为此，我们提出以下建议。

（一）持续优化“龙头企业+本地园区化配套”发展模式

充分发挥集群内的潍柴、豪迈、雷沃重工、天瑞重工、盛瑞传动、大业股份等国家制造业单项冠军企业的带动作用，持续优化“龙头企业+本地园区化配套”的发展模式。加快推动园区交通、住宅、教育、商务等基础设施建设，提高园区生活性设施配套水平。完善现有配套产业园区的优惠政策，加大企业入园投资奖补、厂房租金减免等政策力度，优化对入园企业的金融支持方案，吸引上下游优质企业入园发展，进一步提升集群内动力装备产品的本地配套率。

（二）构建“共同研发、共同试制、共同应用”的合作模式

依托潍坊市科技创新促进中心，加强与以中国科学院为重点的高校院所的合作创新。发挥内燃机可靠性国际技术创新联盟的作用，加强联盟成员的产业协作和技术创新合作，支持产学研项目合作成果通过技术转让、作价入股等多种模式加速成果转化。加强集群内创新要素的流动性，打破企业间的人才合作、资金合作、项目合作壁垒，组建效率更高、成果更多的研发共同体。加强集群内合作机制的灵活性，充分发挥集群为政府、大中小微企业“牵线搭桥”的中介作用，开展研发入股、委托研发、联合研发等形式多样的合作创新模式，互惠共利，带动集群品牌竞争力进一步增强。

（三）瞄准产业需求强化精准引才力度

加快实施校地合作“双百行动”，分批选派集群干部赴国内重点高校院所科技成果转化部门担任科技人才专员，选聘专家人才到企业担任科技人才顾问，深入推动动力装备产业招才引智、招科引技。细化“双百行动”奖励与考核措施，对促成动力装备产业领域中科技成果转化、高层次人才来潍、科研平台落户，加大奖励力度。探索实施柔性引智工程，深入实施“一事一议”人才工作机制，加快引进动力装备产业的顶尖人才。探索“云招才”“会展引才”“大赛引才”模式，采取咨询、兼职、技术入股等方式，精准引进动力装备产业领军人才。依托高标准规划建设人才科创小镇，吸引知名高校院所、研发机构、科技研发型企业入驻潍坊，为动力装备产业打造新的科创基地和科技成果转化基地。

（四）推动优势产能“走出去”提升国际影响力

积极响应“一带一路”倡议，实施国际产能合作行动计划，依托柬埔寨西哈努克港经济特区、埃塞俄比亚东方工业园等国家级境外经贸合作区，推动集

群重大装备及优势企业“走出去”。引导集群建设省级境外园区，鼓励企业在科技资源密集的国家设立研发中心，进行全球化的研发设计、生产制造、资源配置、融资服务和市场营销，鼓励上市公司海外投资并购，增强企业的国际竞争力。推进跨境电子商务平台建设，充分利用已有的海外销售（代理）商渠道，加强与京东、阿里巴巴等国内知名电商的战略合作，支持企业通过大数据分析提高业务响应速度，实现产品和服务差异化，提升国际影响力。

撰稿人：赛迪智库规划所　樊蒙

第二十一章

南京新型电力（智能电网）装备集群

南京新型电力（智能电网）装备集群是南京重点打造的八大产业链强链补链工程的重要实施主体，早在 2009 年，习近平总书记在江苏视察时，就对南京智能电网产业的自主创新能力和水平给予了充分肯定，并提出了殷切希望。2022 年，集群主导产业总产值达 2923 亿元，在全国占比超过 50%。截至 2023 年上半年，集群集聚相关企业超过 1500 家，其中规上企业 578 家，制造业单项冠军企业 5 家，专精特新“小巨人”企业 44 家。

一、集群形成的动因和机制

（一）借力老工业基础，形成技术优势

南京新型电力（智能电网）装备集群的形成可追溯至 1940 年南京电力自动化设备总厂的建立。中华人民共和国成立后，南京电力自动化设备总厂作为当时国内技术顶尖的电子设备生产厂，先后承接了国家重大研发项目，相继研究生产出中国第一代、第二代静态继电保护产品，创造过多项全国第一，被誉为中国电力自动化产业的摇篮和孵化器。之后其改名为国电南京自动化股份有限公司（以下简称国电南自），隶属于国家电力总公司，依托国家电力总公司内外部稳定的客户源，不断扩大市场占有率，不断积累技术资源，逐步发展成享誉全国并有一定国际知名度的著名品牌。

（二）迎国企布局东风，集聚效应初显

国家电网在南京布局国电自动化研究院（南瑞集团），重点推动电力系统及其自动化和水利水电工程测控领域的理论研究、新技术应用和新产品开发，是全国运行绩效最好、综合实力最强的科研院所之一。从 1989 年开始，南瑞

集团为促进科研成果产业化，先后成立了国电南瑞、南瑞继保等企业，形成了电力装备行业配套集聚的发展态势。其中，国电南瑞产品的技术含量高、可靠性较高、竞争优势比较明显，在国内 500kV 的线路保护方面占有绝对优势。

（三）下海自主创业，产业形成配套集聚

目前，南京共有上百家电力二次装备企业，产品在国内的市场占有率达70%以上。它们大多由国电南自、国电南瑞、南瑞继保“三大豪门”的技术人才离职后创办，还有一部分技术人才到南京之外的地区创业或作为职业经理人加盟企业。例如，南京诺博特由国电南自相关技术人员共同投资组建。公司早期开发的 W 系列微机继电保护产品已大量应用于全国各地，是（原）国家经贸委全国推荐使用产品。目前，NZ 系列产品作为高端技术产品，已成功运用于110kV 高压系统，并出口到越南等东南亚国家。

二、集群发展壮大的主要模式

经过多年发展，集群已覆盖发电、输电、变电、配电、用电、调度、通信、综合能源服务、电力网络安全九个环节，实现了全产业链覆盖。截至 2022 年，集群集聚了国电南瑞、国电南自等 578 家规上企业和易司拓电力、德朔实业等 16 家独角兽企业及 44 家专精特新“小巨人”企业，拥有 33 家国家级技术创新平台，主导产业总产值在全国占比超 50%，初步具备了较强的国际竞争力和影响力，有效助推了我国新型电力装备产业成为继高铁、核电产业后，又一张亮丽的国家名片。集群发展模式可以总结为“产学研用合作+平台服务+生态营造”。

（一）建立产学研用合作的协同创新网络

围绕集群发展，集群企业与高校、科研院所在技术联合攻关、人才联合培养等多方面开展了多样化的合作，建立了产学研用合作的协同创新网络。例如，南瑞集团与南京师范大学在电气与自动化工程学院的基础上组建了南瑞学院，从打造教学新区、组建高水平师资队伍、培养创新型人才、联合开展科研合作、积极开展文化交流五个方面共同推进南瑞学院的建设；南瑞继保与南京大学、东南大学、河海大学、南京理工大学、南京工程学院等多所重点高校合作，开展了分布式能源交直流混合电网故障分析等研究；南高齿与南京工业大学、洛阳轴承研究所、国电联合动力等著名高校、企业共同完成了“大功率风电主轴及增速箱轴承关键技术研究应用及工业验证平台建设”项目等。

（二）依托集群促进组织提供优势对接服务

集群促进组织江苏省可再生能源行业协会积极搭建平台，近年来，共开展了100余次资源对接活动，如国际交流、展览展示、会议论坛、人才培训等。产业链协同方面，集群先后组织召开了龙头企业需求及中小企业供给信息发布会、重点集群配套对接会、协作配套推介会、智能电网产业融资需求对接会等活动。人才引育方面，集群组织了智能电网高层次人才专场招聘活动，吸引了高层次人才落户南京。公共服务方面，集群企业成立了中国智能电网产业技术创新战略联盟，获批筹建了国家级智能电网产品质量监督检验中心；建成了南京江宁智能电网博览馆和集群公共服务平台，为集群企业提供检验检测、核心技术攻关、展示技术成果等服务。

（三）加速营造支撑坚实、服务质效高的集群生态

金融、人才等要素是集群迈向世界级的必要支撑。为有效解决集群企业融资难、融资贵等问题，江苏银行、南京银行、南京市科技创新基金等多家金融机构针对集群开展了产业链金融、科技金融等专项服务。集群大力吸引高端人才集聚，拥有由薛禹胜、沈国荣等6位院士领军的攻克智能电网世界级难题的科研团队，科研技术人员超过30 000人，集群产业从业人员占全国从业人员的30%。同时，南京共有37所高等院校开设了电气工程等相关专业，为集群发展提供了充实的人才储备。

三、集群发展存在的核心问题

虽然南京新型电力（智能电网）装备集群目前具备了产业基础实、协作能力强、技术创新优、要素集聚显、开放水平高等集群发展条件和优势，但与世界级先进制造业集群相比，仍存在提升空间。

（一）集群产业链存在“断链”环节

虽然集群覆盖发电、输电、变电、配电、用电、调度、通信、综合能源服务、电力网络安全九个环节，实现了全产业链覆盖，但是在产业链各环节的未来发展方向上存在“断链”现象。例如，在发电环节，以新能源加速发展为背景，存储装备是重点发展方向，但集群缺少大容量存储重点企业；在用电环节，当前新能源汽车蓬勃发展，而集群微电网接入和新能源汽车充电等环节的生产能力不强；在综合能源服务环节，集群缺少电力需求侧管理优质企业，并且能源服务的新业态、新模式等发展缓慢，在一定程度上制约了集群的发展。

（二）融合类前沿核心技术突破缓慢

目前，由于大数据、5G、区块链、人工智能等先进信息技术与新型电力（智能电网）装备制造业研发制造、监测控制、运行管理等领域的有机融合和深度贯通，相关技术学科跨度大、专业性强，仍有较多技术难点尚未完全攻克，导致集群主导产品大多为传统电力装备，融合类产品较少，集群企业仍处于单一的出售产品或提供维保服务等环节，服务型制造、高端化服务等高盈利环节涉及较少。

（三）集群协作共赢网络仍需优化

目前，集群企业协同合作层次仍较浅，或为促进组织推动下的人才招聘、金融服务等，或为与高校联合培养人才、孵化先进技术等，或为企业间点对点供需对接等，融合政产学研金等全体系的协作较少，集群企业的合作渠道仍需疏浚、合作手段仍需丰富，良性竞争环境有进一步优化的空间，以进一步提高集群协作效率。

（四）集群组织政策保障机制尚需完善

目前，江苏省可再生能源行业协会作为集群促进组织，虽然成立时间较早，具有相对完善的组织架构和运营体系，但行业协会的运行机制与集群促进组织差异较大，在集群行业规范、治理机制、服务政策和保障制度等方面仍需进一步完善，集群尚未形成完善的以自发治理为主、公共治理为辅的集群治理能力。这也造成了集群协同制造程度较低、集群内各园区定位存在交叉，制约了企业合作，不利于资源优化配置和充分利用。

四、集群培育提升的对策建议

目前，南京新型电力（智能电网）装备集群整体实力已经位居全国前列，应对标世界级先进制造业集群，剖析自身问题，按照延链条、提创新、优生态的发展思路，推动集群发展。对此，我们提出以下建议。

（一）完善集群产业生态体系

针对输电、配电、调度环节，做大做强电网安全稳定与控制、智能电网调度、继电保护等系统，重点推进一批重大产业化项目。聚焦智能电网安全领域，重点发展电力系统核心芯片、操作系统与云平台一体化、控制系统、传感器等相关技术和产品。推进 5G 在发电、输电、变电、配电、用电等各个环节的融合应用，推动发电端开展 5G 在“差动保护”方面的应用，输电和变电端开展

5G 在输电线路状态监测和无人机巡检方面的应用，配电端开展 5G 从故障监测定位到精准负荷控制的全流程的应用，用电端开展 5G 在智能电表设备和端到端保障电网高隔离性方面的应用。

（二）优化集群协同创新网络

搭建新型电力（智能电网）装备产业科研基础平台，整合创新资源，提高持续创新能力，集中突破一批被“卡脖子”的关键核心技术。依托院士团队，大力推动智能电网保护和运行控制国家重点实验室建设。积极推动产学研融合发展，完善创新收益分配体制，促进优势互补、风险共担。建设集群创新平台，推动原始创新、技术创新和产业创新，依托已有国家电力自动化工程技术研究中心、智能电网保护和运行控制国家重点实验室、电力系统自动化-系统控制和经济运行国家工程研究中心等平台，打造集群科技创新共同体。

（三）健全集群创新生态体系

依托南京雄厚的高校资源基础，联合创办新型电力（智能电网）装备产业学院，创新产学研联合人才培养的管理体制与运行机制，打造一流的产业化顶尖人才培育基地。提升集群公共服务平台的服务水平，完善新型电力（智能电网）装备技术认证、产品检测检验、工程技术咨询、技术专利运营、成果转化、企业上市、投融资等专项平台服务。充分发挥知识产权制度在激励创新中的基本保障作用，打通知识产权创造、运用、保护、管理、服务全链条，健全知识产权综合管理体制，增强系统保护能力。

（四）提升集群高效治理能力

江苏省可再生能源行业协会作为集群促进组织，要进一步创新运营模式，进一步丰富和完善检验检测、知识产权、工业设计等服务平台，加速工业互联网、大数据等平台建设，推动集群资源互补和共享。成立产业联盟和管理联盟交互的产业发展联盟，以促进新型电力（智能电网）装备集群的发展，强化集群企业共生意识、员工协作意识和科研合作意识，支持建立集群合作伙伴网络。构建集群信用体系，建设集群信用信息平台，结合区块链、人工智能等新技术，推动集群信用信息平台与市公共信用信息平台的对接和信息共享，打造信用激励服务产品，让集群诚信主体获得更多市场份额和市场资源，享受容缺受理、绿色通道等政策。

撰稿人：赛迪智库规划所　樊蒙

第二十二章

保定电力及新能源高端装备集群

保定是我国首个新能源和能源设备特色产业基地，是我国唯一拥有完整新能源产业链的聚集区，素有“保定·中国电谷”之称。保定电力及新能源高端装备集群围绕新型电力系统建设，经过20多年的发展，形成了风光氢储输等主导产业，涌现出保变电气、英利、四方、风帆、国能联合动力、中铁电工等一大批世界和国内知名企业。2022年，集群主导产业总产值达1250亿元，在全国占比超过25%。截至2023年上半年，集群拥有电力及新能源高端装备企业3930家，其中规上企业324家、专精特新“小巨人”企业13家，具备了培育世界级先进制造业集群的基础。

一、集群形成的动因和机制

（一）萌芽期：先头企业在政策引领下加速集聚

1992年保定高新区获批成立，1998年明确保定的产业发展定位，即发展新能源与智能电网等产业。由于新能源行业的不确定性和高风险性，在形成初期，集群的发展主要依靠政府对先头企业的政策支持。例如，1993年，英利的前身公司开始涉足太阳能这一高新技术产业，1998年进入太阳能电池行业，正式建立英利。1999年，英利在争取国家3兆瓦多晶硅太阳能电池及应用系统生产项目时，严重缺乏启动资金。保定高新区不畏风险，以国有持股形式注资英利，并为其提供用地支持，协助英利争取到了国家高技术产业化示范工程。这一阶段，新能源与电力企业围绕龙头企业英利、天威和风帆，在保定高新区形成了产业集聚。

（二）成长期：多元主体发力推动集群特色化发展

2000年，保定高新区开始打造新能源与能源设备特色产业集群。保定电力及新能源设备产业的规模与质量快速扩大和提升，集群企业数量不断增加，企业规模不断扩大，高校和科研院所、中介服务机构等开始加入集群，集群企业与政府、研究机构、中介服务机构之间正式与非正式的交流日益频繁。高校和研究机构更加重视与市场的对接，从市场需求出发进行技术创新与产品创新。河北大学、华北电力大学、河北农业大学等高校兴办了独立学院，保定电力学校、保定电力技工学校合并组建了保定电力职业技术学院，为企业培养了大量的专业技术人才。企业重视自主研发，对创新投入不断增加，追求技术进步，研发与企业规模相适宜的先进技术。在多元主体的共同推动下，保定高新区初步形成了太阳能光伏发电、风力发电、新型储能材料、高效节能设备、输变电设备、电力自动化领域的集群化发展态势。其间，保定高新区被科技部批准为全国唯一的国家火炬计划新能源与能源设备产业基地。

（三）成熟期：坚持创新导向促进集群发展壮大

2006 年，保定开始实施“中国电谷”战略，就是在国家级新能源与能源设备产业基地的基础上，向电力及新能源设备技术更深、更广领域拓展。在创新载体建设上，2006 年以来，保定兴办了中国地质大学长城学院、河北科技学院等一批全日制普通高校。2007 年，保定与国家开发银行河北分行、中国国电电力公司，以及清华大学、华北电力大学等签署了共建“中国电谷”战略合作协议。2012 年保定大学科技园正式开园。2015 年保定·中关村创新中心揭牌成立，这是全国首家由中关村在北京外设立的创新中心。在创新政策支持上，2013 年以来，保定相继出台了《保定市支持企业科技创新八条措施》《保定市深化科技体制改革加快推进创新发展的具体举措》《保定市科学技术奖励办法》等一系列政策措施。目前，保定成为国家级创新型城市，是河北唯一的“科创中国”试点城市，是国家确定的石保廊全面创新改革试验区的重要节点城市，具有雄厚的科研人才储备和强大的科研创新实力。

二、集群发展壮大的主要模式

（一）注重龙头引领，有效带动集群企业快速发展

集群拥有保变电气、英利、四方、风帆、国能联合动力、中铁电工等一大批龙头企业，涵盖特高压输变电装备、光伏、风电、氢能、新型储能和电力自动化等产业，且处于全球产业链、创新链中高端水平。例如，保变电气特高压特种变压器的生产能力和技术储备领跑全球，也是全国唯一一家具备特高压移相变压器、气体变压器生产能力的企业；国能联合动力是一家风电整机生产企业，具有超低风速大功率风电机组、大型风电叶片的技术研发和生产能力，在

全国保持领先地位；英利在光伏产业具备国际影响力，承接了国家首个年产3兆瓦多晶硅太阳能电池及应用系统产业化项目，填补了我国太阳能商业化的空白。龙头企业不断引领带动集群发展壮大，形成龙头领跑、中小企业跟进的雁阵效应，使中小企业向小而专、小而精、小而美发展。截至2023年上半年，集群拥有国家级专精特新“小巨人”企业9家，本地注册上市企业4家。

（二）推动区域协作，持续拓展集群成长空间

北京和天津是我国北方重要的科技、人才资源高地，集群能充分发挥京津冀协同优势。集群通过加强与清华大学、中国电力科学研究院、中国科学院电工研究所、中国电力企业联合会等国内知名院校和专业机构合作，快速提升集群的自主创新能力和先进技术研发储备能力。集群汇聚北京、深圳、雄安等地的科研资源，在新能源装备领域形成了“北京研发、保定先行，雄安创新、保定转化，深圳北上、保定落地”的联合创新发展格局。例如，保定市电力装备行业协会积极联系对接北京、天津、雄安等地的创新资源，集聚高层次创新人才和创新机构，增强集群企业的协同创新能力。又如，集群依托未势能源、中石油保定公司、旭阳集团等氢能骨干企业，形成了涵盖制氢、氢气液化、储运、加注、燃料电池电堆、发动机等过程的全产业链，逐步建成京津冀绿氢供应基地。2021年，京津冀氢燃料电池汽车示范城市群获批，保定被财政部等五部委批准为示范群试点城市。

（三）促进平台建设，着力支撑集群转型升级

集群打造了保定国家高新区科技创新超市，为电力及新能源装备等成果转化项目提供一站式落地产业化服务。集群积极与知名企业开展合作，搭建各类服务平台。例如，与阿里云合作建成电力及新能源产业“一中心两平台”，即工业互联网创新中心、工业互联网平台和金融服务平台；依托中国信息通信研究院上线河北省首个市级工业互联网二级标识解析节点。同时，依托现有大学科技园、深圳湾、中关村创新中心等创新平台，打造“众创空间+孵化器+园区”的科技企业孵化培养体系，为集群企业提供全链条孵化服务，贯穿从初创到成长再到壮大的全过程。目前，集群已经建设了70多个省级以上公共服务平台，能提供知识产权、数字网络、标准认证、检验检测、绿色制造等多元化服务，为集群转型升级提供有力支撑。

（四）重视国际合作，大力提升集群国际影响力

集群鼓励有条件的企业“走出去”，在海外特别是资源密集的发展中国家，通过并购、合作共建等多种方式建设合资工厂。同时，集群积极推动装

备制造企业与国外科研机构进行广泛合作，以实现与世界科技的同步创新。例如，英利主动加强海外科技资源配置，密切跟踪国际前沿科技，积极融入全球创新网络，不断提高自身科技创新能力。集群积极打造国家级工程实验室、国家级工程技术中心、国际合作基地等，与国外高校、科研单位及企业共建国际科技合作基地，深入开展科研合作，进一步提升源头创新能力。集群还建立了光伏技术国际联合研究中心，打造广泛的国际科技合作网络，为“一带一路”沿线国家及其他相关国家提供全面的光伏产业解决方案和一揽子服务，包括光伏设备生产、智能化光伏生产、EPC 电站安装及专业人才培养等。

三、集群发展存在的核心问题

与世界级先进制造业集群相比，保定电力及新能源高端装备集群还存在以下几方面问题。

（一）集群配套企业实力较弱

集群拥有保变电气、英利、四方、风帆、国能联合动力、中铁电工等龙头企业，在科研创新方面有较强实力，具备引领带动能力。从本地配套率来看，集群本地配套能力较强，本地配套率达 85%。但是，集群配套企业实力有较大的提升空间，规模以下企业占比达 90%以上，部分中小企业的研发创新能力、生产制造能力与建设世界级先进制造业集群的要求还存在较大差距。

（二）集群资源整合能力不足

集群的创新资源主要集中在市内及周边地区，包括高校、科研机构、企业等。对标世界级先进制造业集群，保定电力及新能源高端装备集群在资源整合方面仍有很大的提升空间。例如，德国艾尔福特-泛德意志光伏产业集群与弗劳恩霍夫应用研究促进协会建立了密切的合作关系，并借助协会雄厚的基础研究实力和专业支持，在全国范围内建立了 70 多所关联研发单位，聚集了欧洲顶尖的研发资源，为光伏产业的持续发展提供了坚实支撑，使集群在全球一直保持领先地位。

（三）集群促进组织功能不完善

保定市电力装备行业协会于 2018 年成立，作为集群促进组织，其成立时间相对较短，在组织架构、运行机制、协调管理等方面存在明显不足。在集群生态的建设过程中，促进组织的枢纽作用有待加强。此外，促进组织连接政府

和集群的桥梁作用有所欠缺，应持续增强自身能力，以协助政府不断完善支持集群发展的产业政策。

四、集群培育提升的对策建议

为推进保定电力及新能源高端装备集群迈向世界级先进制造业集群，应聚焦跨区域联合科研力量增强、国际竞争力增强、平台实力增强、生态持续优化等方面，着力推动集群转型升级。为此，我们提出以下建议。

（一）增强跨区域联合科研力量

着力建设一批协同创新共同体，支持集群开展产学研合作，鼓励企业与高校、科研机构等开展联合技术攻关，共同承担国家重大科技计划项目，以龙头企业为核心建立产业技术创新联盟，加速科技成果转化。创建先进技术研究院，学习借鉴其他地区先进技术研究院的标准框架，整合全市涉电产业的科研力量，统筹华北电力大学、河北大学、中国科学院电工研究所、零碳研究院等本地及北京科研院所的相关力量，联合创建电力及新能源先进技术研究院，打通创新源头和技术堵点。

（二）进一步增强国际竞争力

加大对龙头企业的扶持力度，出台专门扶持政策促进各类创新资源和保障要素向优质企业集聚，加快培育一批拥有较强自主创新能力、能有效带动行业发展和产业集聚的优质企业，形成一批具有国际竞争力的创新型领军企业。充分发挥保变电气、英利、四方、风帆、国能联合动力、中铁电工等大企业在产业链延伸、创新平台建设、市场开拓等方面的带动作用，通过任务众包、生产协作、资源开放等方式，带动中小企业融入产业链、供应链，鼓励中小企业围绕龙头企业协作配套，鼓励关联产业、上下游企业加快战略重组，增强核心竞争力和产业支撑能力，打造一批创新型企业。

（三）做强集群促进组织

完善集群促进组织的组织架构，探索“协会+联盟+平台”的联动模式，建立理事会、监事会、专家委员会、秘书处等治理框架，建立有效的决策与执行机制。增强集群促进组织的实力，支持促进组织积极参与产业发展规划制定、政策制定、项目申报评审调研等，组织举办相关学术会议、论坛、培训等活动，有效衔接企业的发展需求和政府的政策导向，不断提升促进组织的影响力。优化完善公共服务平台，通过提供项目管理咨询、技术成果交易、技术委托研发、检测认证、政府资助等服务实现“自我造血”，服务集群相关企业和组织。

（四）着力优化集群发展生态

加大资金支持力度，调整财政专项资金支出结构，优先支持电力及新能源相关企业，采用引导基金、专项资金、科技创新奖励等多元化激励方式，对集群创新载体进行支持。提高金融服务能力，鼓励金融机构加大对集群企业的信贷支持力度，在配置信贷资源时向优质企业倾斜。优化完善人才自主培养机制，充分发挥高校和科研院所的引领支撑作用，加强电力及新能源相关专业的学科建设，以培养创新型、复合型、应用型、技术技能型人才。

撰稿人：赛迪智库规划所　邱石

第二十三章

南通、泰州、扬州海工装备和高技术船舶集群

船舶工业是高端装备制造业的重要组成部分，是国家实施海洋强国战略的基础和重要支撑。南通、泰州、扬州坚决贯彻国家战略，充分发挥各自的资源禀赋和区位优势，同心、同向、同力打造了海工装备和高技术船舶集群。2022年，集群主导产业总产值达2327亿元，在全国占比超过35.6%。截至2023年上半年，集群拥有规上企业509家，中国船舶、中远海运重工、招商局工业、振华重工、中集集团五家央企集团均在集群大规模布局。

一、集群形成的动因和机制

地处江海交汇之地，三地沿江沿海港口众多。其中，南通滨江临海，具有良好的海岸线，地理位置优越；泰州滨临长江，是水陆要津、咽喉之地；扬州的水域面积占30.5%，是长三角地区水域面积平均占比的近2倍，也是长三角地区唯一一个长江、淮河、大运河都流经的城市。三地均拥有良好的资源禀赋和区位优势，适合发展现代船舶海工产业。

（一）具备厚重的造船产业历史积淀

南通、泰州、扬州三地自古以来就是舟楫繁盛之地，不少造船遗迹已有两千多年的历史，产业的历史传承绵延不绝。汉代扬州已有官办造船工厂，并设有“广陵船官”之职，在广陵王刘胥的墓中，出土了大量含有“食官”“中府”“广陵船官”字样的文字资料。唐代在扬子（今仪征）建造有10个大型官办造船厂，《旧唐书·食货志》记载刘晏改革漕运时，曾打造载重量千斛的特大船舶达两千艘，从此运输漕粮全用官船，“自古以来，未之有也”。南通制造钢质船有百余年历史，清光绪三十二年（1906）通州资生冶厂建造了第一艘钢质驳船，1908 年资生冶厂在厂北设立船坞，制造了内河小轮和机动渡轮十多艘，1912 年增设船坞并在天生港长江边制造了十多艘机动小轮。

（二）中华人民共和国成立以来持续投入船舶产业

中华人民共和国成立后，三地高度重视船舶海工产业发展，构建了较为完整的船舶海工产业体系，实现了零部件、造船、修船、拆船产业链全覆盖，夯实了产业基础，集聚了大量产业链上下游企业和专业技术人才。1958 年，南通地区航运公司和市航运公司分别组建了本公司的船舶修造厂，以修船为主，修造结合，还从事柴油机修理和蓄电池生产等。1958—1976 年，国家第六机械部、交通部、第一机械部、水产总局等国家主管部门在南通投资，兴办了南通航海仪表厂、南通航海机械厂、南通渔船柴油机厂、南通县船用非标设备厂、海门玻璃钢船厂、长航南通驳船厂、南通县船舶修造厂等企业。1976 年后，国家第六机械部在南通新建了国营六五一站，交通部建立了南通船厂，计划将南通发展成国家远洋船舶的维修基地。1983 年 5 月，南通市人民政府批准成立了市船舶工业公司，同一时间拆船业在南通迅猛发展，南通船舶工业初步形成了船舶的修、造、拆和机械、电器、仪表全面发展的崭新格局。1961 年，扬州造船厂和泰州造船厂合并成立扬州船舶修理厂，主要以修理和制造木质船为主；到 1987 年年底，扬州持有经营执照的造船厂有 107 家，年产值近 2 亿元。产品结构从建国初期的木船、水泥船、钢质船向大吨位、系列化、特种船方向发展。

（三）向世界一流集群迈进

党的十八大以来，三地以海工装备和船舶总装制造、配套产品制造为核心，建立起集研发、设计、建造、配套、服务于一体的完整产业链体系。2021 年，集群造船完工量、新接订单量、手持订单量占全国的 40%左右，占全球的 20%左右。2021 年，集群造船完工量达 1504 万载重吨，分别占全国和全球市场份额的 37.9%和 17.9%，交付钻井平台、浮式生产储卸油装置（FPSO）、风电安装平台、升压站/换流站、大型油气模块等海工装备 36 艘/座，约占全国数量的 30%。

二、集群发展壮大的主要模式

集群通过“骨干企业集聚+加快转型升级+完善的产业链、供应链”模式，不断提升产业集中度，强化产业根植性。

（一）汇聚行业骨干企业，构建集群产业支柱

集群沿长江北岸布局，以南通苏通大桥为界，上游地区以高技术船舶类产品为主，下游地区以海工装备类产品为主，内陆腹地以高端配套产品为主，形成东起南通启东、西至扬州仪征的沿江海工装备和高技术船舶产业带，集中汇聚了扬子江船业、新时代造船等民营企业，以及中远海运重工（南通中远川崎、扬州中远重工、启东中远海工）、招商局工业（招商局重工、招商局鼎衡、招商局金陵）、中国机械（新大洋造船）、振华重工（南通振华重装、振华传动）、中集集团（中集太平洋海工）、象屿海装、新加坡吉宝集团（吉宝船厂、吉宝重工）等国内外知名船舶海工企业，在业内具有极大的影响力。

（二）围绕智能化的转型升级不断深化

集群开展了大规模技术改造，大力发展网络协同制造、大规模个性化定制等智能制造新模式，围绕推动造船数字化集成与服务、加快推动智能化车间（单元、生产线）建设等领域开展智能提升。南通中远川崎是船舶行业唯一试点示范项目，船舶智能制造成为全国样板。振华传动实施的智能化桩腿焊接车间填补了海工装备制造领域的多项技术空白，成为国家级海工装备智能化制造示范样板。招商局重工引进智能薄板生产线，以流水线的模式进行大型平面分段建造，引进一系列智能化、自动化配套部件制作线为流水线服务，提升了数字化水平。

（三）积极提升绿色制造水平

集群积极推动国家绿色工厂示范企业建设，构建高效、清洁、低碳、循环的绿色制造体系。积极引导企业向高效、低碳、循环方向发展，鼓励升级改造高耗能、高污染设备，加快应用新型节能环保设备和工艺，针对喷涂等生产过程进行清洁化改造，通过发展绿色工艺、技术、装备，推广使用超高压水、激光、超声波等绿色表面除漆、除锈、除污技术。中远海运重工建设的两艘700TEU电动集装箱船，其装箱数、最大载货量及电池容量在同类型产品中位居世界第一。招商局鼎衡累计建造交付了20多条双燃料动力船，自主设计建造交付各类储罐产品20多个，首个自主研发的船用燃料供气系统FGSS项目已正式开工。南通中远船务成立江苏省船舶与海洋装备绿色修造工程研究中心，牵头实施工业和信息化部“绿色修船表面处理关键装备”科研项目，标志着国内首个喷砂工艺改成超高压水工艺的实际成功应用。启东中远海工成为船舶海工行业第一家入围工业和信息化部国家绿色制造体系绿色工厂示范企业。中天科技、通光信息等配套企业建成国家级绿色工厂。

（四）不断完善产业链、供应链

集群持续优化产业配套半径，鼓励中小微企业围绕大企业的生产需求，提升协作配套水平，推动“制造+服务”深度融合发展，大力发展供应链服务企业，为制造企业提供采购、物流、分销等专业化、一体化生产性服务。集群产业链、供应链完备，集群内部配套率高：总装制造领域，集群汇聚 38 家大中型船舶海工总装企业，具备中国 40%的船舶产能和 30%的海工装备产能；配套设备领域，集群企业涵盖动力配套、甲板机械、舱室机械、舾装、通信导航和自动化等细分领域；研发设计方面，集群拥有江苏省船舶与海洋工程装备技术创新中心、江苏科技大学海洋装备研究院、诺德瑞海工等研发设计机构和企业，研发创新实力强劲；内部配套方面，三种主流船型集群内部配套率达 65%左右，海洋工程装备、特种船舶内部配套率总体在 25%左右，企业 41.3%的受票方（接受发票的单位）来自集群内部。

（五）集群上下游产学研用合作深入

在政府引导下，由龙头企业主导，上下游企业、高校、科研院所共同参与，建立了较为完善的产学研用交流合作机制。截至 2021 年，集群累计开展的产学研用合作项目培养了高级工程师 300 余人、工程师近 3000 人、专业技能人才超过 10 000 人。集群龙头企业牵头 80 多家单位，累计承担工业和信息化部、科技部、海洋局等重大科研专项 20 余个。

三、集群发展存在的核心问题

（一）国际影响力有待进一步提升

集群要想在全球产业格局中占据主动权，就要在全球占有较大的市场份额或处于主导地位，具有显著的行业影响力和市场控制力。集群在海工装备和船舶制造，以及船舶配套设备制造方面虽已具备较强的国际竞争力，但除亚星锚链等少数产品外，并未在多领域形成具有较强国际、国内影响力的品牌，国际影响力、掌控力不够，仍有部分轨道交通核心技术空白领域。集群企业在规模基础、创新能力、人才保障、管理规范上仍存在上升空间，制造企业普遍不具备基本设计能力，船舶配套企业多为许可证生产或中外合作生产，自主研发能力弱，企业创新能力不平衡，创新生态尚需进一步优化。

（二）集群整合治理尚需加强

集群促进组织对集群企业及企业所在园区的影响力不足，对要素和产业资源缺乏调动能力，组织机制临时搭建特征较多，整合程度低，以自发治理

为主、公共治理为辅的集群治理能力尚未形成。促进组织实体项目少、办文收集整理多，成为空壳机构。集群涉及多个空间上独立分布的产业园区，园区定位存在交叉，部分重点企业远离装备制造业集聚区，制约了生产能力的发挥和与其他企业的合作，不利于资源优化配置和充分利用。

（三）智能制造水平有待进一步提升

随着新一轮技术革命和产业变革的发展，对世界级先进制造业集群的智能化水平要求持续提升，智能船舶、无人船舶、离散型智能工厂等领域的竞争日益激烈。集群企业的制造模式较为传统，平直分段流水生产线少，很多企业的装配与焊接主要依靠人工，智能化水平与国际先进水平存在较大差距，集群科研体系对制造体系智能化支撑不足。

四、集群培育提升的对策建议

围绕智能化这一船舶海工产业发展的重要抓手，集群要突破一批关键核心技术，持续提高生产质量，打造具有国际影响力的区域品牌，加快打造世界领先的海工装备和高技术船舶先进制造业高地。为此，我们提出以下建议。

（一）不断提升集群智能化生产水平

降低船舶安全风险，减小船员劳动强度，加快船舶航行、靠离泊、货物装卸、机舱设备监控、快速充换电等智能系统设备的研发，推动其在航行复杂水域船舶上的应用。加快新型数字化智能船用设备的研发，开展基于5G的“岸基驾控、船端值守”船舶航行新模式研究，重点突破船岸协同下的远程驾驶技术和避碰技术，提升船岸通信能力和安全水平。加快研制一批适合企业生产节拍与流程的关键环节智能生产装备，实现船舶详细设计和生产设计业务与系统的集成协同。以船舶分段制造为重点，加快智能制造单元、智能生产线、智能化车间建设。强化底层设备数字化、网络化改造，全面推进船舶中间产品流水线的数字化、智能化升级改造，逐步实现零件、小组立、中组立、平面分段、管子等各类中间产品数字化、智能化流水式批量生产。

（二）不断夯实产业基础

发挥龙头企业的带动作用，推动技术关联度大的重点企业在技术示范、信息扩散和销售网络中发挥更大的导向作用，与新材料集群深度合作，加快低导热增强型聚氨酯泡沫、中高密度增强型聚氨酯泡沫、高端邮轮玻璃、船舶特种高分子材料、船用特种钢、高端电缆、超厚板材料和低温材料、高端船用（海

工用）钢板等先进材料的研发，重点突破大功率海上风电机组、低风速风电机组、中低速发动机等船舶核心部件的技术，围绕集群装备和装备配套需求，着力引进船舶工业软件等厂商，提高产业链韧性。

（三）持续提升品牌影响力

充分发挥体制、机制优势和区域优势，积极培育区域品牌、企业品牌、产品品牌、产业链品牌，筑牢船舶海工领域世界级先进制造业集群的区域品牌优势，全力打造船舶制造“通泰扬”品牌。支持开展集群品牌宣传推广，对企业自主船舶品牌给予冠名认可和授牌，引导企业宣传集群品牌，提升集群品牌和企业品牌的影响力。支持建设展览展示平台、电子商务平台等公共营销渠道，推动线上电子商务与线下专业市场融合发展。

（四）优化集群治理机制

加快设立跨行政区域的集群促进组织实体，以集群视角厘清三地政府与企业的关系，加强集群企业及机构与政府之间的联结，弥补政府机构提供的公共产品的不足，促进集群内知识、信息和经验的沟通与交流，降低集群企业与潜在合作者的交易成本，协助政府实施集群管理。

撰稿人：赛迪智库规划所　陈笑天

第二十四章

广州、深圳、佛山、东莞智能装备集群

广州、深圳、佛山、东莞智能装备集群（以下简称广深佛莞智能装备集群）是全国规模最大、品类最多、产业链最完整的智能装备集聚区域，涵盖智能机器人、精密仪器设备、激光与增材制造等领域，支撑着广东省 16 万亿元工业生产体系。2022 年，集群主导产业总产值约 9868.93 亿元。

一、集群形成的动因和机制

（一）萌芽期：四市产业基础雄厚，广泛集聚粤港澳大湾区的优势资源，广深佛莞智能装备集群初见雏形

改革开放初期，食品饮料产业带动了食品包装等轻工机械装备产业的发展。20 世纪 90 年代，电风扇等小家电的崛起又带来了塑料机械装备产业的繁荣。广深佛莞四市依托产业中下游的加工装配环节，逐渐形成了规模庞大、门类多元的装备制造业体系。近年来，重点行业企业降本增效、“机器换人”等转型升级诉求持续提升，为装备制造企业提供了广阔的市场应用空间，广深佛莞地区涌现出一批木工装备、陶瓷机械、电子产品精密加工等领域的装备制造企业。在市场化驱动下，四市如同四个各有特色的“星群”，在产业布局上各有侧重。广州引领集群发展，围绕智能成套装备和关键零部件重点发力；深圳在无人机和激光加工装备领域达到了国内外领先水平；佛山在轻工智能装备和金属加工装备方面有着传统优势，并围绕工业机器人与智能化技术应用加速转型；东莞长于电子制造装备和工业机器人，重点打造从核心零部件到系统集成商的机器人产业链条。四市深厚的产业基础和发展优势为集群发展打下了坚实基础。

（二）转型期：加快培育市场，推动产需互促，增强产业链中小企业的整体活力，使智能制造集群体系日益完善

2000 年后，随着四地联动的推进，优势资源和生产要素加快整合，促进跨区域的智能装备产业协同合作向纵深发展，四地在共享生产要素、推进先进产能跨区域扩张上持续发力，打造市场、资本、技术、人才等产业链全要素深度融合和持续优化的生态环境。集群企业逐渐意识到“不单打独斗，要打造开放式创新平台，汇聚产业链上下游合作伙伴”。深圳大族激光等企业利用产业技术优势，切入上下游的新能源锂电、光伏、显示与半导体等赛道，衔接全球产业链、创新链，在先进装备制造领域多点开花，旗下一家具有竞争力的子公司成长为专精特新“小巨人”企业。集群逐渐形成了成套装备的研发、生产、销售和服务全产业链，集聚产业链的上中下游企业资源，为企业提供了技术研讨、业务交流与合作的平台。

（三）发展期：集群“规模集聚、质量领先”，发展成为全国规模最大、品类最多、产业链最完整的智能装备产业集聚区域

自 2019 年后，广深佛莞智能装备集群已经基本形成了从上游关键零部件、中游整机及成套装备，到下游应用集成的完整智能装备产业链，集聚了广州数控设备、广州昊志机电、广州井源机电、广州达意隆包装机械等一批龙头企业、专精特新“小巨人”企业、单项冠军企业，涵盖机器人本体、数控系统、智能传感器、液压元件、电主轴、减速机，以及汽车焊接、装配、轻工等领域，是国内智能装备产业链非常完备的地区之一。广深佛莞智能装备集群大力推动基础设施互联互通、信息资源共享和应用，整合了重点研究机构、实验室和科技服务机构的服务资源，满足了企业研发生产过程中的科技信息资源需求，以“产业数字化、技术自主化、立足大湾区、面向全世界”为主线，进一步加强企业创新能力提升和产业链优化完善，在支撑广东省及粤港澳大湾区相关产业高质量发展的同时，不断加强自主品牌建设与全球市场开拓，以加快建成具备国际影响力的世界级先进制造业集群。

二、集群发展壮大的主要模式

四市与重要节点城市密切合作，高标准开展广深佛莞智能装备集群建设培育，全面推动广深佛莞智能装备集群高质量发展。

（一）加强政策引领，大力推动广深佛莞智能装备集群发展

中共中央、国务院印发的《粤港澳大湾区发展规划纲要》指出，广州、深圳都是粤港澳大湾区的中心城市，是粤港澳大湾区联系内地、辐射全国的最佳桥梁和纽带，广州、深圳的区位优势和经济体量优势可为粤港澳大湾区融入内地提供更大程度的战略纵深。佛山、东莞作为粤港澳大湾区的重要节点城市，要强化与中心城市的互动合作，共同提升城市群的发展质量。《粤港澳大湾区发展规划纲要》要求围绕加快建设制造强国，完善珠三角制造业创新发展生态体系，推动互联网、大数据、人工智能和实体经济深度融合，大力推进制造业转型升级和优化发展，加强产业分工协作，促进产业链上下游深度合作，建设具有国际竞争力的先进制造业基地。目前，广深佛莞智能装备产业已经实现了很好的集聚发展优势，为了更好地实现产业由集聚发展向集群发展的全面提升，四市合作联动，广泛集聚粤港澳大湾区的优势资源，大力推动广深佛莞智能装备集群发展。

（二）增强产品竞争力，不断优化集群企业结构

集群产业链各环节的实力出众，特色鲜明，相关企业在产业优势领域精耕细作、做专做精，激光加工设备、智能金融设备、植保无人机、陶瓷压机等龙头企业的一批产品在国内外市场具有较高占有率，这些龙头企业向中小企业共享数据资源，促进中小企业通过技术创新、数字化升级实现自我发展，中小企业整体活力的提升也促进了龙头企业的进一步壮大，形成大企业带动中小企业发展、中小企业为大企业注入活力的融通发展新格局。集群在激光加工设备、智能金融设备、无人机、建材机械等方面处于全球领先水平，如大族激光的工业激光加工设备全球排名前三，广电运通的智能金融设备全球排名第三，大疆的无人机占全球市场份额的 70%，科达制造的陶瓷压机占全球市场份额的 40%，集群集聚了一大批掌握自主核心技术、专注于细分领域的智能装备行业单项冠军和“小巨人”企业。集群中，广州是全国首个检验检测高技术服务业集聚区，拥有众多高校，以及提供研发、检验检测、知识产权等专业服务的公共支撑平台。

（三）建立良好管理机制，制定各项举措大力推动集群有序运行

集群促进组织（粤机质协）建设条件良好，运营管理规范，形成了促进集群发展的良好管理机制。粤机质协专注于机械装备制造领域，熟悉和掌握全省装备制造产业的发展情况，集聚了丰富的装备制造企业、科研院所、高校等相关行业资源、专家资源，对装备制造产业政策有充分的了解和丰富的

实施经验，具备统筹协调集群资源和促进集群成员合作交流的基本条件和能力，能够高效建立起企业、政府、高校、科研院所之间的沟通桥梁，推动集群高质量发展。

三、集群发展存在的核心问题

（一）缺乏龙头企业引领

集群智能装备产业企业的规模普遍偏小，尚未出现龙头企业能够引领产业发展。以东莞智能制造装备为例，调研数据显示，当前东莞智能制造企业中产值在 5 亿元以上的企业数量占全部企业数量的比例不到 1%，70%左右的企业产值在 5000 万元以下。

（二）产业对外依存度高

集群智能装备整机和成套设备配套的关键零部件、元器件都严重依赖进口。在工业机器人领域，集群主要以系统集成为主且对国外装备依赖程度高，大部分企业应用的机器人本体仍大多从德国、瑞士、日本等地区的库卡、ABB、川崎等国际知名品牌进口，外围设备（如高端焊机、水刀等）基本以进口产品为主。在数控机床领域，高性能关键部件，如数控系统多从德国、日本进口或从市外企业购买，缺乏本地数控系统生产企业。

（三）产业配套能力差

广深佛莞智能装备产业尚未建立自主配套体系，产业链上游的关键部件研发生产型企业仍然缺失。处于中游的整机装备制造企业的整体实力仍不强，产品应用行业分散，没有在本地形成规模效应，无法带动形成完善的配套体系。处于下游的本地系统集成商数量较少，已有集成商对行业应用工艺掌握得还不充分，为各种特殊的制造工艺提供经济可靠的配套应用方案能力不够强，未能形成专业配套能力。

（四）自主创新能力需加强

集群智能制造企业的研发投入不够，多数企业研发投入占销售收入的比重不到 1%；研发技术创新人才短缺，研究生学历以上的员工和高级职称的员工占员工总数的比例较低；产学研合作机制尚未形成，仅有 20%的企业与高等院校或科研院所建立了产学研合作关系。

四、集群培育提升的对策建议

为将广深佛莞智能装备集群培育为国内领先、国际一流的产业集聚发展新高地，我们提出以下建议。

（一）完善创新体系、产业技术路线建设，不断完善集群智能装备产业链

完善以企业为主体、以市场为导向、产学研用相结合的智能装备产业创新体系，加强智能装备产业链上下游的配套协作，促进产业链延伸与跨界融合。鼓励企业设立研发中心、技术中心、工程实验室等创新平台，推进企业申报国家重点实验室和工程技术研究中心等研发中心。积极推动成立粤港澳大湾区智能制造产业联盟，通过行业组织适时发布行业相关领域的各专项指标排名，为企业发展提供指导和咨询。推进区域公共技术服务平台和公共服务体系的建设，为企业提供技术研发、检验检测、技术评价、质量认证、人才培训等服务。此外，在现有产业链的基础上，开展高端检验检测仪表仪器、自主品牌机器人等企业引进工作，不断完善集群智能装备产业链。

（二）大力推进企业持续开展技术研发，不断提升集群企业的技术创新能力

不断提升企业的创新设计能力，开展创新设计示范，普及数字化、智能化、协同化的先进设计技术与工具，提高工业设计信息化水平，倡导绿色生态设计。培育专业化工业设计企业，鼓励企业建立设计中心。鼓励各类企业通过股权、期权、分红等激励方式加快科技成果转化。建立健全高等院校、科研院所的科技成果转化统计和报告制度。按照政府支持引导、专业机构运作、一站式服务、网络化链接的模式，建设全链条、综合性、规模化的科技创新创业服务体系。有针对性地进行精准化招商，力争引进一批国内外智能制造龙头企业，培育建设以智能装备、工业机器人为主导产业的智能制造示范基地。

（三）实施技术创新与产业提升工程，强化技术标准和知识产权运用

强化企业精准服务，突破一批关键核心技术，培育一批国家高新技术企业。聚焦重点、精准发力，将智能装备列入集群各市重点研发计划，坚持需求导向、问题导向、产品导向和应用导向，聚焦智能装备产业领域的核心技术、关键零部件和重大装备，凝练和形成一批重点研发项目，集中优势资源精准发力并实现突破。强化技术标准和知识产权运用，积极参与国际竞争。深入推进技术标

准化战略，引导企业建立健全标准化体系，鼓励企业广泛采取标准化生产。发挥核心制造业企业、科研院所及行业组织在标准制定中的作用，推动它们积极参与国家标准和行业标准的制定与修订。建立专利资助政策，建立信息公共服务平台，提供专利评估、交易、质押等服务，建立与国际接轨的知识产权保护体系，强化涉外知识产权保护工作。

（四）实施集群促进组织服务能力提升培育工程，研究制定高效的集群促进模式

大力培育提升集群促进组织的全方面服务能力，充分培育和发挥集群促进组织在推动智能装备集群发展方面的作用，了解和收集集群发展动态和行业共性问题，为政府部门提出重点项目实施、工作推进等具体建议。加强行业、企业间的交流合作、互动沟通，通过联合参展、召开展会、对外考察、举办技术培训与交流活动等形式，强化企业的质量意识，提高企业的管理创新能力，助力企业开拓国际市场。研究制定高效的集群促进模式，深入开展产业调研，掌握产业发展现状，编制各类智能装备产业发展研究报告，不定期向政府有关部门提出重点项目实施、工作推进等相关合理化建议。加强协会建设，提高协会的服务能力，依托协会的专家资源提升服务层次和质量，在信息发布、项目挖掘、项目策划、项目论证、项目成果评价等方面发挥好协会的支撑作用。

（五）优化科技金融发展环境，实现集群资源共享、优势互补

加快建设具有国际影响力的智能装备风投创投中心，整合组建集群各市智能装备产业发展引导基金，发挥财政的杠杆效应，拓展融资渠道，服务实体经济，聚焦智能装备等战略性新兴产业，培育壮大经济发展新动能。大力发展科技信贷，支撑集群企业发展，推动银行推出“科技立项贷”“助保贷”“科技孵化贷”“科技三板贷”等多类针对科技型企业的金融产品，引导银行与投资机构积极探索专利许可收益权质押融资等新模式，积极协助符合条件的创新创业者办理知识产权质押贷款。积极发展和利用多层次资本市场，促进集群企业做大做强，推动建立支持智能装备产业相关科技企业重组并购机制，通过制定重组并购的政策，为智能装备产业相关科技创新领军企业重组提供并购战略规划培育与辅导，协调金融机构（包括商业银行、并购基金管理有限公司）加大对并购交易的资金支持力度，鼓励企业通过重组并购做大做强，促进智能装备相关产业的高质量发展。

撰稿人：赛迪智库规划所　姚荣

第二十五章

沈阳机器人及智能制造集群

沈阳是我国机器人产业的发源地，经过 40 多年的飞速发展，拥有全球最全的机器人产品线。同时，沈阳机器人及智能制造集群也在金属切削、IC 装备等智能制造领域达到了国内领先、国际一流水平，涌现出新松机器人、沈阳机床、芯源微电子、中航沈飞等具有国际影响力的机器人及智能制造企业，已形成覆盖机器人、数控机床、集成电路装备等重点领域的机器人及智能制造产业链。2022 年，集群主导产业总产值达 1256 亿元。截至 2023 年上半年，集聚各类企事业单位 1980 家。

一、集群形成的动因和机制

（一）萌芽期：沈自所开创我国工业机器人发展的新纪元，开辟集群诞生土壤

在沈阳机器人及智能制造集群乃至我国机器人产业的发展中，中国科学院沈阳自动化研究所（以下简称沈自所）和蒋新松前辈做出了巨大贡献。1972 年，时任中国科学院沈自所所长的蒋新松起草了一份“关于人工智能及机器人”的报告呈给中国科学院，当时我国南海海底发现了巨量油气资源，而邻国日本的水下机器人已经可以成功下潜到千米以下，我国深海话语权面临挑战。在此背景下，机器人被列入《1978—1985 年全国科学技术发展规划纲要》，沈自所负责机器人学和系统控制理论机器应用的研究，1982 年，沈自所成功研制了示教再现工业机器人，开创了我国工业机器人发展的新纪元。1987 年，中国科学院、国家科委在沈自所设立“863”计划智能机器人办公室，在之后的五年中沈自所先后研制出自动导引车、工业机器人控制器等各种型号的机器人产品及周边装置，占据国内机器人市场份额的 1/3，为日后发展机器人及智能制造集群奠定了坚实基础。

（二）成长期：沈自所大量创办企业，开启机器人及智能制造集群式发展

1994—1995 年，沈自所先后投入 1500 万元买进 19 台日本机器人本体，并建成工业机器人总装总调车间，形成了完整的机器人自动焊接生产线，于是开始酝酿将工业机器人及相关部分独立出来创办企业。2000 年，以蒋新松名字命名的新松机器人正式注册成立，沈自所的创办企业之路正式开启，在接下来的三年中接连创办新松医疗科技、芯源微电子、中科博微科技等机器人及智能制造企业。集群企业依靠沈自所在国内顶级的机器人产业研发资源不断发展，逐渐成长为国内相关领域的龙头企业，沈自所的优质衍生企业形成了较为完善的产业生态。如今，集群内新松机器人生产的机器人及周边产品已远销 20 多个国家和地区，在移动机器人、工业机器人等细分领域达到国际领先水平，机器人综合市场占有率位居国内第一。

（三）成熟期：以机器人产业为核心辐射智能制造，互促互进

2016 年，沈阳被评为国家全面创新改革试验区。伴随我国“双碳”目标的推行，沈阳机器人及智能制造集群先后启动了国家机器人检测检验中心、机器人与智能制造创新研究院等新型产业服务平台的建设，将机器人产业上的智能制造技术积累融合到新一代信息技术、量子信息、生命科学、新材料等智能制造新领域，这些新兴科学技术也可以帮助机器人产业攻克智能驱动、智能感知等技术难题，进一步激发机器人应用的新场景和新模式，从而实现群体性突破。例如，沈阳创新设计中心帮助新松机器人完成 43 项机器人工业设计服务，帮助芯源微电子设计涂胶显影剂等高端半导体装备；沈自所机器人检测中心为业内 53 家企业提供机器人检验检测服务，在紫光中德的帮助下建立电气设备协同制造云平台，发展网络化协同、个性化定制和服务化转型等智能制造新模式。

二、集群发展壮大的主要模式

（一）龙头企业引领集群发展

一是集群产业基础深厚，龙头企业优势明显。沈阳机器人及智能制造集群产业基础雄厚，工业门类齐全，国民经济行业的 41 个大类中，沈阳拥有 37 个，装备制造业产值占全市规模以上工业总产值的 68.7%。近年来，特高压变压器、跨音速风洞主压缩机等一大批大国重器在沈阳问世，沈阳还为“嫦娥”“天宫”、载人深潜等国家工程做出重要贡献。集群内以新松机器人为代表的沈自所系龙头企业具有数量多、主导产品种类多等特点。集群拥有新松机器人、沈阳机床、芯源微电子、沈阳科仪等通过科研院所改制的企业，也有拓荆科技、富创精密

这样的民营企业，在机器人、半导体设备、机床等领域均处于国内领先地位。二是龙头企业引领集群发展壮大。在机器人产业方面，新松机器人作为国内第一的机器人企业，吸引了现代辅机、四达高技术、光洋科技、沈阳通用机器人等一批配套企业在集群集聚。同时，沈自所、新松机器人联合政府不断扶持配套企业，如从事数控、伺服驱动等研发生产的中科数控，从事铝合金零部件制造与系统解决方案的富创精密，从事半导体设备研发生产的芯源微电子，推动机器人产业加速发展，进而形成具有国际竞争力的机器人产业基地。

（二）依托国家级平台，构建全链条技术创新体系

沈阳机器人及智能制造集群拥有国家机器人创新中心、机器人学国家重点实验室、机器人技术国家工程研究中心、国家机器人检测与评定中心、国家机器人质量监督检验中心等国家及省部级重点实验室和工程中心。其中，沈自所牵头组建的国家机器人创新中心是国家机器人四大创新中心之一，其承担的脊柱手术机器人项目、工业机器人中间件应用平台项目等已实现突破。国家机器人检测与评定中心搭建了沈自所研发的 SIA 海云工业互联网平台，可对八大类 25 630 种工业设备实施远程运维、故障检测及寿命预测等，截至 2021 年年底，已为集群内 53 家企业提供了机器人检验检测服务，完成工业机器人产品检验 30 批次、物流机器人产品检验 15 台。依托国家级平台，集群从基础研究、技术验证、示范应用、技术扩散方面，构建了全链条技术创新体系，行业技术支撑、市场规范指导作用凸显，有效支撑了集群内机器人及智能制造企业的发展壮大。

（三）通过对外合作交流，提升集群质量和水平

欧洲国家的机器人及智能制造产业在核心技术、产品种类等方面处于领先地位，集群企业通过与外资企业合资，建立合作关系，开展学术交流论坛等方式学习先进经验，综合提升软/硬实力。例如，沈自所与英国伦敦大学国王学院共建了先进机器人学与机构学国际联合研究中心，与德国弗劳恩霍夫 HHI 研究所共建了工业物联网技术国际联合研究中心，先后组织召开了首届 IFR 先进机器人学与机构学国际学术论坛、空间机器人在线论坛、第三届海内外优秀青年学者论坛，与韩国机构开展机器人领域的合作，参加了中俄水下机器人联合试验，连续三年成功举办了工业互联网全球峰会。2021 年，集群主导产业利用外资总额为 1.2 亿美元，主导产业出口总额为 15.59 亿元人民币，主导产业进口总额为 6.96 亿元人民币。

三、集群发展存在的核心问题

（一）产业链相对封闭，急需打造大中小企业融通发展的生态环境

沈阳机器人及智能制造产业链尚不完整，生产中所需大部分零部件要外购。机床、机器人等智能制造基础装备对汽车发动机及军工企业的成组成线供给能力明显不足，协同机制、聚集效应仍需进一步构建和完善。相比日本以发那科和安川为核心组成的包含完整上下游产业链的中小企业集群，沈阳机器人及智能制造集群主导产业，包括智能制造产业等多数是“一企独大”，企业大多“大而全”“小而全”，没有形成开放性、竞争性的配套体系，企业生产成本一直居高不下，产业链薄弱环节亟待补充完善。新松机器人是唯一的龙头企业，本地配套率仅为5%左右，外地配套采购主要集中于北京、上海、杭州、广州等华北、长三角、珠三角地区，部分配套产品为进口，沈阳本地企业主要提供机加件。其他机器人企业虽然都拥有较强的技术实力，但企业规模相对较小，市场竞争力有限，对沈阳机器人及智能制造集群整体的拉动能力不强。

（二）工艺经验积累不足，行业适配度亟待提升

从行业应用来看，沈阳工业机器人企业集成技术尚存瓶颈，应用场景开拓能力偏弱。安全应用是工业机器人进行市场推广的前提，受制造业不同行业间、不同环节间生产技术、生产工艺差异化的影响，很难开发出通用型工业机器人，因此开发新型工业机器人需要企业基于对目标行业生产技术、生产工艺等的深刻理解，开发专业的机器人工艺模块。同时，相比德国的工业标准化、智能制造基础建设、工业系统化管理和智能制造流程再造，沈阳机器人及智能制造集群的多数制造企业缺乏工艺标准，无法为工业机器人研发提供有效的数据参考，新型工业机器人的行业适配度有待检验。

（三）缺少核心技术及人才

机器人产业是典型的技术密集型和人才密集型产业，随着技术的高速发展，机器人正在同物联网、云计算、大数据等新技术融合，下一代工业机器人将成为具有视觉伺服等智能功能的双臂型作业机器人或全方位移动操作机械臂服务机器人，将具有环境识别、感知认知、人机交互等智能功能，同时还有大数据系统的支持。沈阳在高端数控系统及新一代机器人高精减速领域还是空白，核心技术和人才储备不足。

四、集群培育提升的对策建议

（一）搭建一批高能级协同创新平台

优化机器人技术国家工程研究中心、高档数控国家工程研究中心、传感器国家工程研究中心等现有国家级企业技术中心、制造业创新中心、工程（技术）研究中心、重点实验室和新型研发机构，积极争取国家级创新平台和大科学装置在沈阳落地，大幅提升研发水平。培育一批核心技术能力突出、集成创新能力强、引领作用显著的创新型企业，围绕沈阳装备制造、IC 装备、机床、机器人等进行产业升级，支持重点企业搭建高能级协同创新平台，提升平台的资源整合能力、技术研发能力、成果转化能力、人才凝聚能力等，采取点面结合、择优支持的原则，开展源头性技术创新、成果转化应用和产品开发，形成完善的研发组织体系，提高技术创新能力。

（二）突破一批关键共性技术

按照问题导向、需求导向的原则，在前沿课题、基础研究等方面建立“卡脖子”技术攻关机制，实施重大关键共性技术突破工程。面向沈阳市“5+3+7+5”产业链体系实施关键核心技术攻关“揭榜挂帅”，聚焦行业领军企业和高新技术百强企业，挖掘企业技术需求，建立“市场导向、企业主体、政府引导、多方协同”的科技项目形成机制，实行企业出榜、任务定榜、“揭榜挂帅”的组织实施方式，提升产业关键核心技术攻关能力。在高校院所中探索企业“研发代工”试点，支持一批高校、科研院所与企业产学研合作“直通车”项目。面向打造国之重器、国之利器的需求，鼓励和引导沈阳高校、科研院所和重点企业承担国家科技重大专项、国家重点研发计划等重大项目。依托产业平台突破集群关键共性技术，面向集群各产业关键共性技术创新发展需求，重点在装备制造、IC 装备、机器人、民用航空等领域建设和引进一批龙头企业、优势企业、产业联盟和共性技术研发机构。以市场为导向，以沈阳产业技术研究院为平台载体，重点开展产业基础研究、共性技术研究、应用技术研究、国际合作研究和科技成果转化等，重点突破一批集群关键共性技术，引领集群企业向前迈进。

（三）加速制定一批重要行业标准

鼓励企业、科研院所及高校结合自身优势，积极参与先进制造、智能制造标准体系的制定、实验验证及行业推广应用，重点推进基础零部件、高端制造装备、智能制造系统集成等关键技术标准，以及 IC 装备、机床、机器人、

航空、医疗装备、通用机械、先进轨道交通等本地优势领域行业标准的制定与实施。培育标准化服务市场，组建围绕标准制定、实施全过程的检索分析、验证评估、试点示范等服务共享平台，建立标准化信息共享机制，形成面向全市企业的标准化信息共享平台。面向重点产业、重点区域，开展标准化服务进企业、进园区活动，培育标准化服务业产业集聚区。建立健全标准化资助激励政策，深化标准引领，引导企业积极参与制定和实施适合集群发展要求的先进标准，不断健全质量认证、产品鉴定、检验检测等认证认可体系。鼓励企业采用国际标准或国外先进标准组织生产，参与国际、国家和行业标准的制定与修订。组织开展国家高端装备制造业标准试点和标准提升活动，培养企业的标准化良好行为。

撰稿人：赛迪智库规划所　吴泽

新能源汽车篇

第二十六章

上海新能源汽车集群

当前，全球新能源汽车产业发展驶入快车道，新产品、新技术加快研发运用，技术创新带动产业持续升级。作为引领全球汽车产业转型升级的重要力量，中国积极参与新能源汽车领域的国际合作，大力推动新能源汽车行业的发展。上海是全国新能源汽车产业发展的龙头，8 家整车企业、600 余家国内外主要零部件企业在上海布局，丰田、宝马、福特、沃尔沃等跨国车企均在上海设立了亚太总部或研发中心，蔚来、集度、合众等造车新势力在上海设立了功能机构。未来，上海新能源汽车集群将瞄准电动化、智联化、共享化、国际化、品牌化，打造高端制造中心、知名总部中心、前沿创新中心、交流展示中心，推动新能源汽车产业实现转型升级和高质量发展。

一、集群形成的动因和机制

（一）萌芽期：先头企业的发展成为集群形成的原爆点

20 世纪 70 年代，中国汽车产业仍处于规模小、机械化程度低的落后状态。1983 年 4 月，第一台上汽大众生产的桑塔纳在安亭工厂组装成功，成为上汽大众的首款车型。此后，桑塔纳开始批量生产，国产化率也从 1987 年的 2.7%提升至 1991 年的 70%。1984 年 10 月，中德双方在北京人民大会堂签订合营合同，上海大众（现上汽大众）正式成立。此后，其将先进的制造技术与完善的质量管理体系引入国内，中国汽车产业利用外资、引进技术、加速发展的全新格局由此展开。

（二）成长期：区域能级提升和全产业链布局加速集群发展

2001 年，随着中国加入 WTO，国外众多知名汽车制造商开始进入中国。同年，上海国际汽车城启动建设。到 2004 年，集制造、研发、贸易、博览、运

动、旅游等多功能于一体的上海国际汽车城初具雏形。2009 年 6 月，上海市、嘉定区两级政府对上海国际汽车城的管理体制和开发机制进行了重大调整和完善，成立了嘉定区上海国际汽车城管委会及其办公室，变更上海嘉安投资发展有限责任公司为上海国际汽车城（集团）有限公司，统筹负责汽车城的新一轮建设和发展。此后，上海国际汽车城持续推动汽车产业转型升级，加快汽车制造业新旧动能转换，逐渐发展成国内产业链最全、研发水平最高、产城融合度最优、综合发展实力最强的汽车产业创新高地。

（三）转型期：产业变革驱动集群转型升级

党的十八大以来，嘉定区按照“国际汽车城要建设成为全国汽车产业的制高点，在国际上有一席之地”的重要要求，以及“发展新能源汽车是我国从汽车大国迈向汽车强国的必由之路”的重要指示，紧紧抓住汽车产业低碳化、智能化、网联化、共享化的变革窗口期，把新能源汽车和智能网联汽车作为重点发展领域。2015 年，嘉定区投资 15 亿元建设的汽车·创新港投入使用，目前聚集了蔚来、宾尼法利纳等近 100 家整车、零部件、纯电动车、智能网联关键技术研发企业，重点聚焦新能源汽车和智能网联汽车领域的自主创新和原始创新。2017 年，上海市智能网联汽车制造创新中心在嘉定区揭牌成立。2022 年，上海成功举办国家燃料电池汽车示范应用上海第一批车辆集中发车仪式。同年，集群主导产业总产值达 1646.9 亿元，增速达 14.7%。

二、集群发展壮大的主要模式

（一）区域能级提升，产业升级引领作用充分发挥

上海注重培育良好的产业体系、产业环境，不断发挥嘉定区在产业基础、功能配套、科技支撑、人才保障上的优势，将汽车产业与区域发展深度融合，推动汽车产业加快转型升级。2009 年，聚焦电池、电机、电控“三电”系统，嘉定区率先启动上海新能源汽车及关键零部件产业基地建设（现为汽车新能港）；2011 年 4 月，中国（上海）电动汽车国际示范城市正式揭牌，嘉定区成为电动汽车国际示范区；2015 年 6 月，上海国际汽车城获工业和信息化部批准建设国内首个国家智能网联汽车（上海）试点示范区；2016 年 6 月，国家智能网联汽车（上海）试点示范区封闭测试区正式开园。2018 年以来，全球汽车产业增速整体放缓，嘉定区汽车产业的下行压力同样巨大，但新能源汽车产业整体呈现快速发展态势。2016—2020 年，新能源汽车产值分别为 42.8 亿元、71.2 亿元、104.2 亿元、119.9 亿元、135.3 亿元，年均增速为 33%。2021 年以来，

嘉定区连续推出若干措施，构建形成“1+4+*N*”产业政策体系，在“新四化”赛道上力争保持领先身位。仅 2022 年上半年，嘉定区战略性新兴产业中新能源汽车产出 148.6 亿元，同比增长 65.3%。

（二）企业布局合理，主导产品市场竞争力不断增强

嘉定区已经形成了全国单体城市当中汽车产业规模最大、研发水平最高、产业链最完整的区域。截至 2023 年上半年，集群集聚汽车相关企业 5031 家，其中汽车“新四化”规上企业 192 家，国家制造业单项冠军企业 2 家（上海重塑能源、上海新时代电气），专精特新“小巨人”企业 24 家，国家高新技术企业 211 家，本地注册上市企业 7 家。智能网联汽车产业方面，嘉定区的智能网联汽车重点企业已超过 100 家，既引进了地平线、禾赛光电、初斟毫米波等顶尖硬件设计制造企业，又引进了零束软件、中科创达、东软睿驰等头部软件企业，还有百度智行、AutoX 安徒、小马智行等自动驾驶解决方案及示范运营企业。氢能及燃料电池汽车产业方面，捷氢科技、重塑科技等国内燃料电池汽车行业龙头企业带头推动了上海燃料电池汽车的示范应用。集群拥有 1 家国家新型工业化产业示范基地——上海嘉定区汽车产业园区，2018—2021 年连续四年获评五星级示范基地。集群还拥有国家级智能制造示范工厂 1 家（上海新时达），国家级智能制造标杆企业（第六批）1 家（安波福）。

（三）产业链条高端，产业网络化协作水平持续提升

嘉定区产业培育的重点在新能源汽车及智能网联汽车等方面，已建设汽车新能港、氢能港两个市级特色园区。嘉定区已初步形成涵盖氢能、燃料电池、燃料电池动力系统平台、燃料电池汽车及基础设施等较为完整的产业链。当前，嘉定区“三港两园多区”优质载体初见成效。嘉定区汽车新能港致力于打造以新能源汽车及汽车智能化产业为特色的综合性创新产业基地。嘉定区氢能港重点聚焦氢能源和智能网联汽车等重点领域，打造氢能产业创新生态圈。汽车·创新港是国内首个专注于汽车产业创新的园区，以新能源汽车和智能网联汽车相关产业为主导产业。上海智能汽车软件园是嘉定区对标国家级软件基地的标准打造的专门针对汽车软件的特色产业园区。上海汽车芯片产业园的目标是建设具有国际竞争力的芯片技术和应用创新中心，建成国际一流的汽车芯片产业园。多区即其他汽车产业集聚的特色园区。

（四）先进制造领先，绿色、智能、服务型制造并进

嘉定区以创建国家生态工业示范园区为抓手，完善园区信息网站建设，开展以节能减排为重点的生态工业示范园区的创建活动，建立区内企业对产品创

新、技术改造、节水节能、减少排放、改善环境等的共识。智能制造方面，嘉定区以国际标准为建设目标，重点布局智能制造生态体系，集聚产业平台和智能制造应用示范。嘉定区正以数字经济发展为契机，大力推进“两化融合”，切实提升制造业的发展品质，引导企业建设无人工厂、无人生产线、无人车间，加快产业数字化转型。服务型制造方面，上海国际汽车城的成立不仅给集群带来了溢出效应，还吸引了上海及周边地区的人才、资本等要素，形成了虹吸效应，推动集群着力打造高端制造品牌，发展服务型制造，以服务型制造的价值来推动集群发展。

（五）技术突破创新，产学研联合攻关能力遥遥领先

集群内已布局全产业链的公共及企业研发平台 200 多个，包括国家燃料电池汽车及动力系统工程技术研究中心、上海新能源汽车检测工程技术研究中心、上海氢能利用工程技术研究中心、上海车辆声学零部件工程技术研究中心、上海智能网联汽车与智慧交通工程技术研究中心、上海智能网联车载终端工程技术研究中心、上海汽车变速器工程技术研究中心 1 个国家级、6 个市级工程技术研究中心，同时拥有国家机动车检测中心、上海地面交通工具风洞中心等公共服务平台，可以为企业提供整合测试资源、构建评价体系、服务研发转化、支撑创新创业等服务。集群拥有国内领先的燃料电池产业公共服务平台，包括上海智能新能源汽车科创功能平台、国家机动车产品质量监督检验中心等，为整车前期自主研发（如提升整车安全性、动力性和舒适性）和成品质量检测提供了便利途径。

（六）开放合作深入，人才交流和品牌成果十分显著

作为电动汽车国际示范区，嘉定区举办的国际汽车工程师学会联合会（FISITA）领袖峰会、中国汽车技术战略国际咨询委员会（iTAC）闭门会议、技术首脑闭门峰会等会议成为嘉定区汽车产业的名片。全球电动汽车示范城市发展项目（PCP）中方秘书处落地嘉定区，汇聚了国际电动汽车在技术、政策、管理、数据分析和商业化应用推广等方面的经验。2017 年，在美国、英国、德国等 7 个创新氛围浓厚、国际人才资源密集的国家，嘉定区遴选了 10 名“海外引才大使”，此后，进一步拓展在以色列、奥地利、芬兰等国家的引才网络。嘉定区定期邀请美国公立大学协会、国际大学创新联盟、英国剑桥学联等社团组织来嘉定区考察，推动双方在人才引进、成果转化、项目合作等方面建立长效对接机制。嘉定区支持区内高端企业柔性引进诺贝尔奖获得者、外籍院士来嘉定区访问讲学并开展科研项目联合攻关，不断推动人才国际交流合作机制和模式创新。

三、集群发展存在的核心问题

未来几年，全球新能源汽车市场将进入成长关键期，市场竞争日趋激烈，新能源汽车将逐渐代替燃油车。在此形势下，上海新能源汽车集群发展需解决如下问题。

（一）电子芯片等关键核心领域存在短板

面对新能源汽车“新四化”的发展，汽车电子零部件、高性能电机、动力电池等将取代发动机、变速箱等传统汽车零部件，成为未来新能源汽车的核心。上海新能源汽车产业领域的产业优势和技术优势在于整车和高性能电机两部分，而在汽车电子零部件和动力电池方面较为欠缺，着力提升原有整车和高性能电机的技术水平是上海新能源汽车集群持续努力的方向。

（二）海量数据的存储运用有待进一步规范

搭载了智能化应用的新能源汽车的大量使用将产生海量数据，相关数据的使用在一定程度上决定了产业发展方向。中国已经成为世界汽车第一产销大国近 10 年，庞大的增量和存量市场的运营为中国整车企业和相关零部件企业提供了海量数据，中国汽车企业在基于大数据开发的自动驾驶、智慧交通等技术领域具有先发优势和数据优势。但从长远看，海量数据的存储运用有待进一步规范，同时要关注数据安全性。

（三）开放加剧汽车电子零部件的国际竞争

在新一轮的对外开放中，长三角汽配集群能否在下一阶段新能源汽车产业发展的浪潮中抓住机会，从传统的机械零部件集群升级为汽车电子、新型车身材料等高附加值零部件集群将直接决定着未来长三角地区汽车电子零部件产业的发展质量。对外开放的扩大会进一步加剧长三角新能源汽车电子零部件领域的竞争。在以汽车电子零配件为核心的时代，日本和韩国的汽车电子零部件已具备前期优势，国产替代难度增加。

四、集群培育提升的对策建议

为培育上海汽车“新四化”千亿元级发展新动能，构建战略性、全局性的核心产业生态链，持续提升新能源汽车产业链的整体质量和水平，加快形成战略性新兴产业引领与传统产业数字化转型相互促进、先进制造业与现代服务业深度融合的现代化产业体系，我们提出以下建议。

（一）强化先进载体引领，促进产业集聚发展

搭建"一站式"产业综合服务簇群空间，将嘉定区氢能港建设成为汽车科技策源地和产城融合发展示范区。重点聚焦氢能产业，着力引进一批关键技术研发、生产和示范应用的龙头企业，发挥龙头企业和平台的带动作用，积极打造氢能产业创新生态圈。深化以新能源汽车及汽车智能化产业为特色的综合性创新产业基地建设，大力吸引汽车检验、检测、服务等方面的总部型企业入驻。依托电动汽车国际示范区、国家智能网联汽车示范区等平台，吸引一批引领性强、成长性好的产业项目落地。发挥产业园区的区位优势、同济大学的学科优势和安亭的汽车产业优势，深化科技成果转化，整合产学研用政各方资源。发挥嘉定区新城（马陆镇）、南翔镇、江桥镇和嘉定区工业区等集聚区的产业基础优势和区位优势，发挥区域内汽车"新四化"龙头企业的产业链辐射作用和带动作用。

（二）聚焦核心技术突破，推动产业整体升级

聚焦新能源汽车核心技术，积极参与国家燃料电池汽车示范城市建设，加强合作城市之间的共同研发和技术交流，加强关键共性技术领域的研发与制造。建设具有国内前瞻性技术研发能力及核心产品生产能力的汽车产业创新中心。加快建设充换电、加氢等基础设施，推动充换电设施科学合理布局，加快各类充换电站建设，探索充电新模式，切实提高公共充电桩的使用效率。加大力度推进公共领域用车新能源化，鼓励新能源汽车产业与能源、交通、信息通信等产业协同发展，推动光储充放、电池梯次利用、动力电池回收等具有前瞻性技术水平的示范应用项目建设。抢先布局智能网联关键领域，重点布局芯片设计及制造、关键传感器、智能车载终端、决策控制等核心领域。扩大公开道路的测试范围，推进国家级长三角区域车联网先导区建设。加快打造成为 L3+ 高度自动驾驶创新示范区，逐步探索真正无人驾驶的测试环境。依托智能网联技术构建先进的交通信息基础设施，建设 C-V2X 规模化示范网络。

（三）促进要素高效聚集，推动产融成果落地

进一步完善中德智能网联汽车推广应用中心、国家燃料电池汽车及动力系统工程技术研究中心、国家智能网联汽车（上海）试点示范区等国家级及市级公共服务平台的功能建设。深化嘉定区大数据产融合作服务平台建设，打造多层次、全方位的金融服务体系，丰富金融服务资源，构建汽车金融生态圈。探索设立汽车产业创新投资基金，打造"基金+基地"的发展模式，以国有资本参股等形式，积极引导社会资本加大对汽车技术、产业、生态创新的资本支持

力度。鼓励高校和企业自主联合开展科技攻关与人才培养，共同建设研究中心和实验室，进行科学研究与成果孵化。不断提升汽车产业会议论坛及赛事活动的能级和水平，弘扬企业家精神和工匠精神。加大土地、财税、金融等政策的支撑作用，推动汽车特色园区发展和重点产业项目落地。针对汽车“新四化”人才，在户籍、住房、医疗等方面给予政策扶持，支持紧缺人才集聚。

（四）对标国际一流水平，加强对外开放合作

布局国际产业链，加大对生态主导型企业的支持力度，支持汽车产品出口。积极对接底特律、硅谷等世界级汽车产业中心，加强国际合作。积极引进具有国际声誉和庞大全球资源的国际汽车产业组织，加强与国际组织成员的互动交流。积极开展国际电动汽车合作交流活动，汇聚国际新能源汽车在技术、政策、管理、数据分析和商业化应用推广等方面的经验。

（五）发挥龙头企业的作用，补链、固链、强链

支持龙头企业加快探索新的业务，积极布局未来出行等新领域。进一步提升创新型企业的发展能级，鼓励企业积极扩大市场份额，保持产品的领先性，增强核心竞争力。密切跟踪行业的发展动态和发展趋势，加强产业链分析，聚焦新能源汽车、汽车金融、汽车软件、氢燃料电池、电动汽车电池、车规级芯片和传感器、汽车后市场等领域，围绕补链、固链、强链，探索优化链长制负责制，促进产业结构更优化、产业规模更壮大、产业集聚更高效、龙头带动更强劲，着力提升基于汽车“新四化”的产业链现代化水平。

撰稿人：赛迪智库规划所　刘佳斌

第二十七章

武汉、襄阳、十堰、随州汽车集群

武汉、襄阳、十堰、随州（以下简称武襄十随）汽车产业经过 50 余年的发展，产业链完整度、配套能力连续多年居全国前列，涵盖了原材料生产、整车设计、关键零部件配套、系统总成等重点环节，本地配套率为 58%，国内配套率在 95%以上，产品包括重、中、轻、微、轿、客、专、特、改等全系列、多车型，商用车产量占全国产量的 9.3%，专用车产量占全国产量的 15%，均位居全国第一。集群拥有东风、骆驼股份、中航精机、三环股份、程力集团、格林美、玲珑轮胎等国际、国内知名品牌企业，形成了完整的节能与新能源、智能网联汽车产业链，构建了“城市群联动发展+突破产业链重点环节+龙头企业引领”的发展格局。但是，集群也面临企业竞争力相对偏弱、产业链发展水平较低、经济对外开放度较低、中小企业数字化转型进程缓慢等问题。对此，我们提出了进一步增强企业竞争力、推动产业链优化升级、加强对外对内合作、加强数字化改造体系建设等建议。

一、集群形成的动因和机制

（一）起步期：聚力企业创培，壮强工业骨骼

湖北汽车产业起源于 20 世纪 60 年代，国家以战备为指导思想，大规模在中西部地区开展“三线建设”。在此背景下，遵循“以军为主、先军后民”的发展理念，由中央组织部和一机部统一协调，第一汽车制造厂、富拉尔基重型机床厂、洛阳拖拉机厂、沈阳重型机器厂、武汉锅炉厂、南京汽车配件厂、长春客车车辆厂及石油机械厂等 20 多个单位的技术骨干被划归二汽（现东风）。1969 年二汽开始在十堰进行大规模施工，奠定了湖北汽车产业的基础。从 1972 年开始，二汽发挥自身优势将汽配生产辐射至十堰及其周边地区，协助十堰形成独立的汽配产业，于是十堰在湖北脱颖而出，成为湖北汽车产业发展的新高

地。例如，1980 年，二汽成立了铸造三厂筹备组，在湖北省委、中汽公司及一机部等部门的大力支持下，二汽铸造三厂最终选址襄樊油坊岗，并将其打造成为二汽走出十堰、满足未来发展需要的第二个大本营。多年来，二汽始终保持着高速发展，经营规模和效益始终稳居行业前列，自 1989 年以来，已连续多年跻身全国工业 500 强前十位。

（二）跟跑期：强化内外并施，迸发澎湃动能

二汽于 1992 年正式更名为东风。对外合作方面，东风先后与法国 PSA、日本日产和本田等跨国车企采取中外合资模式，实现了乘用车的大规模生产和销售。经过多年发展，东风已成为国家明确重点支持的汽车集团之一。1997 年，东风通过了 ISO9001 质量管理体系的全面认证；“东风”品牌被国家工商总局评定为全国汽车行业首家“驰名商标”。内部发展方面，东风经过 30 余年的发展，已建成十堰、襄阳、武汉三大汽车研发与生产基地，并拥有云汽、柳汽、新汽、杭汽等整车生产基地和朝阳、南充等发动机生产基地，以及上海浦东和南方两个新的业务增长点。东风已初步形成了重、中、轻、轿等全系列、多品种的产品格局，年汽车生产能力达 50 万辆。

（三）赶超期：价值链不断改革整合，驱动产业链提升

1999 年 7 月，东风完成改制并在上海证券交易所成功上市，其始终探索着领先之路，抢抓机遇谋发展。2003 年，东风在行业内率先成立商品研发院，并利用融资优势，优化整合资源，先后收购大小车厢、旅行车、专用车公司，实现快速扩张。在整合扩张过程中，东风还进行了体制改革，逐步形成了从研发、采购、制造、销售到仓储物流、服务的完整产业链。2012 年，东风进入调整期，积极寻求转型。近年来，东风的整体经营质量得到强化，商品力、营销力、网络力得到全面提升。在“体验领先”之路上，东风实施品质提升战略，通过打造明星车型、把握客户需求、改善问题源头等，使产品质量逐步得到客户认可，不断提升客户满意度。截至 2023 年上半年，集群集聚汽车相关企业超过 10 000 家，其中规上企业 2567 家，国家制造业单项冠军企业 4 家，专精特新“小巨人”企业 82 家，国家高新技术企业 1000 余家，独角兽企业 4 家，本地注册上市企业 14 家。集群龙头企业有东风有限、东风本田 2 家千亿元级企业，东风商用车、武汉通用 2 家 500 亿元级企业，拥有宁德时代、中创新航、智新科技、佛吉亚、法雷奥等核心配套零部件企业。2022 年，集群汽车产业总产值达 7604.4 亿元，在全国占比超过 8%。

二、集群发展壮大的主要模式

（一）武襄十随城市群联动发展

湖北省一直致力于构建武襄十随汽车产业发展走廊，且各城市结合各自优势积极参与区域汽车产业联动，已形成了充分竞合关系。东风商用车在襄阳、随州的零部件配套企业约为70家，其中年采购襄阳东风康明斯发动机约3.9亿元。襄阳长源东谷布局十堰发动机缸体机加工项目，与东风商用车开展深入合作，共同助力城市群协同发展。集群内形成跨区域创新合作。集群发展结合东湖新技术开发区的智能网联汽车发展目标，推动产品、测试、运营等方面标准的统一，开展跨区域自动驾驶示范应用，统筹推进武汉智能网联汽车产业发展。武汉经济技术开发区与襄阳、十堰等地合作，共建汉江智能网联汽车产业带，推动测试牌照互认、道路场景共享、产业生态共建，实现"两区带动一市，一市带动一集群"。武汉围绕燃料电池汽车产业的发展，以聚焦技术创新、找准应用场景、构建完整产业链为目标，按照产业互补、优势互促、资源互用原则，建立了"1+6"（武汉、襄阳、宜昌、十堰、黄冈、荆门、孝感）模式的城市群，致力于打造布局合理、各有侧重、协同推进的燃料电池汽车发展新模式。武汉主要发展燃料电池质子交换膜、膜电极、电堆和系统；十堰、襄阳、孝感重点发展燃料电池商用车整车和零部件；宜昌主要发展氢气供应和制储氢设备；黄冈、荆门主要发展氢气循环泵、空气压缩机、制储氢设备供应及燃料电池汽车示范场景，从而构建自主可控的完整产业链和产业内循环体系。

（二）着力突破产业链重点环节

"十三五"以来，湖北省以氢燃料电池汽车和智能网联汽车领域为突破口，布局了一系列重大项目，在电驱系统、锂电池和燃料电池等关键零部件研发方面取得了突破性成果：氢燃料电池电堆已小批量生产，车规级功率半导体模块（IGBT）功率元器件、车规级MCU功能芯片等"高精尖"产品填补了国内汽车产业链中相关环节的空白。一是企业合作攻坚被"卡脖子"技术。东风和中国中车共同发起成立的智新半导体专注于IGBT的研发、封装、测试、销售。东风和中国信科在汽车芯片、智能驾驶、通信基础设施、示范运营等领域展开合作。二是企业内部加快填补领域空白。东风马赫动力是东风100%自主掌控的动力系统，储备了14项全球领先技术。湖北芯擎科技研发的车规级7纳米芯片"龙鹰一号"达到行业顶尖水平，填补了我国自主设计高端智能座舱平台主芯片领域的空白。

（三）龙头企业引领集群协同发展

湖北省汽车产业形成了以东风为主导，以地方企业、军工企业为依托，以大中型企业为骨干的发展格局，以及重、中、轻、微、轿、客、专、特、改等全系列、多车型和零部件配套的产业基础。集群由东风牵头成立了武汉市智能汽车产业创新促进会，在乘用车、商用车、专用车、关键零部件、传统动力与新能源动力、智能网联等领域形成了全产业链。在乘用车方面，集群形成多个整车平台和发动机平台；在商用车方面，集群具备整车、发动机、车身和关键总成零部件的开发能力；在专用车方面，集群具备研发设计、检验检测、制造维修全产业链的大规模生产和个性化定制能力。另外，在新能源车型方面，集群涵盖纯电动、混合动力、氢能源等多种车型；在智能网联汽车方面，集群具备研发设计、检验检测和整车制造能力。

三、集群发展存在的核心问题

（一）企业实力方面，企业竞争力相对偏弱

武襄十随汽车集群龙头企业数量偏少，且有些大而不强，对其他企业的辐射带动能力有待提升。大多数企业对重要技术的掌握偏少，对产业链关键环节的掌控力较弱。

（二）产业链方面，产业链发展水平较低

产业链的发展水平直接影响到整个产业的质量和企业的核心竞争力。在武襄十随汽车集群中，大多数企业都处于产业链中游，其主导产品也都居于价值链的中低端位置，高附加值产品较少，企业产出水平有待进一步提高。

（三）产业生态方面，经济对外开放度较低

在武襄十随汽车集群中，大部分企业的主要产品以内销为主，主要产品的国外销售额在整体销售额中的占比较低。此外，在市场开拓策略上，大部分企业都以国内市场需求为重点，说明企业对国外市场的开发水平有待提升。

（四）转型升级方面，中小企业数字化转型进程缓慢

在武襄十随汽车集群中，由于人员、技术和资金等因素的制约，中小企业数字化转型进程缓慢，发展仍处于起步阶段，数字基础薄弱，部分企业数字化转型面临“不愿”“不敢”“不会”等困境。

四、集群培育提升的对策建议

为推进武襄十随汽车集群迈向世界级先进制造业集群，应从产业链、生态等多层次入手，开展巩固提升做强一批企业、招大引强落地一批企业、扶持壮大培育一批企业、兼并重组打造一批企业的“四个一批”行动，推动集群发展。对此，我们提出以下建议。

（一）进一步增强企业竞争力

鼓励东风有限、东风本田、东风商用车、武汉通用等与具有品牌、技术和市场优势的国外企业开展技术合作。支持跨国公司在集群内设立研发中心和核心部件生产基地，充分发挥外资研发的技术外溢效应。鼓励企业到发达国家设立研发基地，以提升自身的品牌影响力和技术水平。支持企业收购产品重合度低、互补性强的全球细分领域龙头企业，尤其是核心部件配套企业，补齐产业短板，增强国际竞争力。将与汽车产业契合度高、合作愿望强烈、合作条件和基础好的国家及“一带一路”沿线国家作为重点国家，推动企业完善全球业务网络。通过“结伴出海”等方式，鼓励企业积极参与国外重大项目建设，开展融资租赁等业务，深化企业合作，扩大产品出口。鼓励企业在有条件的国家投资建厂，完善运营维护服务网络建设，增强综合竞争力。

（二）推动产业链优化升级

构建地区自主可控、安全高效的产业链，引导产业链与政产学研联动发展，集中力量在汽车产业研发一批具有引领性的原创成果和新兴产业技术成果，促进一批重点技术成果加快转化，提升产业发展水平。拓展优势产业链，持续推动优势产业的改造升级和优化重组，以资源禀赋为基础，将优势产业向精细化、深加工方向发展，进一步巩固并提高优势产业的领先地位。加强产业补链，针对产业链的薄弱环节招商引资，把招商绩效列入招商引资专项考核工作重点；构建创新平台，支持企业集聚、做大做强。在产业强链方面，通过搭建科技研究、产业孵化、生产制造、检测服务、人才和资本等共享平台，加强企业供需对接，实现强链；以知识产权为纽带建立产业联盟，突破和打造可以支撑产业发展的专利技术和知名品牌，实现产业技术强链，推动企业向价值链中高端迈进。

（三）加强对外对内合作

围绕国际大循环，积极构建开放型平台，支持企业“走出去”，推动重点产品进入国际供应链体系。在国内大循环方面，组织开展云促销、云展会、直

播带货、短视频引流等市场拓展活动，支持适销对路的产品从出口转内销，帮助企业走出销售困境。在载体平台、人才、资本、技术、产业等方面，与长三角和珠三角主要城市进行全方位对接，延伸增粗产业链，补齐创新链。鼓励园区以特色产业为核心，建立集研发、生产和流通于一体的集群，实现企业“引得来”、来了后“不想走”，形成独立、循环的链式和集群化发展模式。

（四）加强数字化改造体系建设

发挥专家的智库引领作用和工业信息工程企业（总包商）的作用，对集群制造企业进行系统评估，分层分级，做到心中有数。找准对集群各板块影响较大的一两个块状制造经济行业，选取生产经营正常且有智能化改造意愿的行业龙头、骨干企业进行试点，集中推进智能化改造，以点带面。着力破解企业智能化改造难题，探索中小企业都能接受的普适模式，实现既投入可控，又让企业有切实的获得感，并加快复制和推广。加强政府、智库、企业的联动机制，发挥专家的智库引领作用，培育具有潜力的总包商，在总包商摸索出成功经验后，及时组织召开现场推进会，动员更多的中小企业参与进来，使好的模式得以复制和推广。

撰稿人：赛迪智库规划所　谭俊彬

第二十八章

长春汽车集群

长春是中国汽车产业的摇篮，诞生了中国第一辆卡车、第一辆轿车、第一辆越野车。经过多年发展，长春汽车产业已经形成了种类齐全、配套完善的产业体系。汽车产业一直处于全国领先地位，已经成为拉动长春经济增长的强大引擎，成为对外开放的窗口、经济发展的发动机、带动产业升级和安置就业的重要载体。长春拥有一汽红旗、一汽解放、一汽奔腾、一汽大众、一汽丰田等知名整车企业，具备涵盖中、重、轿、客四个系列600多个车型的全系配套能力。2022年，集群主导产业总产值达4118亿元，在全国占比超过4.43%，占长春工业总产值的60%左右。截至2023年上半年，集群拥有5家整车制造企业，1034家汽车零部件配套企业，其中规上企业386家，拥有培育发展世界级汽车集群的潜质。

一、集群形成的动因和机制

（一）萌芽期：龙头企业的发展成为集群形成的内核

中华人民共和国成立之后，我国效仿苏联实行计划经济体制。在这种体制下，1953年国家投资建设了一汽，拉开了长春汽车产业的帷幕，中国汽车产业迈出了建设国产汽车品牌的第一步。这个时期，我国汽车产业主要在自我封闭的环境中摸索与发展，技术引进的决策权集中于政府部门，实施过程也基本依靠政府的财力与物力。一汽依靠消化吸收引进的技术，初步具备了汽车仿制能力。1956年，第一辆“解放”牌卡车在一汽下线。1958年，一汽生产的第一辆“红旗”牌轿车装配完成。发展过程中，配套零部件制造厂在一汽附近建设，这种布局使长春汽车产业走上了集群发展的道路。因此，长春汽车集群是围绕一汽形成的。

（二）成长期：对外合作成为集群发展壮大的机遇

20 世纪 80 年代开始，为了满足人们对汽车产品日益增长的需求，汽车产业从最初的闭门造车转向对外开放，开启了汽车产业资本合作的探索。例如，1991 年由一汽与德国大众合作的一汽大众成立。1998 年，一汽金杯和美国通用共同投资成立金杯通用。一汽通过与国际汽车业巨头合作，学习了国外的先进技术和经营管理经验，使集群进入良性快速发展阶段。20 世纪 80 年代末，世界汽车产业从以前的整车企业开发完成新产品之后再找零部件企业，转变为在开发新产品的阶段就要求零部件企业参与进来，同步完成零部件的开发工作。为了满足汽车产业对零部件的需求，政府加大对零部件企业的投资力度，促使新建、改建的零部件企业迅速增多，进一步推动汽车集群发展壮大。

（三）成熟期：内生性动力促进集群合作网络优化完善

一汽在深化企业集团体制的改革中，除了对联合兼并进来的企业实行资产重组，使企业规模迅速扩大，还对一汽本部的各专业厂和管理机构开展了较大规模的体制改革。一方面，对产品质量影响较大的关键零部件生产、技术难度大或技术保密要求高的关键零部件的加工、零配件的总装及核心技术的研究与开发均在企业内部自行开展。另一方面，一汽将汽车电子、模具、化工、橡胶、发动机、车身、轴承和轮胎等零部件生产流程剥离出来，由中小企业负责。这使一汽和零部件企业各自都有了较为明确的定位，龙头企业能把精力与资源放在研究开发上，中小企业则能不断锤炼自身专长，从而持续优化集群网络。从总体上看，一汽的改革历程反映了长春汽车集群形成与发展的过程。

二、集群发展壮大的主要模式

（一）坚持龙头企业牵引，有效带动集群中小企业发展

集群依托行业龙头企业，构建大中小企业融通发展模式，打造龙头企业带动、中小企业协同推进、行业资源要素集聚的汽车及零部件产业生态圈。充分发挥龙头企业在资本、品牌和产供销体系等方面的优势，建设开放式产业发展平台、创新创业平台，实现科研和创新资源的开放共享，为中小企业提供高质量、低成本、专业化、便利化的技术支撑，降低产业的创新门槛，加速产业创新成果应用和转化。集群打造了“龙头企业+孵化”的生态模式，培育了产业

链上下游企业数百家，在设计研发、生产制造、产品展销、现代物流等方面呈现融合发展态势。例如，集群支持一汽与 12 家相关企业联合打造孵化平台，聚焦自动驾驶、车联网、5G、新能源、人工智能等领域孵化成长型企业。

（二）强化创新驱动，不断发挥技术创新的扩散效应

吉林大学汽车学院拥有国家汽车领域的一级学科，建立了专攻汽车动态模拟方向的国家级重点实验室，为集群开展技术研发、产品创新、人才培养提供了重要支撑。目前，长春共有国家企业技术中心 6 家，汽车零部件企业技术中心 83 家。其中，一汽技术中心在全国相关领域技术中心中排名第一，其自主研发的氢能发动机处于行业领先水平；启明信息汽车电子工程技术中心专注于车载、车控领域，具有较强的研发实力，为一汽大众提供车载音响、定位导航系统等领域的技术支撑；一汽大众新技术开发中心具备专业的试验验证能力，能为境内、境外高端整车及零部件企业提供服务。此外，集群大力支持协同创新，推动一汽与吉林大学、中国科学院长春光学精密机械与物理研究所、中国科学院长春应用化学研究所等高校、科研院所进行紧密合作，共建红旗产学研创新联盟、固态电池协同创新中心。

（三）注重载体建设，着力支撑集群转型升级

长春建设了长春汽车经济技术开发区、朝阳经济技术开发区等以汽车产业为主题的特色园区，形成了“四区一园”的发展格局。其中，长春汽车经济技术开发区聚焦整车生产；朝阳经济技术开发区重点生产汽车冲压件、汽车齿轮等；长春经济技术开发区重点生产汽车发动机、汽车电子、塑料制品等；高新技术开发区重点生产汽车电子产品、汽车制动器、离合器等；绿园区西新工业集中区重点关注改装车、卡车零部件。经过多年的发展建设，集群已经形成了涵盖整车制造、零部件生产、汽车后市场服务的全产业链配套体系，同时建成一汽动力总成园、日系零部件园、轴齿工业园、德国工业园、北方汽贸城等一批特色汽车产业园区，呈现出链式创新、错位竞争、优势互补的发展格局。

（四）重视国际合作，大力提升集群国际影响力

长春是我国汽车产业的发源地和重要的生产基地，与德国、美国、日本、加拿大等国开展广泛的合作交流，始终保持着强大的国际吸引力。集群拥有大量中外合资、独资汽车及零部件相关企业。例如，一汽与德国大众、日本丰田和马自达建立合资公司；德国大陆电子、德国博世、日本电装、美国江森、加

拿大麦格纳等汽车零部件企业先后在长春建设制造工厂。集群持续放大港口优势，依托现有长春国际港、兴隆综合保税区国际陆港和长春空港口岸，积极推动国家级汽车整车进口指定口岸的设立，打造东北地区汽车进出口的集散地，持续提升长春汽车集群的对外开放度。

三、集群发展存在的核心问题

长春是我国重要的汽车产业基地，多年来不断发展和壮大。但是，由于我国汽车产业起步晚，与世界先进水平相比，还存在技术创新升级存在阻力、产品附加值相对较低、自主品牌形象有待提升等问题。

（一）技术创新升级存在阻力

一方面，汽车产业关联性强、涉及面广，其发展在很大程度上受制于整个工业的基础技术水平。与美国、日本等世界汽车制造强国相比，我国在基础材料、基础工艺、基础零部件等方面较为薄弱。长春汽车集群的发展也受制于此，加上近几年整车企业在新能源、大数据、人工智能等新赛道的竞争加剧，导致汽车领域关键基础技术升级缓慢。另一方面，由于汽车人才培育周期长，目前集群汽车领域的科研人员、资深工程师数量不足，“工匠”级别技工的缺口较大，人才整体呈现年轻化趋势，经验相对不足。

（二）产品附加值相对较低

长春汽车产业早期依靠劳动力成本优势大量引进国外整车生产线，从而快速融入全球价值链。但是，高端环节大多被发达国家的企业控制，集群企业很难摆脱“低端”的标签。例如，在发动机、变速器、燃油喷射系统等具有高附加值的产品方面，集群企业高度依赖国外厂商；在新能源汽车所需的“三电”系统方面，集群企业高度依赖外地采购。集群企业大多处于产业链中低端，高附加值产品生产比重低，总体利润较低，在国内外市场的竞争力较弱。

（三）自主品牌形象有待提升

品牌是企业核心竞争力的体现，据统计，汽车知名品牌占全球商标总量的3%，但这些知名品牌却占据了全球汽车市场的40%～50%的销售额。红旗、解放等汽车品牌是长春汽车集群发展历程中的重要产物，也是中国汽车产业发展的结晶。但是，集群缺乏培养全球知名汽车品牌的战略意识，加之汽车研发投入不足，导致现有汽车品牌的内在价值较低，品牌在质量、性能和服务等方面仍有较大提升空间。

四、集群培育提升的对策建议

为将长春汽车集群打造成国内整车规模较大、研发实力较强、具有较强国际竞争力的世界级汽车集群，我们提出以下建议。

（一）提升产品配套能力

鼓励企业开展核心技术攻关，支持旭阳集团、吉通集团等重点零部件企业加大研发投入力度，支持一汽富晟李尔、均胜电子等零部件企业协同开发车载光学、激光雷达、毫米波雷达、高精度定位等关键零部件，提升配套企业的技术水平。积极布局新能源、智能网联等整车生产项目，支持零部件企业积极参与整车企业的技术开发，持续跟踪整车企业的产品换型和新产品投放，超前谋划配套布局，不断提高配套产品份额。

（二）增强自主品牌的国际影响力

全力支持整车企业拓展海外市场，在车型设计方面主动贴近国际市场，加强在东南亚、南美洲、非洲等地的布局，同时带领本地上下游零部件企业参与海外合作。支持红旗、奔腾品牌积极开拓欧洲市场，鼓励企业加速推进海外产品开发及认证，着力提升品牌的海外认可度。积极举办中德汽车大会、汽车金融产业国际峰会、汽车设计峰会等国际性峰会，着力打造新能源汽车产业发展高峰论坛、新能源汽车协同创新高峰论坛，提升自主品牌的国际影响力。

（三）推动产业链向高端化发展

发挥红旗、奥迪、解放等龙头企业的带动作用，加速推进上下游企业协同创新，形成大中小企业融通发展的格局。支持一汽大众引进新能源车型，助推合资品牌扩大新能源乘用车领域的生产规模。鼓励一汽解放聚焦纯电动和燃料电池商用车领域，加大研发力度，并进一步探索发展纯电动或氢燃料特种车辆。支持一汽向绿色智能服务业态转型，重点发展以电子、软件、生态为特征的汽车产品。探索开展车用新材料和工艺技术研究，加快推进铝镁合金、热成型高强钢、碳纤维等轻质车身及底盘部件的应用。

（四）进一步加强区域合作

发挥对口合作机制作用，积极对接浙江省、天津市的投资基金、互联网企业、汽车电子企业，开展广泛的合作交流。以一汽为切入口，聚焦新能源、智能网联等领域，加强与天津、成都、青岛、佛山等企业产能布局城市的合作。加大招商引资力度，瞄准汽车零部件产业发达的地区，吸引知名汽车配套企业来长春投资建厂。加速推进东北地区协同创新，共同提升产业发展潜力，围绕先进智能车辆、车联网、新能源汽车等领域开展技术攻关和创新。

撰稿人：赛迪智库规划所　邱石

新材料篇

第二十九章

深圳先进电池材料集群

深圳先进电池材料集群经过 30 余年的发展，构建了完善的先进电池材料产业链，从锂电池正负极材料、隔膜、电解液等电池关键材料生产，到电芯和电池模组生产，以及后端新能源汽车、消费类电池、储能市场的应用开发，电池回收再利用等，形成了“产学研用合作+生态营造+促进组织对接”的集群发展模式。但是，集群也面临基础类前沿重点技术突破缓慢，国际影响力仍需提升，集群政策保障机制尚需完善，高耗能、高污染、低收益企业占比较大等问题。对此，我们提出了加快推动技术攻关、提升集群国际影响力、健全企业扶持政策体系、加快推动产业转型升级等建议。

一、集群形成的动因和机制

（一）萌芽阶段：借助独特的资源优势，产业结构初步形成

深圳先进电池材料产业起源于 20 世纪 80 年代末。改革开放初期，深圳借助独特的地理位置和创业扶持政策，在电子信息产业的基础上，快速发展电池材料产业。起初，产业的发展模式是为消费类电子产品配套，主营产品是录音机、钟表、计算器、电视等的电池。后来，产品逐步向新能源汽车动力电池、储能电池等领域拓展。

（二）发展阶段：企业不断自主创新，单项冠军企业、专精特新“小巨人”企业不断涌现

20 世纪 90 年代至 21 世纪初，依托深圳的创业土壤、活跃的民营经济氛围和公平的竞争环境，深圳电池材料企业从重点技术做起，逐渐涌现出一批产业生态主导型企业、单项冠军企业、专精特新“小巨人”企业和国家级绿色制造企业，打破了日本企业在我国电池市场的垄断地位，掀起了电池材料的国产化热潮。比

亚迪的产业发展路线便是集群内电池材料企业的一个缩影：初期以代工业务为主，在电池领域建立产业基础后，业务向多元化发展。成立初期，比亚迪通过自主研发并不断提高镍镉、镍氢电池的品质来抢占消费类电子产品的电池市场，1997 年开始研发和生产锂电池，2003 年开始加速开拓新能源汽车电池业务。

（三）形成阶段：政策、企业、产品、技术联动发展，助力深圳先进电池材料集群发展壮大

从政策支持来看，深圳市政府抢抓发展机遇，引导电池材料产业发展，从 2001 年起相继出台《中共深圳市委关于加快发展高新技术产业的决定》《深圳市人民政府关于印发深圳新能源产业振兴发展政策的通知》《深圳市人民政府关于印发深圳市新能源汽车推广应用若干政策措施的通知》等政策文件，助推七大战略性新兴产业和五大未来产业发展。从企业发展来看，各企业把握市场发展机遇，坚持以终端产品超前部署的产品开发模式持续巩固行业领先地位。集群目前已形成了德方纳米等生产动力电池正极材料、贝特瑞等生产动力电池负极材料、新宙邦等生产电解液、星源材质等生产隔膜的产业格局，成功开发刀片电池、“不起火”电池、果冻电池等产品，使核心企业的行业影响力显著提升，各领域市场份额占有率稳步增长。2022 年，集群主导产业总产值超 8500 亿元，在全国占比超过 70%。

二、集群发展壮大的主要模式

经过多年发展，深圳先进电池材料集群已覆盖电池材料加工、封装组装、应用及回收三个环节。截至 2023 年上半年，集群集聚 1200 多家电池材料相关企业，其中规上企业 1100 多家，国家制造业单项冠军企业 7 家，本地注册上市企业 42 家。集群拥有比亚迪、欣旺达、贝特瑞、德方纳米、新宙邦、星源材质、天赐新材、广东光华、广汽时代、宁德时代、宁德新能源、科达铂锐、天能集团、清陶能源等龙头企业。集群的发展模式可以总结为“产学研用合作+生态营造+促进组织对接”。

（一）强化产学研用合作，推动产业高质量发展

深圳先进电池材料集群具有专业人才聚集、科研力量集中等优势，产学研基础雄厚。围绕集群发展，企业与高校、科研院所在技术联合攻关、人才联合培养等多方面开展了多样化的合作，建立了产学研用合作的协同创新网络。例如，欣旺达已与清华大学深圳国际研究生院、华南理工大学、中山大学、北京大学深圳研究生院、北京交通大学、广东工业大学等多所知名高校在电池材料、

电池管理系统、人工智能等多领域开展合作；同时，欣旺达与广东工业大学联合开展的“动力电池系统安全性重点技术及应用”项目获得广东省科技进步奖一等奖。比亚迪与深圳职业技术学院紧密合作，建设比亚迪应用技术学院，共同建立“双师型”工作室，联合培养产业链所需的生产、装配、检测、维修等“高精尖缺”技术技能型工程师。

（二）加速营造基础坚实、服务质效高的集群生态

金融、人才等要素是集群迈向世界级的重要支撑。深圳加大对电池材料企业的支持力度，有效解决了产业技术攻关及融资问题。2018 年，深圳市工业和信息化局针对集群开展了“创新链+产业链”融合等专项服务，集群共同参与了 200Wh/kg 动力电池系统的研发及产业化、锂电池 PACK 智能制造生产线的自主研发及应用项目，累计投入超 3 亿元，形成了从电池基础原材料到电池智能制造完整的产业链协同创新体系。国家制造业转型升级基金、深圳市政府投资引导基金、鲲鹏投资、罗湖引导基金和深创投等共同投资建立了深创投新材料基金，揭牌规模达 275 亿元。同时，集群与深圳力合科创等基金公司开展合作，孵化创新项目。截至 2020 年，深圳共有中高层次人才 1.7 万人、留学回国人员超过 14 万人，累计引进创新团队 96 个、海归人才 1.8 万余人。集群大力吸引高端人才集聚，依托粤港澳大湾区的人才政策，每年吸引博士后、行业领军人才、孔雀团队、院士团队等高层次人才超过 1000 人。同时，深圳共有超 20 所高等院校开设了电池材料等相关专业，为集群发展提供了充足的人才储备。

（三）依托集群促进组织为集群成长提供精准对接服务

近年来，深圳市清新电源研究院（促进组织）、深圳市氢能与燃料电池协会、深圳市电源技术学会、深圳市中清低碳科技中心、广东省石墨烯创新中心等积极搭建平台，共开展了 70 多次技术研讨、产业发展、人才交流等线上线下资源对接活动。产业链协同方面，集群促进组织先后组织召开了产业集群与区域发展学术会议、先进电池材料集群产业发展论坛等，吸引了超 200 家企业参与，并设立了集群区域协同中心，重点与粤港澳大湾区、福建省、长三角区域等相关集群，开展多层次深入的交流合作。人才引育方面，集群促进组织召开了多场海归人才、博士后专场人才交流会议；协助吸引了 100 余名高层次人才进入科研院校等；加强产业专业技术人才培训，集群促进组织与深圳市电源技术学会、清华大学深圳国际研究生院联合打造了标准化人才实践基地。公共服务方面，集群促进组织积极与清华大学深圳国际研究生院材料与器件检测技术中心、深圳普瑞赛思、深圳市计量质量检测研究院、华测检测、深圳市大型科学仪器共享平台等 10 余家单位深度合作，为集群企业提供检验检测服务。

三、集群发展存在的核心问题

虽然深圳先进电池材料集群目前具备产业基础实、协作能力强、技术创新优、要素集聚显、开放水平高等集群发展条件和优势，但与世界级先进制造业集群相比，仍存在提升空间。

（一）基础类前沿重点技术突破较缓

电池新材料和器件研发前期投资大，从开发到性能测试再到规模应用所需验证时间较长，即使通过初步大量筛选的材料也难有机会进行最终应用验证，来实现迭代研发。材料进入供应链难、产业化能力提升慢，导致行业内低水平同质化竞争严重。相比之下，韩国、日本等国家的电池材料集群优势明显。

（二）国际影响力仍需提升

集群龙头企业的品牌影响力虽在国内领先，但与国际巨头相比差距较大；产品虽远销美国、日本、加拿大、德国、法国、波兰、印度等国家，但尚未在国际市场中具有重要地位；高水平论坛和专业展会仍然较少。目前，韩国、日本的电池材料集群仍是深圳先进电池材料集群赶超的目标。

（三）集群政策保障机制尚需完善

资金方面，技术创新和新产品研发通常需要大量资金，而在前期新冠疫情影响下企业很难在不影响运营的情况下拿出大量资金投入研发。风险方面，新技术从研发到应用具有耗时长、见效慢的特点，大部分民营企业技术能力相对薄弱，普遍存在“创新恐惧症”，往往更愿意通过引进外来技术节约时间，但容易导致企业自主研发能力不足。

（四）高耗能、高污染、低收益企业占比较大

集群电池生产水平和世界级先进制造业集群相比差距较大，手工组装生产占比较大，技术较为落后。另外，新材料的生产环节对于场地要求较高、受环保限制，适合新材料产业发展的园区较少，发展空间不足，制约着集群的长远发展。

四、集群培育提升的对策建议

瞄准世界级先进制造业集群的培育目标，应聚焦重点、突破短板、完善生态，推动价值链提升，加快产业转型升级，形成国内领先、国际一流的电池材料产业集聚发展高地。为此，我们提出以下建议。

（一）加快推动技术攻关

要加快建立健全关键材料研发领域的标准体系，聚焦电池材料研发的卡点、难点，出台电池材料研发标准指导目录，将标准研制和共性技术平台建设相融合，加快制定材料研发、制备工艺、产业推广等标准，缩短新材料、新方法的验证时间，加速新材料的产业化进程。深化“创新链+产业链”协同发展，紧密结合电池材料产业链的发展需求，以基础研究引领应用研究，以应用研究倒推基础研究。加快从科研向工程技术的转化，推动集群与高等院校的双向互动。以重点新材料产业链的重大需求和关键环节为导向，促进企业研究中心与高校、科研院所等开展联合创新攻关，形成高效集合体，避免低水平同质化竞争。

（二）提升集群国际影响力

企业作为集群发展的主体，应积极参与产业战略的推进，加强重要技术的自主研发，努力提升在价值链中的位置。企业要注重挖掘独特的产品价值，将其沉淀为品牌资产，不仅要“产品走出去”，更要“品牌走出去”，致力打造能代表新国货品质的品牌。另外，企业要利用全球资源强化全球采购能力，深化国际合作，构筑互利共赢的供应链合作体系。

（三）健全企业扶持政策体系

积极宣传引导，出台加强科技创新、高新技术企业培育等相关政策措施，对创新龙头企业、高新技术企业、科技“小巨人”企业等进行重点扶持。充分利用财税政策工具，放大杠杆效应，加大支持创新力度，优化扶持手段，助推经济高质、高效的可持续发展。例如，设立专项资金用于奖励企业科技创新，通过财政奖补的方式，助力企业“轻装上阵”，支撑产学研联动。

（四）加快推动产业转型升级

围绕电池材料产业，树立“以质量论英雄”的导向，推动产业转型升级。全面建设全封闭式无尘车间，为产品生产提供保证。提高规模化、自动化生产水平，采用国内外先进的自动化生产设备，降低产品不良率，确保稳定的制造水准及供货能力。通过来料、制程、出货品质控制，电池可靠性及安全性能检测等规范品质管理流程。引导企业从过去的“小散乱污”转向“专精特新”，提高闲置和低效土地的利用率。

撰稿人：赛迪智库规划所　谭俊彬

第三十章

宁德动力电池集群

宁德动力电池集群经过十余年的发展，形成了以宁德时代和宁德新能源科技为龙头企业，以 80 多个产业链项目和上汽集团新能源汽车及其配套的 40 多个产业链项目为配套的产业体系，构建了动力电池产业核心材料、设备制造、电池生产制造、生产性服务业、汽车生产锂电终端应用的全产业链集群生态。2022 年，集群主导产业总产值达 3043 亿元，在全国占比超过 30%。

一、集群形成的动因和机制

（一）开始筹建阶段（2011—2013 年）：国家新能源补贴政策成为宁德动力电池产业发展的助推器

2011 年，政府将使用外资动力电池的产品剔除出新能源汽车的补贴目录，这在很大程度上降低了松下、LG 和 ATL 在内的一众外资动力电池公司的竞争优势。同年，宁德开始高度重视发展新能源汽车产业，曾毓群将 ATL 公司中的动力电池部门抽离，在宁德成立宁德时代。2012 年，宁德时代获得与华晨宝马合作的机会，为后者旗下首款纯电动 SUV“之诺 1E”开发动力电池系统，通过此次合作，宁德时代打通了动力电池研发、设计、开发、认证、测试的全流程。2013 年，宁德时代开始受托于宇通客车，为其开发配套的磷酸铁锂动力电池，而与吉利敲定的 15 亿元的合作项目为其提供了早期阶段必需的合同保障。

（二）全线布局阶段（2014—2016 年）：龙头企业带动上下游全产业链发展

2014 年，宁德时代开始进行三元电池的研发，积极拓展宁德三元电池在乘用车市场上的应用。2016 年，政府首次将能源密度纳入考核标准，高能量密度、长续航里程成为新的补贴重点，这为以三元电池见长的宁德时代带来了政策红利，宁德时代依靠自身的技术储备，叠加补贴优势，顺利成为全球动力电池装机量的冠军。在龙头企业宁德时代和宁德新能源科技的带领下，宁德成为国内第一个形成完整动力电池集群的城市，中核集团、维信诺、比亚迪、和正达 4 家领军企业在全市范围内建设了总投资超过 120 亿元的电池生产基地，并逐步实现从电池单体、电池组到整车的全链条发展。

（三）跨越发展阶段（2017 年至今）：企业与政府合力推动集群发展壮大

宁德市人民政府出台了《宁德市促进锂电新能源产业链发展的七条措施（修订）》，在龙头企业的带动下，围绕延链、补链、强链，累计引进 80 多个产业链项目落地建设，涵盖材料、工艺、设备、电芯、模组、电池包、电池管理系统、电池回收拆解、材料循环再生全产业链，覆盖正负极、隔膜、电解液等关键材料和电池构件、机械设备、包材等配套项目，打通了研发、制造、服务等环节。同时，宁德还通过举办中国宁德国际新能源新材料博览会、打造宁德新能源汽车创新设计中心等举措，推动集群向智能化、绿色化、多样化等方向发展。

二、集群发展壮大的主要模式

（一）依托龙头企业打造全产业链

集群以宁德时代、宁德新能源科技等龙头企业为依托，累计引进了 80 多个产业链项目和上汽集团新能源汽车及其配套的 40 多个一、二级产业链项目，构建了动力电池产业核心材料、设备制造、电池生产制造、生产性服务业、汽车生产锂电终端应用的全产业链集群生态，成为全球最大的聚合物锂电池生产基地。其中，正极材料企业包含厦钨新能源、宁德青美、宁德邦普、屏南时代等，负极材料企业包含福建杉杉科技等，电解液企业包含福鼎天赐、宁德国泰华荣等，隔膜企业包含宁德卓高新能源等，铜箔企业包含宁德嘉元科技、正威集团、福浦等，战略核心金属企业包含青拓集团等，轻量化材料企业包含三祥科技等。此外，宁德依托先进材料产业基础优势，积极抓住新能源汽车、储能市场发展机遇，布局了上汽集团宁德基地，主要生产荣威、名爵等品牌的新能源乘用车，是福建省设计产能最大的新能源乘用车生产项目。集群引进建设了国网时代总部、时代绿能总部、时代科士达总部、宁普时代总部、时代电动船舶总部等，拓展了电化学储能电站、融合电池、电池管理系统、储能变流器、

能量管理系统等产品在光储一体化、5G 基站一体化、数据中心能源解决方案、微电网等场景的能源服务业务。

（二）建立全方位产学研合作关系

集群企业与清华大学、北京大学、中国科学院等 80 多所高校和科研院所建立了全方位的产学研合作关系，为集群的人才培养、科技攻关等提供了有力支撑。集群成立了上海交通大学—宁德时代清洁能源技术联合研究中心、中国科学院物理研究所—宁德时代清洁能源联合实验室、厦门时代新能源研究院等数十个产学研共建研发创新平台。宁德新能源科技与清华大学、香港纳米及先进材料研究院、中国科学院物理研究学院、中南大学、厦门大学、南京大学等国内外知名高校和科研院所建立了全方位的产学研合作关系，为企业的技术研发提供了强大的支持后盾。宁德时代联合清华大学、厦门大学等 6 所高等院校和中国电力科学院、中国汽车技术研发中心 2 家科研院所，以及厦门钨业等 7 家上下游企业共同组建了电化学储能技术国家工程研究中心，为建设创新型集群提供了有力支撑。集群建成了全国首个专为动力电池集群服务的国家级知识产权保护中心，成立了宁德市知识产权司法保护协同中心，推动了福州知识产权法庭入驻宁德并设立宁德巡回审判点，建立了专利导航与产业高质量发展和技术创新深度融合的工作机制，缩短了产业专利的申请周期，完善了集群知识产权协同保护，保障了集群的技术创新优势，筑牢了产业领先地位。

（三）主动成为全球汽车变革、碳减排的重要参与者

宁德时代与国际传统车企包括宝马、丰田等展开深度合作。2018 年，宁德时代在德国埃尔福特建立电池工厂，是首个在欧洲建厂的动力电池制造商，增强了产品的全球竞争力。2020 年，宁德时代与特斯拉展开合作，并签订长期合作协议。2022 年，宁德时代与阳光电源在储能等新能源领域进行合作，宁德时代位于德国图林根州的首个海外工厂正式获得电芯生产许可，宁德时代匈牙利工厂正式启动。龙头企业宁德新能源科技的海外客户大多是全球知名企业，面对激烈的竞争，为保持、稳固并提高公司在客户端的占比份额，宁德新能源科技与客户建立了紧密的战略合作关系，基本上做到了一旦有新的项目，客户第一个想到的合作伙伴就是宁德新能源科技。宁德新能源科技的品牌已深入业界，影响深远。龙头企业上汽乘用车福建分公司与东南亚国家强化汽车产业协作，生产的汽车销往东南亚国家，已经成为我国东南沿海最大的新能源汽车出口商。青拓集团深化“一带一路”示范合作项目，将印度尼西亚青山工业园区打造成动力电池重要的原料生产基地，依托丰富的上游资源优势，进军新能源

行业，携手国际、国内合作伙伴，打造涵盖镍钴矿产资源开采、湿法冶炼、前驱体、正极材料、电池应用的新能源全产业链，助推全球新能源产业的发展。

（四）建立集群自我治理、自我发展机制

宁德动力电池集群促进组织——宁德市中小企业服务中心承担着集群内的沟通交流、监督激励、协调管理、国际合作等工作任务，引导动力电池产业规范有序发展。促进组织入驻福建正基检测、福州万企链信息、宁德品创传媒、福建闽惠企业管理咨询、宁德星汇信息等近百家具有一定行业特点和辐射带动作用的机构，为企业提供信息咨询服务、人才服务、技术创新服务、法律服务、产融对接服务等。促进组织积极引领服务型示范，推进国网时代、宁普时代、时代绿能、时代智慧、宁德邦普、宁德青美等企业的储能、换电、电池租赁、锂电池回收等新业态项目落地。促进组织连续举办新能源汽车供应商大会；连续举办以动力电池为主题的宁德国际投资贸易洽谈会，重点开展动力电池产业展览和推介活动；成功举办新能源汽车推广、不锈钢新材料创新研讨会或峰会；邀请吴锋院士、杨裕生院士、郑绵平院士和来自宁德时代、亿纬锂能、国轩高科、欣旺达、银隆新能源、弗迪电池、宝马、一汽集团、上汽集团、北汽新能源、蔚来、当升科技、长安新能源、江淮、长城、海目星、明冠锂膜、赢合科技、逸飞激光、聚创新能源、华夏幸福等国内外产业链主流企业和机构的代表进行交流。

三、集群发展存在的核心问题

宁德动力电池集群发展也面临一些问题，主要包括以下几个方面。

（一）主导产业国际布局仍待优化

随着碳排放政策的实施，欧美市场的新能源汽车也将迎来大幅增长。目前，宁德动力电池企业的生产基地建设还主要集中在国内，在国外的生产基地建设较少，为了保持自身的市场占有率及驱动客户更大的需求，企业应该在充分考虑劳动力成本及贸易关系的前提下，对国际市场进行提前布局，进一步推动国外生产基地的建设，从而拓展国际市场，降低运输及销售成本，完善全球化体系。

（二）技术前瞻性布局不够

动力电池属于高科技产品，目前整个行业还处于技术更新迭代的阶段，众多业内企业为了取得更进一步的创新，不断增加研发成本。相比于国际先进水

平，宁德动力电池集群的创新能力仍存在一定的差距，对前瞻性、原创性、引领性的技术布局还不够，仍需进一步提升集群创新能力。

（三）高水平人才引育力度仍待加大

动力电池企业的发展离不开高水平人才的引进和培养，但宁德动力电池集群存在技术人才缺乏、人才流失率较高等问题，亟待破解和改善。

四、集群培育提升的对策建议

未来，为了更好地推动宁德动力电池集群向世界级跃升，要围绕碳达峰、碳中和的战略目标，按照政府引导、市场化运作的原则，以宁德为载体，以龙头企业为牵引，瞄准全球动力电池产业发展前沿技术，坚持自主研发与开放合作相结合、本地龙头支持与外部高端项目引进相结合，完善产业链，大力支持企业研发高性能、高能量密度电池与低成本电池，加快推进电池在全球的终端应用，力争将宁德动力电池集群打造为全方位领先的世界级先进动力电池集群。为此，我们提出以下建议。

（一）加快培育动力电池新业态、新模式

拓展动力电池在绿色交通、能源存储、港口码头等领域的应用。推进工程机械、换电重卡、绿色无人矿山等电动化示范项目落地，加速锂电池在船舶智能化上的应用。支持车电分离新商业模式的应用，完善充电设施运营服务平台建设，布局电池后市场维修保养、材料回收，推广电池租用服务、电池银行新模式。结合“电动宁德”布局，加快充电桩基础设施建设，推广相邻车位共享等合作模式。构建新能源汽车与可再生能源电力系统信息共享平台，加强新能源汽车充电与风电光伏协同调度。鼓励在港口集疏运通道、高速公路、物流配送、市政环卫、景区等场景开展高度自动驾驶、智能网联汽车示范应用项目，加快实施示范区车路协同信息化设施建设改造。

（二）强化动力电池补链、强链、拓链

支持锂电池龙头企业扩大先进产能，加快动力电池、消费类电池和储能电池产业扩能升级，将宁德打造成全球最大的动力电池、消费类电池和储能电池基地。加快锂电池新能源全产业链布局，通过引进、兼并、合资等多种模式，强化锂电池稀缺材料和关键装备的供应保障，建立锂电池供应商产业园，提升锂电池全产业链管控和安全保障能力。深入布局动力电池梯次利用项目，重点发展镍、钴、锂等锂电池上游资源的再生循环利用。重点开展退役动力电池回

收、电池组拆包、模块测试筛选、电池再组装利用、镍钴锰锂等材料回收再利用，发展大规模可再生能源并网、辅助服务、电力输配、用户侧储能应用等相关领域的梯次利用示范项目。

（三）加快推动“宁造出境”

支持宁德时代开拓“一带一路”沿线国家和地区的储能市场。引导电机企业到缅甸、斯里兰卡、老挝等电力缺乏的国家建设生产基地，推动传统电机等产品就地生产、销售。鼓励龙头企业通过并购、参股等模式，建设境外资源基地，实现矿产资源就地开发、冶炼、粗加工。推动产业链上下游企业在境外设立营销网点、直销基地和交易中心，联合构建具有自主性的国际营销网络。继续办好海峡两岸电机电器博览会，与国外专业性服务机构合作，在海上丝绸之路沿线重点国家设立出口产品国际采购展示中心，推广农产品、电机电器等特色产品。围绕铜精矿、铜金属、铜加工制品，镍（铬）铁、不锈钢、不锈钢制品，以及钴锂、三元材料、动力电池三大有色金属产业链，稳步推进中国（宁德）大宗原料交易中心建设。逐步对接上海期货交易所，建设一批期货交割仓，建立全球镍、铜、铁等大宗原料行情分析与价格管控平台，培育形成上海期货交易所宁德分中心，打造全国有色金属优势品种流通行业的价格风向标与资源配置的关键节点。

撰稿人：赛迪智库规划所　康萌越

第三十一章

常州新型碳材料集群

新材料是国民经济的重要支撑，作为技术含量高、附加值高的前沿产业，与国民经济各部门有较强的配套性，是材料产业转型升级的重点方向。2022 年，常州新型碳材料集群主导产业总产值达 1220 亿元，在全国占比超过 16%。截至 2023 年上半年，集群集聚相关企业 2400 多家，其中规上企业 448 家。集群石墨烯产业规模居全国第一，高端碳纤维制备规模居全国第一，碳纤维复合织物市场占有率居全国第一，具备成长为世界级新型碳材料集群的潜力。

一、集群形成的动因和机制

常州自 2008 年起率先在全国布局以石墨烯和碳纤维为代表的新型碳材料产业。常州以江南石墨烯研究院为核心，逐渐形成石墨烯、碳纤维两个产业集聚区，成功构建了“一核、两区、多基地”的产业空间布局。

（一）石墨烯产业发展

1. 准备期：先驱企业为集群积聚力量

2009 年，冯冠平引进国外团队成立石墨烯材料生产企业，为我国石墨烯产业的发展奠定了基础。2011 年，常州市政府积极培育新兴产业，吸纳了冯冠平推荐的两个石墨烯创业团队，成立了二维碳素和第六元素。随后在江苏省的支持下，常州成立了由政府主导的江南石墨烯研究院，它是全球首家新型碳材料产业促进组织，专门为石墨烯企业解决共性服务问题。同时，常州启动了“龙城英才计划”，建立了人才绿色通道，大力支持创业团队，通过推荐社会风投、创投机构为其提供创业资金。

2. 成长期：产业园落地加速集聚效应

2012 年，常州在西太湖科技产业园启动建设常州石墨烯科技产业园，它是全国唯一的国家石墨烯新材料高新技术产业化基地，为石墨烯产业化项目提供孵化服务。常州依托产业园吸引了一大批石墨烯企业，包括二维碳素、第六元素、碳世纪、墨之萃等原材料制备工厂。其中，二维碳素和第六元素已拥有石墨烯产业化中试线，分别为全球首条年产 3 万平方米的石墨烯透明导电薄膜生产线和全球首条年产 100 吨的石墨烯粉体生产线。

3. 成熟期：创新推动集群功能拓展

2017 年，常州石墨烯小镇开始建设，它是首批省级特色小镇，重点建设创新创业孵化区、龙头企业集聚区、跨界应用示范区、绿色生态宜居区、综合配套服务区，为石墨烯产业发展提供了优越的环境。2018 年年底，江苏省石墨烯创新中心落户石墨烯小镇，它由江南石墨烯研究院、第六元素、二维碳素等共同出资组建，聚焦石墨烯关键技术领域，加速石墨烯技术进步与成果转化，进一步增强石墨烯产业园区的创新实力。此外，江苏省产业技术研究院石墨烯材料研究所、新奥碳纳米材料应用技术研究院等一批新型研发平台落户，使石墨烯小镇具备多功能、多模式、多机制的属性，为石墨烯产业注入新动能。

（二）碳纤维产业发展

1. 准备期：先行团队为集群奠定基础

2008 年，在常州市政府的大力支持下，杨永岗团队将科技部“十一五”立项的“T700 级碳纤维工程化项目”落户常州，在高新区成立中简科技，专注研发所有生产线，以摆脱国外在高端设备上的制约。2012 年，经科技部专家组鉴定，中简科技 T800 碳纤维的各项参数已达到日本东丽 T800 的水平。2013 年，江苏省产业技术研究院成立，致力于建立全球重大的基础研究成果聚集地和产业技术输出地，打通科技成果向生产力转化的通道。

2. 成长期：技术突破推动集群发展

2014 年，中简科技研制出 ZT7 系列高性能碳纤维，在国内高端领域实现了稳定批量应用，解决了我国高端装备部分的“卡脖子”难题。2016 年，宏发纵横进入碳纤维复合材料领域，围绕碳纤维特种经编材料的开发，成功研发碳纤维经编机械、加热展纤装置和碳纤维经编铺层结构全规格编织生产工艺等关键技术，满足了不同产品对复合材料的性能需求。这两家企业成为常州高新区

最具代表性的碳纤维龙头企业，为高新区形成碳纤维特色产业打下了坚实基础。进入“十三五”，常州高新区将碳纤维及复合材料产业列为“两特三新”先进制造业中的一项特色产业，于 2017 年设立由中简科技为龙头、其他下游碳纤维应用企业及配套企业为支撑的常州碳纤维及复合材料产业园。

3. 成熟期：完善产业链加速集群升级

2018 年，常州市政府设立 1 亿元碳纤维及复合材料产业人才专项资金，重点支持产业园人才、项目引进。同期，产业园引进三强复材、新航复材两家碳纤维应用企业落户，开展碳纤维复合材料产品的研发生产，逐渐在园区内形成从碳纤维原丝碳丝、树脂预浸料到复合材料经编和产品成型等领域的完整产业链。2020 年，常州打造“工业智造”明星城，高新区重点瞄准碳纤维材料这一重要的战略性新兴产业，推动常州碳纤维及复合材料产业园的建设，打造引领全国、特色鲜明的碳纤维及复合材料产业创新发展集群。

二、集群发展壮大的主要模式

常州新型碳材料集群的发展归功于政府的高度关注和坚定支持，常州以江南石墨烯研究院等创新平台为引领，促进石墨烯、碳纤维产业的集聚发展，打通产业链上下游企业，以开放合作增强集群创新原动力。集群发展模式可以总结为“政策先导+平台引领+链式延伸+开放合作”。

（一）政策先导

常州在“十二五”规划中重点布局以碳材料为引领的新材料产业。前期由政府积极引进石墨烯、碳纤维创业团队，通过“龙城英才计划”等提供一系列政府扶持，为企业提供创业资金。同时，政府主导成立了全国首家新型碳材料专门促进组织——江南石墨烯研究院，并启动常州石墨烯科技产业园建设。近几年，政府不断提供政策支持，设立新型碳材料产业基金，组建江苏首只碳纤维产业基金，各类金融机构每年对集群支持超 200 亿元；追加投入 1500 万元专项经费支持促进组织建设，强化促进组织的公共服务能力。2020 年，常州出台了《先进碳材料产业发展三年行动计划（2021—2023 年）》，明确市领导担任新型碳材料产业链链长，成立工作专班，推进集群加快发展。2020 年，常州出台了《加快以石墨烯为代表的先进碳材料产业创新发展的若干政策》，涵盖了人才、产业、服务业、金融、税收、上市、知识产权、专项资金等政策，为新型碳材料企业的创新发展提供了有效支撑。2022 年，常州出台了《关于促进产业高质量发展的实施意见》，重点发展以石墨烯、碳纤维为代表的先进碳材料产业，打造具有全球影响力的碳材料研发应用示范区。

（二）平台引领

常州以江南石墨烯研究院为核心，搭建了江苏省石墨烯创新中心、江苏省产业技术研究院石墨烯材料研究所等一大批公共创新平台，引领石墨烯技术创新和关键共性技术突破。常州市政府联合江苏省产业技术研究院建立江苏省产业技术研究院碳纤维及复合材料研究所，与中国科学院煤炭化学研究所、北京化工大学等高校院所联合设立碳纤维及复合材料技术创新中心，提炼碳纤维及复合材料行业内企业的重大真实技术需求，组织联合揭榜攻关。

（三）链式延伸

对于石墨烯产业链，常州积极引进石墨烯产业链上下游企业，形成包括石墨烯设备研发、中游规模化石墨烯材料（粉体和薄膜）制备、下游石墨烯电热膜等链式发展格局，提升产业集中度。对于碳纤维产业链，常州通过中简科技等龙头企业拉动配套企业，进行碳纤维产业链精准招商，引进上下游配套项目，形成核心技术领域。

（四）开放合作

常州打造了一批国际合作示范园区，如中以、中德合作园区，吸引了科泰思、依索沃尔塔等一批国际领先的碳材料龙头企业在常州投资，累计利用外资超 30 亿美元。集群重点培育宏发纵横等具有全球资源配置能力的本土跨国公司，提升国际品牌影响力。目前，集群产品和方案已遍及全球 700 多个城市，超过 20 家碳材料企业在海外设立了研发机构。

三、集群发展存在的核心问题

（一）技术创新能力有待提高

新型碳材料制备技术的成熟度还有待提高，特别是石墨烯、碳纤维的制备技术和下游应用的关键技术，高端应用场景需要进一步拓展。以碳纤维为例，我国企业碳纤维的质量一致性、批次稳定性、应用工艺性有待提高，与日本东丽、东邦特耐克丝、三菱丽阳等龙头企业相比有较大差距。从专利角度来看，江苏省企业的碳纤维生产设备相关专利占比较低，专利以高校院所基础研发领域为主。此外，在关键辅料方面，我国高品质上浆剂、油剂等配套材料尚不能

完全自主供给，关键品种严重依赖进口，制约了碳纤维复合材料的性能提高，也存在产业链供给风险。

（二）产品应用场景有待拓展

先进碳材料市场需求增长较慢，产品缺少适用的应用场景，使碳材料企业无法开展产业化、批量化生产，难以降低综合成本，很难实现快速发展。日本东丽在开发 T300 碳纤维之后与美国波音、空客建立了长期稳定的合作关系，成为它们的主要供应商，保证了碳纤维的需求量。后期波音需要更高模量、更高强度的碳纤维，促使东丽加大研发力度，成功推出了 T800 和 T1000 碳纤维。相比而言，集群企业存在明显差距。

（三）龙头企业的竞争力有待增强

集群在部分领域已形成一批具有行业影响力的重要企业，但是领军企业数量偏少，部分龙头企业主要为国外垄断企业提供配套产品，高端产品种类较少，缺乏国际知名品牌。从专利角度来看，常州新型碳材料集群龙头企业与日韩龙头企业差距明显。碳纤维领域的龙头企业中简科技和宏发纵横的专利总数不超过 150 项，而日本东丽一家的专利数已超过 4500 项。石墨烯领域的龙头企业二维碳素和第六元素的专利总数不超过 300 项，而韩国三星一家的专利数已超过 1500 项。

（四）产业标准体系有待完善

集群标准体系不够健全，需要在关键设备领域开展标准制定工作，制定符合生产实际的完整标准质量体系，发挥企业在大规模生产过程中完善工艺条件和标准质量体系的能力。日本碳纤维企业在行业标准修订工作中发挥着积极的推进作用，领导了 JIS 标准的建立和产品测试方法的标准化，同时企业积极参与 ISO 国际标准的修订工作，并推进 ISO 国际标准和 JIS 标准整合有关的各项活动，促进相关技术标准的国际化，从而在生产和研发等各方面有机会制定有利的竞争规则，形成竞争优势。相比而言，常州新型碳材料集群差距明显。

（五）平台服务能力有待提高

集群围绕新型碳材料领域已建设了一批专业平台，但仍缺乏在行业具有较强影响力和引领力的重大创新平台，需要进一步整合创新资源，强化平台在新型碳材料领域的检验检测、标准研究、产品认证、研发设计、成果转化等功能，引领碳材料产业升级。韩国三星综合技术院是实现韩国石墨烯产业产学研紧密结合的代表，它是在韩国政府支持下成立的企业研究所。三星综合技术院等企业研究所不仅服务于自身技术发展需要，还承担国家的课题研究，从而推动一大批韩国企业发展。相比而言，集群企业还有很大的提升空间。

四、集群培育提升的对策建议

常州应充分发挥自身优势，以打造世界级先进制造业集群为目标，不断促进产业链的综合发展，加快技术创新链、人才链、资本链、服务链和产业链的深度融合，形成点、线、面多层次的新型碳材料应用研发和产业发展格局。为此，我们提出以下建议。

（一）激发集群的创新活力

一是提升基础再造能力。对标世界先进水平，全面梳理集群在关键基础材料领域的薄弱环节，组织实施联合攻关，提升产业基础能力。研究发布新型碳材料产业领域的重点技术创新路线图，建立动态更新调整机制。以国家示范带动、第三方机构市场化推动、首台套拉动等方式，支持集群企业在短板材料、短板工艺技术等领域推进“一条龙”应用，以市场应用驱动产业基础能力提升。二是建设重大创新平台。加快建设一批国家重点实验室、国家制造业创新中心等创新平台，加速产业创新资源集聚，打造具有世界竞争力的龙头创新平台。实施大型企业研发机构搭建行动，支持企业建设研发机构和公共技术服务平台，推动中简科技、宏发纵横等龙头企业牵头申报国家级研发机构。

（二）提升集群的组织协调能力

一是强化服务平台能力。加强财政投入和政策支持，推动江南石墨烯研究院软硬件能力的提升，加快建设研发、中试、孵化等产业载体，建设碳材料表征、评价、标准和认证的综合性服务平台，提升宣传推广、投融资等公共服务水平，以发挥集群促进组织“织网器”的作用。二是加速企业融通发展。推动集群上下游企业协同发展，挖掘新型碳材料产业间的关联性，加速产业链与创新链深度融合，提高供给体系的质量和效率。鼓励集群龙头企业通过 5G、大数据、工业互联网等数字技术赋能，带动中小企业提升数字化水平，优化产业链上下游分工，打造线上线下相结合的大中小企业协同发展格局。

（三）提升集群的品牌影响力

一是培育国际知名品牌。建立集群重点品牌培育清单，支持隐形冠军企业打造自主品牌，积极注册国际商标，鼓励“专精特新”企业专注主导产品，保

持产品持续创新能力，进一步拓展国际市场，提升集群品牌的知名度和影响力。二是加快标准体系建设。实施卓越企业培育计划，鼓励龙头企业积极参与国际标准、国家标准、行业标准的制定和修订，建立专业标准化技术机构，开展各类标准化试点示范，抢占行业发展的话语权。推广先进质量管理方法，加强质量体系建设，鼓励制造企业导入国际测量管理体系。

（四）强化企业的创新主体地位

一是加强企业梯队培育。支持龙头企业通过项目投资、并购重组等方式提升创新能力，聚焦产业链的关键环节和核心技术，形成一批核心竞争力强的链主企业。鼓励中小企业走“专精特新”发展道路，集成现有政策资源，鼓励企业在技术创新、成果转化、品牌打造等方面取得突破，进一步增强中小企业的竞争力。二是强化企业上市支持。开展龙头企业上市培育行动，鼓励龙头企业提高国际化经营水平，逐步融入全球供应链、产业链、价值链，加强对“专精特新”、单项冠军中小企业进行上市培育和辅导，积极支持优质企业到主板、创业板、科创板及海外主板发行上市。

撰稿人：赛迪智库规划所　邱石

第三十二章

苏州纳米新材料集群

纳米技术是 21 世纪最重要的革命性技术之一，已经成为支撑多学科发展的重要引擎。2022 年，苏州纳米新材料集群主导产业总产值达 2260 亿元，在全国占比超过 30%。截至 2023 年上半年，集聚相关企业超过 1200 家，在多个细分领域填补了国内空白，目前集群已发展成为国内纳米产业和人才集聚度最高的区域，是全球八大纳米产业集聚区之一。

一、集群形成的动因和机制

苏州纳米新材料集群的产生和发展主要依托苏州工业园，按照政府主导规划的产业方向，从前瞻性布局到落地生根，发展成为如今国内领先、具有国际影响力、引领全球纳米新材料发展的高地。

（一）前瞻性布局

2006 年，苏州积极响应国家重大战略需求，将纳米技术应用产业纳入重点发展领域。纳米技术应用作为当时具有前瞻性的发展领域，对创新要求较高，苏州在纳米产业发展之初，就开始对接高水平国家级研究机构，为纳米产业高质量发展奠定基础。同年，苏州市政府与中国科学院、江苏省政府三方签署了共建中国科学院苏州纳米技术与纳米仿生研究所（以下简称苏州纳米所）的协议书，并开始组建，边建设、边招聘、边科研。历经 3 年，苏州纳米所初步达到了中国科学院序列研究机构的要求和水平，为当地纳米产业的发展提供了创新支持。

（二）落地生根

苏州在确定重点发展纳米产业后，陆续开始建设高水平的产业园区，招引高质量企业入驻。2007 年，苏州工业园区生物纳米科技园建成投入使用。同

年，科技部、商务部与江苏省政府共同批准苏州工业园区承建以生物纳米科技园为核心的国家纳米技术国际创新园。2013 年，集创新研发、工程化中试、小规模生产、成果转化、专利运营、产业服务、总部办公、会议展示、综合配套等功能于一体的产业综合社区——苏州纳米城首期正式投用，目前已成为全球最大的纳米技术应用产业综合社区。苏州工业园区纳米相关企业 700 多家，超过一半的企业集聚苏州纳米城。

（三）走向世界

集群发展需要吸收全球先进技术，于是在搭建自身产业承载园区和硬件平台的同时，积极寻找全球合作伙伴。2010 年，苏州工业园区召开了第一届专家咨询会议，汇集了 31 名海内外纳米科技领域的顶级专家为纳米产业的发展提供智力支持。2011 年，中国科学技术大学—加州大学伯克利分校联合纳米科学技术学院挂牌成立，开启了中外合作办学。同时，纳米城加速招引国外高水平研究机构入驻，自 2013 年以来，中芬纳米技术创新中心、荷兰高科技企业中国中心、捷克技术中国中心、伊朗纳米技术中国中心和江苏—安大略纳米技术创新中心等国际纳米技术创新中心陆续落户苏州纳米城。目前，集群在波士顿、新加坡等设立一批海外离岸创新创业基地，与美国、英国、德国、日本等近 20 个国家建立了合作关系。苏州纳米新材料集群已成为国际纳米技术资源进入中国的第一门户。

从苏州纳米新材料集群的发展历程看，政府在每一步都起到了关键作用，在初期进行前瞻性布局，让产业从无到有，后续投入大量资源建设高水平园区，为吸引企业创造了良好的硬件条件，同时引入高标准创新机构，培育纳米产业从小到大。苏州工业园区也发挥了对外开放的优势，寻求全球优质企业和创新资源，找到志同道合的伙伴共同推动纳米产业发展。

二、集群发展壮大的主要模式

苏州纳米新材料集群的发展并不是一帆风顺的，政府所起的作用非常重要，尤其是在前期选择纳米产业决定发展的时候，起到了至关重要的作用。在产业从无到有、资源要素欠缺的时候，政府又引导资源，提供优良的发展条件。随着集群的壮大，政府又根据集群所缺要素打造相应的发展环境。集群发展壮大的模式可以总结为“政府政策支持+创新主体引领+搭建‘塔形’平台架构+集聚金融和人才+打响集群品牌”。

（一）政府通过制定规划和相关政策，支持集群发展

自 2006 年苏州工业园区将纳米技术应用产业列为战略性新兴产业后，苏州持续加强对纳米产业的支持。从市级综合规划看，《关于建设苏州市先导产业创新集聚区的实施意见》将纳米技术应用产业列为四大先导产业之一，《苏州市独角兽企业培育计划（2018—2022 年）》将纳米产业列入重点扶持范围。从集群核心载体苏州工业园区来看，《建设世界一流高科技园区规划（2020—2035）》《苏州工业园区关于进一步促进纳米技术应用产业发展的实施办法》《苏州工业园区关于加快建设世界一流高科技产业园区的科创扶持办法》都对集群的发展，从未来产业发展空间、产业发展方向、要素支持等方面给出了针对性支持政策。

（二）创新主体集聚，引领集群发展

集群内创新主体逐渐集聚，在我国第一个以“纳米”命名的研究所——苏州纳米所落户苏州后，兰州化学物理研究所苏州研究院、中国科学院电子学研究所苏州研究院、苏州先进技术研究院、中国科学院微电子研究所苏州研究院也相继落户集群，开展相关领域基础性、战略性、前瞻性的创新工作。与此同时，集群内创新主体联合集群内外的相关高校、科研院所，共同开展创新研究。苏州纳米科技协同创新中心是以苏州大学为牵头单位，苏州纳米所、中国科技大学、西安交通大学、东南大学及江苏省纳米技术产业创新战略联盟等单位共同组建的新型协同创新体，整合各协同单位的资源，促进了人才、学科、科研、产业四位一体的融合。

（三）搭建“塔形”平台架构，服务集群发展

集群内公共服务平台完善，各类高端平台累计达 100 余个，形成了集群的“塔形”平台架构，从下至上分别为基础性平台、技术支撑与工程化平台、标准与检测中心、产业支撑平台、大科学装置。标准与检测中心包含纳米技术标准中心、纳米产品质量检测中心等。产业支撑平台包含纳米技术产业孵化中心、纳米技术产业投融资中心等。纳米真空互联实验站是世界首个按国家重大科技基础设施标准在建的集材料生长、器件加工、测试分析于一体的大科学装置，为国家战略高技术提供重要支撑。

（四）提供金融和人才相关支持，吸引集群相关要素集聚

纳米产业作为高科技产业，需要完善的金融服务提供支撑。苏州为纳米企业量身定制了优质金融产品，通过专业、深度的服务，改变了企业、政府、银

行三者之间的关系，降低了金融服务的高门槛，同时将纳米新材料企业高质量专利作为基础资产，建立了科技小贷、银行知识贷、企业债、证券化工作链条。吸引集群需要的高层次人才，苏州市政府通过“项目+人才”“平台+人才”“赛事+人才”和柔性引才的组合拳，有力吸引了全国乃至全球的人才为集群提供创新支持，汇聚了第三代半导体领域 80%的重点人才及团队，以顶尖人才团队带动的纳米新材料专业人才总量居全国首位。

（五）加大与外界的合作宣传，提升集群品牌影响力

集群与纳米技术应用产业领域的国际龙头组织及企业建立了战略合作伙伴关系，通过多层次、多领域、多维度的合作，提升了集群的影响力，在海外设立的离岸创新创业基地已经成为国际纳米技术资源进入中国的门户。中国国际纳米技术产业博览会自政府大力推动纳米产业发展就开始举办，力图打响地区品牌，目前已经成为国内水平最高、规模最大、影响力最广的纳米技术领域综合性国际产业大会，参展团包含了中国大部分省市自治区，以及全球近 20 个国家和地区。大会促进了集群企业与国内外纳米同行业企业的交流，提升了苏州纳米新材料集群的品牌影响力。

三、集群发展存在的核心问题

目前，集群在全国范围内走在了前列，在全球具备一定知名度，但在集群快速发展的过程中，创新水平存在短板、产业载体供给数量不足、高端骨干专业人才紧缺，影响集群向更高的目标迈进。

（一）创新水平存在短板

目前，纳米技术中涉及的高效分散技术、复合技术等仍然存在瓶颈，关键核心技术受制于人。在基础研究领域，团队规模较小且较分散，还未形成合力。缺乏原始创新成果，引领纳米产业的发展方向较为困难。大量研究仅停留在实验室阶段，向产业化发展还需要较长时间，技术产业化面临较大挑战。

（二）产业载体供给数量不足

集群经过近二十年的发展，面临土地空间不足的问题，根据苏州纳米新材料集群的发展目标，预计每年需新增载体面积 15 万平方米。部分新项目因土地空间不足而无法落地，存量项目存在搬迁或产能转移风险。同时，随着产业升级，特气配套全、环评要求高，对集群的产业载体提出了更高的要求，目前存在较大缺口。

（三）高端骨干专业人才紧缺

纳米产业作为典型的技术密集型产业，需要源源不断输入专业人才，但集群在高层次人才培养方面的教育资源不足，同时国内知名高校相关毕业生更倾向选择北京、上海等地方就业，集群引才成本高、难度大。

四、集群培育提升的对策建议

为推动苏州纳米新材料集群形成全球领先的集群，应加快推进创新体系建设，打造与集群发展需求相适应的生态体系，为此我们提出以下建议。

（一）全方位提高创新能力

推动姑苏实验室、纳米真空互联实验站二期等高能级创新平台建设，争取诺贝尔科学家实验室落户集群，扩大海外创新中心规模，引入更多优质海外创新资源。推动国家第三代半导体技术创新中心、江苏省纳米产业创新中心、长三角协同创新中心等新型研发机构建设。采用“公司+联盟”的新模式，发挥龙头企业的创新能力，联合苏州纳米所、苏州大学等研究机构，使产业链上下游相关主体共同突破关键环节核心技术短板。完善纳米技术项目合作机制，推动技术成果快速转化。

（二）提升网络化协作水平

发挥龙头企业的引领作用，支持龙头企业牵头组建技术联盟和产业联盟，促进协同制造和创新。支持上下游企业加强产业协同和技术合作攻关，增强产业链韧性。发挥集群促进组织的“黏合剂”作用，推进产业链对接交流，促进上下游资源、信息的有效流动。充分链接政府、高校、科研院所、平台、金融机构、龙头企业等各方资源，有效为集群服务。

（三）完善集群生态

加大高层次人才的引进力度，实施具有竞争力的海外人才引进政策，依托重大项目和重大工程建设一批创新人才培养示范基地。拓展融资渠道，支持种子基金、天使资本、风投等多元融资，加大纳米新材料产业专项债券的发行力度，鼓励金融机构在集群中发展产业链金融新产品，努力拓展集群重点企业和重大项目的融资渠道。根据区域特点和环境承载能力，进一步加大“腾笼换鸟”的力度，高效配置土地资源，拓展集群发展空间，确保好的项目不等土地。

（四）进一步加强对外开放

进一步发挥集群的对外优势，搭建各类国际经济技术交流与合作平台，建设一批纳米国际合作创新中心，鼓励企业在海外建立研发中心，支持企业参与国际科技合作计划，承担和组织国际重大科技合作项目。创新对外合作模式，采取“两国双园”等模式，进行改革试点，提升重点领域的开放合作水平。通过高层论坛、实地参观考察等方式，加强与国际纳米材料集群的交流。依托纳米产业博览会等重大展会，积极引进国际巨头在苏州设立地区总部和研发中心。

撰稿人：赛迪智库规划所　张兆泽

第三十三章

宁波磁性材料集群

磁性材料是支撑国防安全、5G 通信、轨道交通等领域发展的关键材料，打造国际领先的磁性材料集群，对维护我国产业安全、引领战略性新兴产业发展具有重要战略意义。2022 年，宁波磁性材料集群主导产业总产值达 466.6 亿元，在全国占比超过 45%。截至 2023 年上半年，集群拥有规上企业 125 家，集聚了全球体量最大、研究门类最齐全的研发队伍，产业配套齐全。

一、集群形成的动因和机制

（一）与科研院所合作，产业从无到有

1983 年，日本住友特金在总结前人研究的基础上，宣布发明钕铁硼稀土永磁材料。作为当时磁性最强的永磁材料，其具备广阔的商业前景，各国都在抓紧研究。在日本宣布后不久，中国科研人员在实验室开发出了稀土钕铁硼永磁材料，达到了当时世界先进水平。在当时中国科学院严东生、周光召两位院长的重视和支持下，考虑到宁波的区位优势，在当地没有原材料的情况下，在宁波磁性材料厂（科宁达前身）建立起国内第一条钕铁硼生产线。1988 年，美国的 TRIDUS 公司参股宁波磁性材料厂，成立了科宁达，科宁达通过引进国外的先进生产设备，提高了生产效率和产品品质，成为国内最早生产钕铁硼并出口美国市场的企业之一，同时也成为宁波磁性材料领域的龙头企业。之后，宁波诞生了永久材料、韵升强磁材料等企业，这些企业快速成长并在全国具有一定的知名度。通过企业快速集聚，宁波成为国内最早工业化生产钕铁硼的地区之一。

（二）科研院所落地，集群开始初显

1999 年，宁波稀土永磁企业的集聚度已达到一定程度，在全国占有重要地位，产量占全国产量的 40%，在原材料供应、产品生产、外贸出口等方面已有

较好基础，基本形成了一定的生产经销网络。但是，企业都追求规模的扩张，导致产品同质化严重、低档产品过多。宁波市政府意识到当地没有国家级研发机构，在应用产品开发研究方面存在严重不足，极大地制约了宁波稀土磁性材料产业的发展。由于宁波市政府前期与中国科学院有着良好的合作关系，通过主动邀请，2004 年，国家级研究机构中国科学院宁波材料技术与工程研究所（以下简称宁波材料所）落户宁波。面向磁性材料产业对科技的需求，宁波材料所成立了磁性材料事业部。成立之初，企业不清楚科研机构能为企业带来些什么，宁波材料所则通过主动深入企业，为企业解决实际工艺问题，弥补了当地创新研发短板。

（三）产业链上下游集聚，研发创新平台丰富完善，集群基本形成

经过 30 多年的发展，目前宁波形成了稀土金属原料、磁体毛坯生产、磁体加工、下游应用的完整产业链。其中，宁波复能等公司可提供满足镨钕镝铽等稀土原材料、磁性材料加工所需的模具、设备、机加工等配套设备及服务，可以为企业提供个性化生产，宁波镇海区专门建有供磁性材料表面处理的园区，可满足各类电镀加工需求。下游永磁电机、注塑机和数控机床等对磁性材料需求旺盛，从而为奥克斯、新松机器人、吉利汽车、雅迪机车等汽车、机器人、家电终端产业提供配套。此外，宁波材料所落户宁波后，各类研发创新平台迅速完善补齐，形成了全球体量最大、研究门类最齐全的磁性材料研发创新平台，主要包括稀土永磁材料与应用技术国家工程实验室、国家磁性材料科技创新服务平台等国内先进研发创新平台。以平台为载体，汇聚了李卫院士团队、沈保根院士团队等高端人才 300 余人。创新集聚带来企业质量的提升，截至 2022 年年度，集群内拥有国家高新技术企业 174 家。此时，宁波市磁性材料产业在研发、制造和应用等方面均处于全国领先地位，集群基本形成。

从宁波磁性材料集群的发展历程看，稀土磁性材料产业能在宁波生根并壮大，创新是主要因素，宁波抓住了中国科学院想把新技术产业化的机会，让新产业在宁波落地。新产业初期的规模快速扩张，但发展到一定阶段遇到了瓶颈，以各类创新平台为载体引来的高端人才，从根本上解决了集群发展动力不足的问题，为宁波磁性材料集群发展成为世界级先进制造业集群打下了坚实基础。从合作创新主体申请的专利来看，集群已经形成了密集的创新网络。宁波材料所和集群内的龙头企业都发挥了重要的作用，首先宁波材料所已经成为集群内的创新节点，联合申请主体广泛，有力推动了集群内创新意识的传播；其次龙头企业也建立了较为密集的创新网络，整个集群创新协作氛围浓厚。

二、集群发展壮大的主要模式

宁波磁性材料集群的发展并不是一帆风顺的，但每当发展遇到瓶颈，宁波市政府都会及时快速总结并解决问题。随着集群不断壮大，政府不断根据集群发展需求打造相适应的发展环境。通过数年的更新迭代，集群发展壮大模式可以总结为“集群发展政策规划先导+创新载体引领+完善集群硬件平台+补齐功能性服务+系统整合资源”。

（一）集群发展政策规划先导

通过集群发展政策规划先导，从政府层面确立了稀土磁性材料产业的发展地位，确定了集群未来的发展方向，引导各方资源向集群汇聚。宁波市政府历来高度重视稀土磁产业的发展，从行业大规划看，在《宁波市新材料产业集群发展规划（2019—2025 年）》《宁波市“246”万千亿级产业集群培育工程实施方案》等规划中，稀土磁性材料产业占有重要地位。从具体细分行业看，《宁波市稀土磁性材料产业集群高质量发展行动计划（2020—2022）》《宁波市稀土磁性材料产业链培育方案》陆续出台，对集群发展予以更深入的指导。政府定期发布规划，使产业具有连贯性，同时也确立了集群的发展地位，凝聚了各方发展共识，为推动集群发展打下良好基础。

（二）创新载体引领

通过创新载体引领，形成前瞻性探索与应用研究并重的格局，打通了集群内从实验室到产业化的创新之路。集群重视创新的带动引领作用，创新载体的能级、数量不断增加，专业度不断加深，如中国科学院磁性材料与器件重点实验室作为前沿引领的重点平台，下设稀土永磁材料、非晶软磁材料、磁性纳米材料、磁电子材料与器件探索前沿方向，定位为对目前稀土磁性材料基础研究领域进行大胆探索，努力突破“从 0 到 1”的问题。磁性材料应用技术创新中心作为主攻应用创新的平台，注重共性技术攻关和产业化，布局了 6 个共性技术研发项目，拥有预研项目 9 项。中心将 3～6 级成熟度的中试项目直接与市场结合，打通了科技成果通往市场的“最后一公里”。各创新载体的定位不同，填补了创新的每个环节，打通了从实验室到产业化的创新之路。

（三）完善集群硬件平台

通过完善集群硬件平台，夯实集群发展基础，帮助中小企业减轻设备资金负担。发展稀土磁性材料产业需要企业投入测试检验和分析设备，这是企业需

要的设备，但又负担较重，阻碍了中小企业的发展。针对集群内的共性需求，政府提供硬件平台，为集群内中小企业提供服务。新冠疫情期间，公共测试平台为集群企业提供测试 1050 次，减免测试费用超 300 万元。例如，磁性材料测试中心提供磁性材料的成分分析、结构分析、磁性能分析等检验检测服务。国家磁性材料产业计量测试中心把扫描电镜、振动样品磁强计等价格昂贵、企业使用频次低、维护成本高的设备面向全社会开放，为行业检测能力的提升节约了大量成本。

（四）补齐功能性服务

通过补齐功能性服务，改善集群发展软环境，促进集群生态健康发展。全面和高质量的功能性服务对集群的发展至关重要，企业集聚后，会产生共性的服务需求，好的服务有助于企业做大做强，同时良好的软环境会吸引更多的企业集聚。集群内的功能性服务不断完善。人才服务方面：截至 2022 年年底，磁性材料领域领军人才驱动中心引进或合作业内专家 50 人次，对入选人才团队最高给予 2000 万元资助，集群内行业专家和科研团队在一站式交易服务平台进行了整合，方便供需方进行对接合作。金融服务方面：依托首个国家保险创新综合试验区的优势，出台了宁波新材料首批次应用保险补贴政策。技术服务方面：交易服务平台产业交易模块可以对接最新技术产品，同时不断提高宁波技术转移从业人员的专业素养和实践能力。专利服务方面：为企业提供专利导航服务、贯标服务、专业知识产权托管服务。

（五）系统整合资源

通过系统整合资源，形成合力，促进集群内的企业交流和对资源的高效利用。集群内积累了丰富资源，系统整合资源有助于实现资源效率最大化，同时加强集群内的企业联系，对大中小企业融通发展有所帮助。集群根据发展需求成立了整合资源的磁性材料创新服务综合体，是集技术研发、技术中试、检验检测、项目培育、成果转化、人才培训、展览展示等功能于一体的创新服务平台。运营单位是集群内 35 家磁产业上下游企业联合发起的磁产业技术创新联盟，联盟运营加强了集群企业的联系。综合体下属的四中心包括知识产权服务中心、检验检测服务中心、对外合作服务中心、企业成长服务中心，系统提供了应用开发、检验检测、标准信息、成果推广、创业孵化、国际合作、展览展示等 10 种服务。系统整合集群内资源，符合集群目前和未来发展的需要，有助于集群企业用好资源，加速发展。

三、集群发展存在的核心问题

目前，集群在全国范围内走在了前列，但与美国、日本等国家相比起步略晚，一直处于追赶的状态，在创新、产业链等方面还存在短板。

（一）专利布局与日本存在差距

日本日立、日本大同电子等公司掌握着大部分核心发明专利，在成分和结构专利到期后，又通过工艺技术专利形成专利壁垒。虽然近年来集群内科研院所、企业对推动国内专利发展做出重要贡献，但技术专利受制于人的局面没有发生根本改变，在国际高端市场拓展、企业上市等诸多方面受到影响。

（二）未来重点方向有待突破

目前，集群在未来磁性材料（如新型磁敏感材料与纳米磁性材料等）产业领域，还需要投入大量创新资源，这决定了集群在人工智能、机器人等高端磁电子行业的核心竞争力。

（三）创新合作还有待加强

从合作主体看，集群内的龙头企业合作还未出现，都注重各自创新网络的搭建；龙头企业和科研院所的合作需要向更深层次迈进。

（四）制造的产品附加值低，下游的产品不够丰富和高端

与美国、日本及欧洲相比，集群在高端产品的一致性、耐蚀性、抗冲击性、强韧性、磁电热特性，以及材料的机械加工工艺、生产装备水平等方面，仍存在一定差距。下游的永磁电机产品市场占有率不高，高端产品市场占有率更低，集群产品主要集中在产业链中游。

四、集群培育提升的对策建议

瞄准世界级先进制造业集群培育目标，加快推进创新体系建设，强化企业主体地位，统筹配置服务资源，增强服务功能，营造产业发展的良好生态，形成国内领先、国际一流的磁性材料产业集聚发展高地。为此，我们提出以下建议。

（一）建设高能级创新平台，引导创新主体合作

升级现有创新平台，中国科学院磁性材料与器件重点实验室争创国家重点实验室，浙江省磁性材料应用技术制造业创新中心争创国家制造业创新中心，

高标准建设甬江（新材料）实验室，通过持续高投入，争取在磁性材料及器件领域取得一批世界级的重大科技成果，在产业化方向取得突破，引领全国乃至全球磁性材料产业的发展。以重大技术突破和重大应用需求为主攻方向，政府应该引导集群内龙头企业之间和研究院与龙头企业之间开展深层次、高水平合作，充分发挥龙头企业自身的技术强项和研究院的基础研究能力。

（二）延长产业链，推动价值链提升

针对集群产品大多处于产业链中游，且附加值不高的情况，先要做强原先的优势领域，如稀土金属、制造测试装备，永磁电机、电力设备中的电动工具、磁力设备中的除铁器、医疗健康中的核磁共振、日用家电等，提高产品的附加值。对产业链中间环节缺失且有重要价值的予以补齐，如软磁材料、新型磁材、前沿磁材、磁性器件等。对下游领域还缺失的进行拓展，如通信电子中的手机、计算机、耳机等。

（三）培育优质企业，促进大中小企业融通发展

通过实施“凤凰行动”“放水养鱼”计划和科技企业“双倍增”计划等，培育一批具有国际竞争力的行业领军企业和单项冠军企业，深入实施专精特新“小巨人”企业培育行动，推动中小企业聚焦主业，增强核心竞争力。助力具有较好发展潜力的科技初创企业快速成长，形成稀土磁性材料及应用领域新的增长点。构建企业结构合理、大中小微企业融通发展的梯队架构，支撑集群可持续发展。

（四）完善集群生态，推动集群高质量发展

从人才管理、金融服务等方面推动集群高质量发展。通过“甬江引才工程”等各类引才项目，引进磁性材料产业研发、生产、管理的专业化人才，依托职业技术学校，加大技能人才培养力度，打造梯度合理的人才队伍。构建集基金、银行、保险、信贷等于一体的多元化投融资体系，重点加大保险补贴资金支持力度，为磁性材料创新产品的推广应用提供风险补偿。加强浙江省磁性材料应用技术制造业创新中心等平台载体建设，统筹整合资源，为集群发展提供支撑和服务。

撰稿人：赛迪智库规划所　张兆泽

第三十四章

赣州稀土新材料及应用集群

稀土是不可再生的战略资源，被誉为“现代工业维生素”，被广泛应用在航空航天、新能源汽车、轨道交通等领域，也是制造导弹、雷达、潜艇等高科技武器不可替代的核心材料。赣州是重稀土的原料产地，离子型稀土产量在全国占比达到80%，因此赣州被称为“稀土王国”。2022 年，集群主导产业总产值达 562.26 亿元，在全国占比超过 33%，截至 2023 年上半年，集群集聚相关企业 500 余家，其中 25 家企业进入稀土相关细分领域全国 20 强，稀土行业唯一的央企——中国稀土集团落户赣州。集群的稀土金属冶炼能力、稀土永磁材料产能在全国名列前茅。

一、集群形成的动因和机制

（一）稀土从勘探、开采、提取到粗加工

赣州稀土勘探经历了较长时间，1969 年年初，我国对重工业布局及地质找矿进行了重大调整，其中稀土成为重点矿种之一。1969 年年底，根据群众报矿提供的线索，圈定了稀土矿范围。因寻找稀土矿种属于国家机密，矿区用“七〇一矿”标识。经历近十年的探矿，1979 年年底，勘探报告经江西省矿产储量委员会审查予以批准，“七〇一矿”重稀土氧化物储量达大型规模。新类型重稀土矿床的发现，让稀土找矿进入离子型时代。发现重稀土后，赣州只有粗加工的能力，大多将初级材料出口到国外。此时中小企业同质化严重，都靠着出口初级材料来维持生存，生态环境保护受到挑战。

（二）引进和培育并重，集聚效应初显

2010 年以后，国家着手对稀土开采、冶炼企业进行控制，同时新能源产业的蓬勃发展为赣州带来了巨大机遇，赣州企业“低散乱”的现象开始有所变化。政府注意到企业集聚的重要性，在 2012 年，提出打造“中国稀金谷”促进企业集聚、产业集中。2015 年，国家为促进资源整合，成立了中国南方稀土集团，它是江西省稀土

的唯一合法采矿权人。此段时间，本地企业开始注重提高产品的附加值及自身的创新能力，如已成为全球最大稀土磁性材料工厂的金力永磁当时参与了国家“863”计划，相关部委、省级和市级政府都给予了支持。在培育本地企业茁壮成长的同时，政府注重引进稀土相关企业，如中国中车、中科三环、中核集团等。经过十几年的发展，赣州企业具备了稀土深加工能力，也开始向产业链中下游延伸。

（三）国家级平台和央企入驻，集群发展水平加速提升

赣州稀土产业飞速发展，产业集中度得到了前所未有的提升。由于稀土是国家战略物资，国家不允许稀土像之前那样便宜出口，对稀土的深加工能力和对产业链中下游的掌控能力提出了更高的要求。这一切都要以创新为基础，针对集群创新能力较弱的问题，国家级创新资源开始导入集群，2020 年 1 月，中国科学院稀土研究院在赣州正式挂牌成立，致力于“创建世界一流和全国最强的稀土研究机构”。2020 年 3 月 30 日，工业和信息化部批复组建国家稀土功能材料创新中心，集群将联合国内稀土领域优质创新资源，加快稀土功能材料领域关键共性技术突破。为推动稀土资源优势互补、稀土产业发展协同，2021 年 12 月，中国稀土集团正式挂牌成立，总部落户赣州，使集群地位进一步提升，为集群发展带来了新的机遇。

从赣州稀土新材料及应用集群的发展历程看，集群是稀土的源头产地和集散中心，是在资源型地区发展起来的。由于稀土在我国发现较晚，目前储量还较丰富，对我国关键产业领域的未来发展将产生较大的影响，国家近几年向集群导入了大量的优质资源，增强了集群发展的动力。集群的发展和国家的支持密不可分，同时受到新能源市场规模扩张的影响，大量企业在原产地集聚，形成了集群发展的双重动力。

二、集群发展壮大的主要模式

赣州稀土新材料及应用集群的发展速度并不是线性的，前期经历了相当长时间的沉寂，在国家战略、产业变革的背景下，集群抓住了机遇，实现了跨越式发展。通过其发展历程，集群发展壮大的模式可以总结为“国家战略支持+创新载体引领+产业风口促进企业集聚+提升功能性服务水平”。

（一）国家战略支持，在政府层面确立了稀土产业的发展地位，引导各方资源向集群汇聚

近年来，赣州深入贯彻落实习近平总书记视察江西赣州期间对稀土产业发展的重要指示精神，强调“稀土是重要的战略资源，也是不可再生资源”。从国

家层面来看，先后出台了《国务院关于支持赣南等原中央苏区振兴发展的若干意见》《国务院关于新时代支持革命老区振兴发展的意见》等支持赣南苏区的政策文件125个，其中稀土是重要支持领域；从省级层面来看，出台了《江西省人民政府办公厅关于促进稀土产业高质量发展的实施意见》（赣府厅发〔2020〕2号）；从市级层面来看，出台了《赣州市稀土钨稀有金属产业发展规划（2021—2025年）》《关于促进稀土功能材料及应用产业发展若干政策措施的意见》等系列政策文件，为集群发展提供支持。集群确立了打造具有全球影响力的稀土新材料及应用集群的目标，争取各方的政策支持，以推动集群发展。

（二）创新载体引领，提升集群技术攻关能力，促进产品向中高端迈进

集群在原料产地的优势上，加强了创新能力建设。虽然集群本身缺乏创新资源，但是因其战略地位，争取了诸多国家级创新平台入驻，目前集群构建了“一院、一校、一中心、*N*平台”的稀土产业创新体系。“一院”，即中国科学院赣江创新研究院；“一校”，即江西理工大学；“一中心”，即国家稀土功能材料创新中心；“*N*平台”，即国家钨与稀土产品质量监督检验中心、国家离子型稀土资源高效开发利用工程技术研究中心、赣州有色冶金研究所、严纯华院士工作站、顾国彪院士工作站等。新型高效智能永磁磁浮轨道交通系统是江西理工大学联合其他国内高校、科研院所、企业共同建设的，其带动了相关产业的技术创新，促进了本地产业升级。

（三）产业风口促进企业集聚，产业链条更完整

随着新能源汽车的快速渗透，我国新能源汽车产销量已经连续8年居全球第一，带动了上游稀土产业的快速发展。在产业风口上，作为原料产地，要推动产业链向中下游延伸，产品迈向中高端，就需要有相应实力的企业。中国稀土集团的入驻，在无形之中吸引了一批企业落户赣州；本地金力永磁经过多年发展已经成为行业内的龙头企业，带动了相关中小企业的发展。同时，集群以永磁电机产业园为载体招引本地基础薄弱的企业，吸引了生一伦电投、汉驱智能、中科拓又达等50多家电机及智能装备制造企业落户。集群引育并重，拓宽了集群企业的业务边界，形成了更为完整的产业链。

（四）提升功能性服务水平，夯实集群发展基础，服务好中小企业

稀土产业需要投入测试检验和分析设备，集群促进组织江西省钨与稀土研究院承担了这一任务，组建了集群检测联盟，实现了大型仪器设备共享1000多台套，服务企业3000余家。随着集群数字化水平要求的提高，江西省钨与稀土研究院建立了稀金科创云平台，里面包含稀土产业大数据库，采集了产业、

科技、人才、金融、市场、资讯等数据信息，实现了信息共享共用。另外，江西省钨与稀土研究院建立了稀土产品追溯系统，实现了来源可查、去向可追、责任可究，推动了集群内产品质量的提升。

三、集群发展存在的核心问题

目前，集群发展得到国家的大力支持，发展势头强劲，但是与美国、日本等国家相比起步略晚，在创新、产业链等方面还存在短板，前期发展所积累的问题还需要时间来消化解决。

（一）产业结构需要优化

集群的产业结构还需要进一步优化，目前上游稀土开采、冶炼占比较大，稀土氧化物产能过剩，但是中下游的高端应用产品不足，生产的稀土永磁材料、发光材料在指标的稳定性和一致性方面与国外产品还有一定的差距，难以满足高端产品的要求。

（二）研究重心需要转移

由于历史原因，集群研究的重心在产业链上游，主要为稀土开采、分离技术和简单的功能材料开发，对稀土新材料及高端应用领域的技术研发、工程验证、技术孵化和产业化等方面重视不足，基础研究和共性技术研发的资金投入不足。

（三）创新合作还有待加强

目前，集群内创新平台存在多头部署、分散投入的现象，难以形成合力，新入驻的创新平台还需要和当地磨合适应。整体创新能力需要进行系统的组织，以加强创新平台之间、平台和当地企业之间的合作。

（四）环境保护压力较大

前期的过度开采对当地的环境产生较大影响，稀土矿山恢复治理需要较多资金。企业需要更新工艺，采取新的节能降碳技术来应对“双碳”目标带来的环保压力。

四、集群培育提升的对策建议

下一步，为推进赣州稀土新材料及应用集群向世界级迈进，应利用好自身资源优势和政策支持，支持企业梯队发展，发挥创新平台的引领作用，推动产业链延伸，完善集群生态。为此，我们提出以下建议。

（一）做大做强龙头企业，促进大中小企业融通发展

发挥好央企总部的优势，支持规模较大、效益较好、带动能力较强的龙头企业发展，在土地分配、能源保障、资源供应、生产要素配套等多方面给予支持，鼓励企业吸引战略投资合作伙伴，推进企业与国内外技术领先的稀土新材料企业强强合作。促进中小企业专业化发展，培养更多专精特新“小巨人”企业。支持本地配套中小企业与大企业、大集团建立长期、稳定的协作关系，开展供应、生产、销售、技术开发等领域的合作。

（二）加强高能级创新平台建设，引导创新主体合作

推动中国科学院赣江创新研究院、国家稀土功能材料创新中心等国家级创新平台建设，始终瞄准国家科技重大战略需求，聚焦新一代信息技术、航空航天、先进轨道交通、新能源汽车等领域，加强与国家钨与稀土产品质量监督检验中心、国家离子型稀土资源高效开发利用工程技术研究中心、赣州有色冶金研究所等创新平台合作，集聚创新资源，实施一批重大科技专项，实现重大科技成果转化落地。

（三）延伸产业链，推动价值链提升

针对集群内产品大多处在产业链中上游，且附加值不高的情况，加快与新兴产业对接配套。在新能源汽车领域，加强永磁材料在永磁电机中的应用，以及稀土催化材料的技术研究和储备，开发高比容量、低自放电、长寿命、快速吸放氢的稀土储氢合金。在电子信息领域，实现与赣州智能终端及电子元器件产业的衔接配套。在装备领域，加快稀土材料及其应用器件在传感器、伺服电机等的应用验证，向高档数控机床和机器人等整机拓展。

（四）完善集群生态，推动要素形成合力

系统整合人才、金融、土地等资源要素，完善集群生态，形成合力，支持集群建设。充分利用国家部委对口支援优势和深（圳）赣（州）对口合作机制，出台含金量高的人才政策，吸引高端人才为集群服务。设立产业引导专项基金，投资稀土科技型中小企业。对高技术项目和重大项目给予积极的放贷政策，引导稀土新材料产业转型升级和企业的技术进步。将集群重点发展的项目提交省重大项目调度会，争取省级用地指标，增加用地量。

撰稿人：赛迪智库规划所　张兆泽

第三十五章

宁波绿色石化集群

宁波石化产业经过 50 余年的发展，已建成以大炼油、大乙烯为产业链环节，有机化工原料、合成材料、化学品制造业协调发展的产业体系，集聚了镇海炼化、大榭石化、中金石化、万华化学、逸盛石化和东华能源等具有一定竞争力的企业，形成了以循环化、绿色化发展为底色，以一体化、数字化发展为特色，以协同创新发展为基调的集群化发展格局。2022 年，集群主导产业总产值达 5221 亿元，在全国占比超过 3.7%。

一、集群形成的动因和机制

（一）奠基期：从炼油厂起步到化工园区成立

20 世纪 70 年代初期，为解决浙江燃料供应严重不足的问题，中石化在宁波市镇海区建立了浙江炼油厂（镇海炼化前身），奠定了宁波石化产业的基石。建厂初期，其只有一条生产线，年产能仅为 100 万吨，随着中国经济的快速发展，其不断扩大生产规模，增加生产线，提高产能。到了 20 世纪 90 年代，镇海炼化已经成为中国石化行业的重要组成部分，年产能达到了 3000 万吨。1998 年，宁波化工区设立（2010 年更名为宁波石化经济技术开发区），推动市中心一些化工企业搬迁入园。随着开发的深入，宁波化工区把周边的镇海炼化纳入管理范围，园区主要企业有镇海炼化、宁波化工、宁波明日、宁波 LG 甬兴、浙江太平洋等。产业集聚的发展态势初步形成，集群雏形开始显现，为宁波绿色石化集群的发展奠定了基础。

（二）成长期：改革开放春风吹动临港石化发展

2006 年 3 月，经浙江省政府批准，宁波化工区升级为省级开发区。1993 年 3 月，国务院批复同意由中信公司成片开发大榭岛，大榭经济技术开发区随

之成立，并明确了以固投大、税收贡献高的石化产业为主的定位，着力打造世界一流的石化产业基地。大榭经济技术开发区坚持按照规划先导、基础先行、分步实施、内外资并举和可持续发展的工作要求，本着外向型、高起点和持续、快速、安全、健康的发展理念，推动产业集聚。在后续开发建设过程中，大榭经济技术开发区凭借政策优势、岸线优势和区位优势吸引了一批国内外知名企业落户，如中海油、中石油、中石化、万华化学、东华能源、韩国韩华、德国林德、招商局等一批世界500强企业和国内重大企业，实现了临港石化工业的高效集聚发展，形成了以石化、基本化工原料为主，包括农用化学品、精细化工中间体、涂料、染料、橡塑制品、化工机械产业的集群。

（三）成熟期：炼化一体，延链、补链，不断助力宁波绿色石化集群发展壮大

龙头企业的引领作用不断显现，大榭经济技术开发区充分发挥镇海炼化、镇洋化工、中金石化、富德能源，以及世界500强企业带动石化产业链发展的重要作用，积极向下游产业链延伸，着重发展C2、C3、C4、芳烃产业链等。目前，园区已基本形成以上游石油加工产业为主导、中下游化学品产业配套发展的一体化石化产业体系，上游拥有炼油、乙烯炼化一体化项目，中下游拥有聚乙烯、聚丙烯、C5/C9及ABS、聚酯等合成材料，DOP、乙酰胺、过氧化物、表面活性剂等精细化工产品。

二、集群发展壮大的主要模式

（一）高起点规划、高标准建设园区，推动产业集聚发展

宁波石化经济技术开发区建设之初，管委会提出采取“油头化尾”、顺流而下（从基本化工原料开始，逐步向后加工产业发展）与逆流而上（从后加工开始，与上游原料产业对接）相结合的模式，以烯烃、芳烃为主要原料，发展以三大合成材料及其深加工为特色的石化产业，并配套发展基本化工原料产业的开发战略。同时，按照建设现代化工业园区的要求和化工行业的特点，高标准建设园区基础设施，配套建设了液体化工管廊、污水处理、集中供热、危废处置、信息传送等基础设施，推动产业集聚发展。集群建有全球最大的45万吨/年原油接卸泊位，万吨级以上原油、LNG、液化品泊位45个。集群建成原油、天然气、化学品管廊近1000千米，原油管道直达石化园区，成品油管道远达杭金衢。与常规输送方式相比，管道输送方式的成本相对较低，且节能效果明显，同时园区企业间可借助管道输送实现互补，有力促进了集群集约发展。

（二）以资源循环化推动集群绿色发展

宁波石化经济技术开发区把发展循环经济、建设生态园区的理念贯穿于园区开发建设的全过程，推动污染物减量，不断提升资源的再利用水平，大力推进资源节约型园区建设。在产业发展中，宁波石化经济技术开发区始终遵循"资源利用最大化、产品效率最优化、污染排放最小化、经济发展持续化"的原则，从纵向、横向不断丰富、延伸循环经济产业链，逐渐形成了园区内外、区内企业、企业内部的大小循环。集群以大企业"三废"为原料生产市场需要的各类产品，并逐渐向下游延伸，实现资源再利用。例如，恒河新材料的主要产品是双环戊二烯，其生产原料来自镇海炼化乙烯生产线的副产物，双环戊二烯与镇海炼化的另一项产品丁二烯，可转化为三元乙丙橡胶生产所需的助剂，镇海炼化的副产物与恒河新材料的产品结合在一起，成为爱思开生产所需的助剂，几家企业形成了一个中型的循环。循环发展不仅提高了资源利用效率，而且使企业联系更紧密，促进了企业集聚发展，极大地发挥了石化产业集聚发展的优势效应。2014 年，宁波石化经济技术开发区经国家发改委办公厅、财政部办公厅发文正式确定为循环化改造示范试点园区；2017 年，宁波石化经济技术开发区被工业和信息化部列入第一批国家级绿色园区名单。2022 年，集群成功入选国家先进制造业集群名单。

（三）数字赋能促进集群低碳智能发展

一是打造石化行业数字化转型标杆。镇海炼化将深化数字化转型确定为改革战略，通过实施战略定位牵引，重点打造"三构建、三提升"：构建数字化的新型企业架构，提升管理运行效率；构建数字化的交付、运营、绩效、党建等多种智能场景，提升决策能力；构建产业链数字化协同平台，提升产业链协同发展水平。二是坚持效果、效率、效益导向，完善数字化转型工作体系和工作机制，通过组织重组、流程重构、制度重塑全方位纵深推进数字化转型，实现管理简化、量化、优化。三是建设全面覆盖的 5G 网络，部署国内首座国产化 2.5 万吨级聚烯烃智能立体库、无人值守变电所、近 2000 台在线分析仪和一批 RPA 流程机器人设备，依托"企业大脑"统筹管理生产运行全流程，实现生产运行智能化、设备管理数字化、企业管理信息化、工业互联平台化。

三、集群发展存在的核心问题

对标欧美先进石化集群，宁波绿色石化集群还存在规模不够大、产业链亟待向高端化迈进、资源统筹利用水平不够等问题。

（一）规模不够大

尽管宁波绿色石化集群发展迅速，也聚集产生了镇海炼化、万华化学等龙头企业，但对标巴斯夫、陶氏化学等世界巨头，产业规模还有明显差距。美国《化学与工程新闻》（C&EN）公布的“2022 年全球化工企业 50 强”中，巴斯夫 2021 年集团销售额达 930 亿美元，宁波绿色石化集群 2022 年规上企业总产值为 5221 亿元，按当年平均汇率换算，约为 777 亿美元，整个集群营收不及一家企业。镇海炼化、万华化学的规模与国际巨头巴斯夫的差距比较明显，产业竞争力亟待提升。

（二）产业链亟待向高端化迈进

宁波绿色石化集群已成为全球化工品的主要生产基地，以炼油、乙烯为龙头，延伸发展 C2、C3，以及精细化学品、化工新材料，基本形成了“油头化尾”的全产业链发展态势。但是，从产业结构来讲，石化产业链上游炼油加工与下游化学原料和化学制品的产值比例，相较于新加坡的产业结构有较大差距，石化产品的精细化率与发达国家相比有明显差距。例如，芳烃-PTA-聚酯产业链 3 个环节虽然规模持续壮大，但 PTA 下游的高端工程塑料目前仍然是短板。另外，炼化一体化生产工艺创新能力有待提升，如在大乙烯、芳烃联合、常减压及催化裂化等工艺中，一些企业多使用霍尼韦尔提供的技术或催化剂，需要从国外购买。

（三）资源统筹利用水平不够

一是产业链上游原油和天然气基本依靠进口，得益于深水港口，2022 年宁波港域码头原油吞吐量达 7285.6 万吨，集群石化产业易受国际原油市场和国际原材料市场供应波动的影响。二是集群内部资源统筹利用水平还比较弱。宁波绿色石化集群已形成在大榭、北仑、镇海 3 个沿海地区高度集聚发展的格局，然而园区之间跨度较大，联系较弱。不同园区的起步时间不同，缺乏宏观规划，园区发展相对独立，跨园区的互供方式比较低效，亟待建立协同发展机制，提高资源统筹利用水平。

四、集群培育提升的对策建议

为推动宁波绿色石化集群向世界级先进制造业集群迈进，应提升产业协同创新水平，推动产业链向高端化迈进，加快数字化、智能化改造，提升集群数

字化、绿色化发展水平，不断壮大集群规模，增强集群的综合竞争力。对此，我们提出以下建议。

（一）加快推动产业链向高端化迈进

创新引领性是建设世界级先进制造业集群的必然要求。世界级绿色石化集群的上游基础化学材料中，高端材料占比较高，呈现“基础+高端”的格局，下游精细化产品比重高、特种化学品比重高。宁波绿色石化集群下一步要重点发展国内市场紧缺的高端化工新材料，大力发展特种化工新材料。要发挥龙头企业的引领作用，建立协同创新机制，重点突破“卡脖子”问题，打造技术先导石化基地、石化技术创新高地和原创性技术策源地，在关键材料、关键环节形成上下游衔接协作、完整配套的产业链。

（二）提升集群数字化水平

坚持数字化改革引领，供给侧、需求侧双向发力，深入推进标杆示范、行业推广、平台赋能、生态培育等，努力开创数字赋能推动石化产业变革的新局面。一是聚焦打造数字经济核心产业突破口。围绕石化产业数字化转型所需的数字元器件、数字智能终端、工控安全、工业互联网等领域，大力引进培育一批专业的数字技术公司，鼓励大型石化企业剥离信息化部门，推动数字化转型经验加快复制。二是聚焦深化“产业大脑+未来工厂”的发展模式。推动产业基金加大对“产业大脑”及其生态应用的支持力度；强化应用场景创新谋划和推广复用；推动“产业大脑”向更多化工园区和企业延伸拓展，进一步做优做强。三是加快构建数字一体化集群生态。以宁波绿色石化集群成功获评国家级先进制造业集群为契机，进一步对标世界级先进制造业集群，加快提升炼化一体化水平；聚焦发展化工新材料、专用化学品等高端产品，不断优化空间布局和产业结构，为数字化变革提供更加肥沃的“土壤”。

（三）打造世界一流的企业群体

加强产业的横向集聚，以链主企业为龙头企业，带动下游企业进行系统性完善与升级，形成有效供应链，深化企业合作交流。进一步发掘本地中小企业的潜力，鼓励企业主动开发一些性能更强、品质更优、性价比更高的产品，提升产业链协同发展能力，形成上下游产业配套完善、大中小企业协同发展的良好生态。推动石化产业先进生产要素向集群集聚，促进经济主体快速衍生和成长；推动企业对标国际、国内先进水平，完善质量标准体系，以高标准引领企业改造提升。鼓励有实力的企业积极参与中石油、中石化等国内企业在海外开辟的石化园区建设，在国际化过程中不断提升企业的国际化发展水平。

（四）提升资源统筹利用水平

推动石化产业园一体化发展，以园区各类基础设施的共建共享、集成优化为原则，对集群区域内的化工产品管廊、仓储、物流、码头等专业领域进行统一规划，完善供水、供电、供热、工业气体、液体管廊等公用管网一体化设施，加快推进大榭—北仑—镇海跨区管廊工程建设，尽快建成一体化污水管网和废气、废渣处理设施。以大榭经济技术开发区、宁波石化经济技术开发区等重点园区为基础，统筹舟山石化与宁波石化的发展布局，建立炼化一体化发展的协调机制，增强集群竞争力。加强与油气资源丰富的国家和地区开展油气开发合作，鼓励民营企业通过参股国有油气、化工企业，强化与国有油气、化工企业的合作，拓展国际油气资源供应渠道，保障上游的原材料供应。

撰稿人：赛迪智库规划所　岳维松

生物医药及
高端医疗器械篇

第三十六章

深圳、广州高端医疗器械集群

高端医疗器械的自主可控事关国家安全。深圳、广州高端医疗器械集群（以下简称深广高端医疗器械集群）的培育，既符合国家战略布局，又是推动粤港澳大湾区医疗器械制造向价值链中高端跃升的重要抓手。深广高端医疗器械集群依托电子信息等产业的雄厚实力，已拥有比较完善的技术创新和产业发展基础，集聚了深圳迈瑞医疗、先健科技、理邦仪器，广州万孚生物、金域医学等一批龙头企业，研发出一批拥有自主知识产权的高端医疗器械。2022 年，集群集聚企业 1540 余家，主导产业总产值近 1000 亿元，拥有国家级技术创新载体 40 余家，形成了在医学影像、生命监护等多个细分领域的全国领先优势，具备了培育世界级高端医疗器械集群的基础。

一、集群形成的动因和机制

（一）萌芽期：先头企业的发展成为集群形成的原爆点

深广高端医疗器械集群的发展绕不开一个企业——安科。1984 年，世界领先的医用设备磁共振成像系统（MRI）刚刚面市一年，为了打破外国垄断，国家科委和国家计委委托中国科学院研发 MRI，中国科学院声学研究所研究员陶笃纯临危受命，远赴美国原厂家学习，后成立科健。1986 年年底，科健联合美国医械公司 Analogic，在深圳合资创办子公司安科。凭借深圳改革开放的优势，安科迅速壮大。与安科几乎同一时期，深圳出现了华为、中兴等大型电子企业。医疗圈和电子圈的高效互动推动了人才、技术的高效协作。1988 年，安科 MRI 样机研发成功，后陆续成功研发出 B 超、胎儿监护仪等系列产品，逐渐积攒技术实力，并稳坐行业领导者的位置，使深圳医疗器械产业进入成长期。

（二）成长期：企业的裂变和衍生加速集群发展

20 世纪 90 年代，在安科的辐射影响下，深圳医疗器械企业遍地开花。很多安科的技术骨干出走自立门户或挖掘新机遇，安科也因此被认为是深圳医疗器械界的“黄埔军校”。据统计，深圳医疗器械企业中有近 200 家与安科有渊源，如迈瑞医疗、理邦仪器等。从安科成立之日起，这些企业就一直处于裂变、聚合、衍生之中。这些企业的发展壮大离不开从代工生产到自主高端化发展的转型，它们普遍走了“代理销售+自主研发+国际化+国内国际并购”的道路。如今，集群内医疗器械产品也已远销全球 200 多个国家和地区。同时期，广州的万孚生物、金域医学相继成立，主攻医学检验、快速诊断试剂及配套仪器等业务方向。经过不断发展，深广高端医疗器械集群逐步形成了较为完善的产业生态，集聚了迈瑞医疗、华大基因、万孚生物、达安基因、普门科技、新产业生物、开立医疗、先健科技、稳健医疗、理邦仪器、腾讯医疗等众多创新实力雄厚的企业。

（三）转型期：创新驱动集群转型升级

2015 年以来，面对高端化、智能化、服务化的发展方向，集群面临龙头企业和中小企业间断层、关键核心技术被“卡脖子”、产业链上下游协作还不够紧密等问题。集群聚焦工作原理或作用机理创新、产品性能改进、临床应用价值显著、核心技术发明专利获得等创新点，注重产业链与创新链的深度融合，形成了覆盖原理创新、器件制备、设备开发、临床应用的全产业链，在多个细分领域具备国内领先的技术水平和创新体系。例如，在生命支持领域，迈瑞医疗的高端呼吸机是新冠疫情防控的“大国重器”；在医学超声领域，开立医疗全球首创便携式彩超；在医学影像领域，安科、蓝韵、迈瑞医疗、安健、深图、柏斯生物的 DR 产品先后入选中国医学装备协会“优秀国产医疗设备目录”；在体外诊断领域，新产业生物、菲鹏、迈瑞医疗、普门科技、达安基因、万孚生物等拥有自主知识产权核心技术；在高值医用耗材领域，先健科技全球首创左心耳封堵器系统，在国际上具有重要地位。2021 年，国家高性能医疗器械创新中心落户深圳，成为工业和信息化部在医疗器械领域设立的唯一一个国家级制造业创新平台。随着国家全力推进医疗器械注册人制度，该制度从产业链顶端变革了行业发展模式，将生产方和技术方“解绑”。产品注册和生产许可的分离大幅提升了专业化分工程度，催生了集群企业的裂变和成长。

二、集群发展壮大的主要模式

（一）强化创新引领，不断激发技术创新的扩散效应和激励作用

深广高端医疗器械集群依托珠三角开放创新的优势，形成了区域知识网络和创新生态系统。安科、迈瑞医疗、华大基因等龙头企业的成长来自对新技术、新产品的追求。一批“专精特新”企业的成长来源于集群内开展的国内外技术交流与合作。集群通过引进、吸收国外先进技术，吸引大量拥有核心技术的创业团队来深圳创业，为集群发展不断注入新的活力。数据显示，集群内拥有百栎港、中欧创新、南山医疗器械产业园等数十家专业的高端医疗器械孵化基地，每年举办“创业之星”等多个创业竞赛活动，催生了一批高成长性的科技型企业，集聚了一批高水平的创新创业人才，也促进了一批优质科技成果转化落地。数据显示，集群企业平均研发投入强度达到 15%，研发产品数量领先全国。

（二）注重医工交叉融合，推动医疗器械与电子信息、新材料等跨行业、跨领域深度合作

医疗器械产业高技术、高投入、高风险、高附加值、长周期、多学科交叉的特点，决定了其集聚发展的特性。深广高端医疗器械集群的发展壮大是建立在电子信息产业发展的基础之上的，华为、中兴等大型电子企业与安科几乎在同一时期成立。临床诊断的新型数字成像技术、重大慢病筛查诊断设备、肿瘤消融治疗设备、激光治疗设备、植入电子治疗装置、数字化手术设备等技术和设备已较为成熟。深广两地的医用传感器、探测器、显示器、电源等关键零部件均可实现本地供应，形成了“一小时”外协与定制加工供应圈。尤其是 5G、“互联网+”等新型信息基础设施的超前和快速布局，有效推进了高端医疗器械制造、设备维护服务、应用平台开发及医疗大数据开发互联互通。例如，鹏城实验室联合集群企业正在打造全国第一个开放式医疗大数据的共享平台。新冠疫情期间，迈瑞医疗联合深广两地医疗器械、电子信息等领域企业，攻克音圈电机、智能通信等关键技术，加速了高端呼吸机的国产化替代。

（三）注重平台打造，为集群成长提供快速绿色通道

集群拥有国家药品监督管理局医疗器械技术审评检查大湾区分中心和深圳市市场监督管理局许可审查中心医疗器械审评认证部，具有审评认证二、三类医疗器械产品的功能，能够推动更多新技术、新药品、新器械的先行先试。集群共 8 家医院入选国家医学中心和国家区域医疗中心，有效推动了集群内疑

难危重症的诊断与治疗，示范、推广了适宜有效的诊疗技术，培养了骨干人才和学科带头人，引领了集群主要疾病的临床研究，带动了医疗器械研究成果的临床应用转化。深圳市医疗器械检测和生物医药安全评价中心总投资超过 10 亿元，是全国药检系统中规模最大、工艺最复杂、涉及使用领域最广的平台。国家高性能医疗器械创新中心重点围绕与医疗健康密切相关的预防、诊断、治疗、康复领域的高端医疗设备的重大需求，聚焦高端医学影像、体外诊断和生命体征监测、先进治疗、介入器械、康复与健康信息等重点方向，推动关键共性核心技术攻关和产业化。国家医疗器械产业计量测试中心在深圳成立，发挥了计量在医疗器械产品研制、设计、试验、生产和使用中的基础支撑和服务保障作用。

（四）充分利用金融体系优势，推动企业融资、并购实现扩张

保持高净资产收益率等特性，企业不断融资、并购实现扩张是医疗器械行业发展的客观规律，也是深广高端医疗器械集群企业成长壮大的必经之路。例如，1997 年华登国际投资的介入，使迈瑞医疗意识到自主开发产品的重要性，逐步开始放弃代理，专心自主研发；2006 年，迈瑞医疗在美国纽约证券交易所上市，成为首家在美国上市的中国医疗器械公司；2008 年，迈瑞医疗向高端产品、市场拓展，并购了 Datascope，占据了美国 300 床以下中小医院监护市场份额的 50%。又如，万福生物随着上市后融资能力的增强，不断地进行外延并购，不仅扩充了产品种类、积极完善产品线，还快速抢占了市场先机、提升了市场占有率。这些企业的发展壮大都离不开深圳、广州两市完善的金融体系及领先的金融服务效率和水平。体外诊断、影像设备、高值耗材、医疗机器人成为重要投资领域。

（五）强化集群开放发展，提升企业国际化程度和集群品牌影响力

深广两市医疗器械行业的外向型经济特征明显，对外交流频繁。集群把握粤港澳大湾区及先行示范区机遇，广泛与国际医疗器械产业发达及创新活跃的地区开展交流合作，推动集群国际化发展。集群企业在全球设立了 200 多家分支机构，主要分布在欧美发达国家。深圳医疗器械每年团体参与 MEDICA 等全球多个专业展会，同时与以色列、瑞典、荷兰、美国、德国等高端医疗器械创新活跃和产业整体水平较高的国家保持密切联系，每年与国外医疗器械行业组织和企业团体互访交流近十期。深圳高端医疗器械区域品牌的国际影响力已经形成。广州与日本、以色列、英国等多个国家开展国际合作，共建专业园区和孵化基地，携手推进产业发展。

三、集群发展存在的核心问题

与世界级高端医疗器械集群相比，深广高端医疗器械集群还存在不小的差距，未来的发展道路还很长。

（一）产业创新实力仍需加强

在创新协同方面，医工结合始终是薄弱环节；在成果转化方面，转化率和转化效率还很低；在创业孵化方面，专业孵化体系还在策划建设之中，创业成功率还有待提升；在产业协同创新方面，有一部分原材料和技术依赖进口。

（二）国际影响力仍需不断提升

美国、德国、日本都是我们赶超的目标。集群龙头企业的品牌影响力虽在国内领先，但与国际巨头相比差距不小；产品虽远销全球 200 多个国家和地区，但尚未形成国际市场中心地位；高水平论坛和专业展会仍然缺乏。

（三）集群发展生态网络的建设力度还有加大的空间

集群内的企业协同还处于初级阶段，大企业和中小企业的相互协作仍有待加强；各类服务资源虽然丰富，但其共享与协作水平仍然不高，网络化建设还需加强。

四、集群培育提升的对策建议

瞄准世界级先进制造业集群的培育目标，集群应聚焦重点、突破短板、完善生态，推动产业链整合、价值链提升和市场链优化，形成国内领先、国际一流的高端医疗器械产业集聚发展高地。为此，我们提出以下建议。

（一）构建产学研医四位一体创新体系

充分发挥深广两市科研机构、高等院校和临床医疗机构的实力，深化医工结合，推动建立粤港澳大湾区国际医疗服务试验区，增强公共服务中的工程技术创新实力。聚焦高端医疗影像、先进治疗装备、新兴生物材料、现代临床检验、医疗健康大数据、人工智能医疗设备、快速检测等领域，加快建设一批高水平的科技基础设施，加快建设国家药品监督管理局医疗器械技术审评检查大湾区分中心、国家医学中心、国家区域医疗中心。推动建立粤港澳大湾区国际

医疗服务试验区，通过临床医学研究拉动高端医疗器械创新。开展相关产业创新协同，加大对重点医疗器械核心部件（高端影像、生命信息与支持类器械、传感器、光电检测及光电倍增管等关键零部件和原材料）的联合攻关力度，突破原材料和关键工艺“卡脖子”问题，扫清发展中可能遇到的障碍。基于医疗器械产业的特点，构建专业孵化服务体系。推动实施国产医疗器械产品应用示范工程，加强企业与医疗机构的合作，鼓励应用国产关键零部件，加速产品迭代，促进其品质的提升。

（二）推动上下游协作和跨行业、跨领域融合

打造稳定高效的产业链，聚焦体外诊断、高值耗材、影像设备等细分领域产业链，发挥链长制作用，动态开展产业链关键技术和产品断链断供风险摸排，精准实施产业链强链、补链、延链、融链行动。深化整零协作和主配协同，形成整机牵引、零配件及时响应的区域供应配套体系。强化国产医疗器械的应用推广，用足、用好高端医疗器械“首台套”支持政策。深化医疗器械与人工智能、大数据、云计算、新材料等领域的融合创新，拓展智能医疗器械、智能诊疗、智慧健康管理等服务。

（三）打造高效协同共商共建的协作网络

联合上下游企业、科研院所、创新中心、促进组织组建产业链共同体，推动产业链上下游企业协同制定和实施先进标准，增进企业间的交流合作，优化产业链共治生态，实现技术、人才、要素、市场共享，形成配合协作紧密、大中小企业融通发展的良好格局。要着力发挥深圳市医疗器械行业协会这一集群促进组织的作用，使其当好集群代言人、编制集群协作网、建设集群观测台、担当集群自律员。

（四）完善“产业+科技+金融+人才+服务”的集群生态网络

明确基于产业链、创新链、资金链、人才链、服务链的集群生态网络，通过集群企业引领型模式、人才支撑型模式、平台引导型模式、机构合作型模式等多种高质量协同创新模式，从整体规划、人才管理改革、科技创新管理、服务体系方面推动集群高质量协同创新发展。构建整合人才、科教、临床等资源的医疗器械全产业链沟通平台，实现产业技术研发创新、临床、人才培训培育、检验检测、信息集成、宣传展示等优势资源的整合和信息互通。充分发挥人才、金融、数据等优势，统筹产业、科技、人才、金融等相关扶持政策。

（五）提升集群的国际影响力

鼓励集群企业以统一形象参与全球医疗器械专业展会，实施“深广高端医疗器械”大品牌战略。鼓励企业进入或举办各类高水平学术论坛和医疗器械产业发展论坛，广泛开展国际交流。引进或联合举办粤港澳大湾区医疗器械专业展览，吸引全球行业目光，构建长期稳定的展示和市场推广渠道。启动国际市场服务平台的建设，利用深圳毗邻中国香港地区和外向型产业的优势，将深圳打造成全球医疗器械市场的中心城市，以商业带动产业，提升集群的国际影响力。

撰稿人：赛迪智库规划所　侯彦全

第三十七章

上海张江生物医药集群

上海张江生物医药集群是聚焦科创前沿、高质量发展的创新集群。集群研发资源高度集聚，创新成果快速涌现，新技术、新模式率先突破，拥有1300多家创新主体，实现了产学研医、大中小企业融通发展，是我国生物医药集群的典型代表。

一、集群形成的动因和机制

（一）萌芽期：乘着改革开放的东风，大踏步赶上了时代发展潮流

1983—1993年，世界医药产业销售额年均增长率高达9%，超过了全制造业平均发展速度。生物医药产业符合国家和上海高新技术产业的发展方向，张江高科技园区因具备一定的生物医药产业基础，在浦东新区大开发的背景下蓬勃发展。1990年，时任国务院总理李鹏在上海宣布了开放上海浦东新区的决策，规划了4个国家级重点开发区，即浦东陆家嘴金融贸易区、金桥出口加工区、外高桥保税区、张江高科技园区。张江高科技园区于1992年7月启动，定位高新技术产业，相比其他3个开发区，定位相对模糊。当时，浦东新区的财政收入只有12亿元，没有余力投资张江高科技园区的基础设施建设和土地开发，张江高科技园区在四大银行浦东分行共抵押2平方千米的土地，贷到2亿元资金，采用阶段性开发形式，先行开发0.4平方千米的土地。

（二）发展期：在全球化浪潮中汲取优质资源，获得产业发展先机

1993年9月，世界第三大制药公司瑞士罗氏制药计划抢占中国维生素泡腾片市场，到上海选址考察。在浦东新区开发之初，上海将生物医药产业列为市重点发展产业，同时张江高科技园区所在区域有一座淮海制药厂，相比其他开发区更具备发展生物医药产业的基础和条件。罗氏制药的引进拉开了

张江生物医药产业发展的序幕，在龙头企业的带动效应下，奈科明、美敦力、史克必成、麒麟鲲鹏等生物医药项目逐一加盟，一举打响了上海张江在生物医药产业领域的名气。

（三）成熟期：精心谋划更高水平的改革开放，推动张江继续走在全国生物医药集群前列

1996 年，国家科委、卫生部、国家医药管理局和上海市政府第一次以部市合作协议书的形式确定在张江建设国家上海生物医药科技产业基地，确立了张江作为中国生物医药产业发展的重要示范园区。自此之后，国家人类基因组南方研究中心、国家新药筛选中心、中国科学院上海药物研究所等国家级科研院所相继落户张江。张江逐渐具备了产学研功能，形成了一个互为依存、互相促进的产业生态圈，奠定了张江生物医药产业在 20 余年后成为上海支柱产业的基础。随着国家及地区相关产业政策的颁布，张江生物医药产业成为浦东新区加快发展突破的三大先导产业之一。2020 年，习近平总书记在浦东开发开放 30 周年庆祝大会上发表重要讲话，强调“要聚焦关键领域发展创新型产业，加快在集成电路、生物医药、人工智能等领域打造世界级产业集群”。2022 年，《上海市加快打造全球生物医药研发经济和产业化高地的若干政策措施》提出进一步提高上海生物医药研发的经济贡献总量，打造全球生物医药研发经济和产业化高地。

二、集群发展壮大的主要模式

上海张江生物医药集群经过 20 余年的发展，已经实现了从全球集聚到创新引领的发展，是研发资源高度集聚，创新成果快速涌现，新技术、新模式率先突破的标志性科技园区。2022 年，集群主导产业总产值达 654 亿元。集群发展模式可总结为“产学研联动+平台服务+组织保障”模式。

（一）加强产学研联动，推动产业高质量发展

近年来，集群以“金字塔尖科学家+原跨国药企高管团队+全球化技术研发团队+顶级风投”的高起点创业群体，汇聚了中国科学院上海药物研究所、国家上海新药安全评价研究中心、复旦大学药学院等一批产业链源头创新机构。作为首批被组织部命名的“海外高层次人才创新创业基地”，集群目前拥有 36 万名人才精英，拥有国家新药筛选中心、国家上海新药安全评价研究中心等国家级技术创新载体 20 家，国家级工业互联网平台 1 个（宝联登 xIn³Plat 工业互联网平台），国家新型工业化产业示范基地 1 家。集群内产学研联动，

创新创业新模式辐射带动的溢出效应明显，形成了完整的外包服务链条和国内最大的外包服务产业集群，业务基本覆盖了产业链的全过程。

（二）完善平台体系，服务产业新发展格局

上海张江生物医药集群集聚国内大型基础研发平台、跨国制药企业研发中心、国内大型医药生产企业及创新研发中心、中小型创新企业、CRO 研发外包企业，以及科研院所及配套服务机构，是一个由四校、一所、四院、40 多个中心、100 多个公共服务平台和 1300 余家创新主体组成的高度协作的产业集群。公共服务平台方面，集群目前拥有各类公共服务平台 100 余个（其中市级以上 24 个），服务范围覆盖新药探索、药物筛选、药理评估、临床研究、中试放大、注册认证、量产上市的完整产业链。技术创新平台方面，集群拥有生物医药和医疗器械专业孵化器 15 家，为企业提供生物医药领域孵化服务、专业技术服务、CRO 咨询服务、投融资服务等专业服务，拥有 JLABS@上海、罗氏创新中心、恒瑞创新中心、西门子医疗上海创新中心、中国科学院上海药物研究所转化平台等一批技术创新平台。开放合作平台方面，集群通过合作研发、重组、并购等方式，将海外药物和技术引入中国。

（三）健全组织机制，确保集群工作高效推进

集群设立并组建了上海推进科技创新中心建设办公室。集群率先实施药品上市许可持有人制度，并推向全国，被纳入《中华人民共和国药品管理法》。集群率先试点海关特殊物品联合监管机制，以及生物医药特殊物品、研发用物品便利化通关“白名单”制度，形成了制度创新的一系列生动案例。首部地方产业立法《上海市浦东新区促进张江生物医药产业创新高地建设规定》的出台，为打响张江生物医药产业创新高地品牌和全力打造世界级生物医药集群提供了强有力的法律保障。2022 年，一系列利好政策相继发布，《上海市浦东新区生物医药产业高质量发展行动方案（2022—2024 年）》《浦东新区促进细胞和基因产业发展行动方案（2023—2025）》《浦东新区产医融合促进生物医药高质量发展的若干举措》等从政策层面为集群的发展提供了顶层设计。

三、集群发展存在的核心问题

（一）产学研合作方面需加深

集群在产学研合作方面，与国外知名集群相比还有一定差距。美国的生物医药集聚往往依附于世界顶尖高校与顶级研究机构，如波士顿生物医药集群集聚了哈佛大学、麻省理工学院、波士顿大学等世界顶尖高校。

（二）龙头企业的实力有待加强

集群的龙头企业在国内占据领先地位，但是与国际生物医药集群的龙头企业相比还有一定差距，如上海医药集团 2021 年营收为 337.2 亿美元，对比波士顿诺华制药的 516.3 亿美元和纽约集群辉瑞的 812.9 亿美元差距较大。

（三）基础研发有待加强

目前，集群仍以仿制药为投资重点，基础研发有待加强。一是高校生物科学科研实力落后于欧美地区。基础科学研究源头资金投入有限，缺少规模化综合性的领军企业，首创药研发能力不足。二是医药产业链的重要仪器、设备、试剂等支撑技术与设备主要依靠国外进口，制药领域的动物细胞培养及抗体等生物制造原材料、医疗器械制造领域的高分子材料等重要原材料、高端影像用传感器和光电检测及光电倍增管等关键零部件存在“卡脖子”问题。

四、集群培育提升的对策建议

瞄准世界级先进制造业集群的培育目标，集群应发挥政府的关键作用，构建多部门协作机制；完善产业政策体系，提升企业创新力；优化产业平台，强化公共服务能力；加强科技攻关，突破关键核心技术，形成国内领先、国际一流的生物医药产业集聚发展新高地。为此，我们提出以下建议。

（一）发挥政府的关键作用，构建多部门协作机制

政府应对集群加大政策引导和资金支持力度，为集群发展提供相配套的政策服务。发挥政府的关键作用，聚焦重组蛋白药物、单克隆抗体药物、疫苗产业投资领域，提前规划战略性新兴产业，为集群发展提供战略引导。支持研究机构与企业合作，鼓励研究机构与企业建立创新联盟，构建多层次科技金融支撑体系。建立风险投资基金、科技创新贷款等多层次的科技金融支撑体系，为生物医药创新型企业提供资金支持。加大产业政策支持力度，优化长三角生物医药供应链布局，促进产业向全球价值链中高端迈进，构建互利共赢的供应链合作体系。

（二）完善产业政策体系，提升企业创新力

应注重发挥产业政策的杠杆作用，鼓励企业加大研发和产业化投入力度，紧密围绕创新研发、成果转化、改革试点、产学融合精准施策，推动全产业链创新要素集聚。在创新研发上，对创新药物和医疗器械产品的研发，分阶

段给予支持；在成果转化上，对符合条件的产业化项目，给予一定的奖励或市级产业化项目配套；在改革试点上，鼓励企业参与药品上市许可持有人制度、医疗器械注册制度试点，对试点企业给予支持。对于重大项目，通过“一事一议”方式，给予政策倾斜和资金支持，鼓励重大项目落地，提升集群显示度、集聚度。

（三）优化产业平台，强化公共服务能力

完善生产委托平台，促进企业研发创新，加快产品的研发和上市进程。加强国家药品、医疗器械审评平台建设，提供统一的审评标准和流程，加快产品的审评进程。建设专业的第三方生物医药园和运营平台，加强相关配套项目支持，吸引全球领先企业和项目进驻。搭建创新效能赋能平台，推动 5G、人工智能、大数据新一代信息技术与生物医药产业的融合，实现生产过程的智能化和数字化管理，提高生产效率和质量。加强数字化创新平台建设，促进企业之间的合作和交流，加速创新成果的转化和推广。

（四）加强科技攻关，突破关键核心技术

积极推进国家生物医药制造业创新中心的建设，通过开放的格局吸引全球人才，加大高端人才的培养和引进力度，为集群注入创新动力。突破关键核心技术，围绕新型抗体、疫苗等高端生物制药领域，在发酵、分离、质控等关键核心技术和原材料供给等方面进行深入研究和创新。提升产业发展自主权，打造制造业现代化创新生态体系，通过产业链、创新链、价值链的深度融合，实现从产品研发到生产制造、销售服务的全链条创新，提高集群的自主创新能力和产业发展水平。

撰稿人：赛迪智库规划所　姚荣

第三十八章

苏州生物医药及高端医疗器械集群

苏州生物医药及高端医疗器械集群已打造了比较完善的产业生态圈，集聚了卫材、惠氏、礼来、飞利浦、西万拓、强生、罗氏诊断等著名外资医药及医疗器械龙头企业，覆盖了生物药、化学药、中药、制药装备、第三方服务等多个领域，形成了从原材料、核心零部件到设备整机、配套试剂的全产业链布局。2022 年，集群主导产业总产值达 2188.1 亿元。

一、集群形成的动因和机制

（一）孕育期：外资企业的大量入驻奠定了集群发展基础

伴随着苏州工业园区的建立落成，苏州生物医药产业犹如一颗生机勃发的种子，不断蓄力成长。苏州工业园区始建于 1994 年 2 月，是中国与新加坡两国政府间的重要合作项目。在苏州工业园区的快速发展阶段，外商投资是其主要发展动力。1994—2004 年，苏州工业园区吸引了来自全球 80 多个国家和地区的外商投资。在这一阶段，除形成以电子信息、机械制造、新材料等为主导的产业结构外，苏州工业园区还引进了大量大型医药企业，如葛兰素史克、礼来、卫材、强生、日立等多家世界 500 强医药企业，为后续发展生物医药产业奠定了良好的基础。

（二）建设期：产业园的崛起为集群形成提供了原动力

苏州工业园区早期发展仅重视引资规模和数量，导致自主创新能力不强，倒逼园区进入“二次创业”的关键时期。2005 年，苏州工业园区选择将“生命科学”作为“二次创业”的“急先锋”。2006 年，苏州生物医药产业园（BioBAY）一期开始建设。2007 年，首个公共技术服务平台——药物分析测试平台建成并投入运行。2010 年 4 月，苏州生物园生物纳米科技与中国医学科学院分子肿瘤

学国家重点实验室合作成立苏州创新生物医药研究中心。同时，苏州工业园区与美国冷泉港实验室合作，引进冷泉港亚洲会议中心。此外，苏州工业园区还根据生物医药研发上市产业链的特点，结合企业需求及规划，建设了六个硬件公共技术服务平台，并于 2010 年 8 月通过中国合格评定国家认可委员会的认可。2010 年 12 月，BioBAY 晋升为国家级科技企业孵化器，成为苏州首家生物医药领域的国家孵化器。这一时期的苏州生物医药及高端医疗器械集群经历了从无到有的阶段，空间集聚效应初步显现。

（三）成长期：抓住头部企业和初创企业打造生态链

随着公共服务平台——百拓生物的成立，苏州生物医药及高端医疗器械集群得到进一步发展，伴随多个旗舰型项目相继落户，集群规模不断扩大。集群通过招商引资方式引进了一批在中国医药研发领域最具创新力的代表企业，包括百济神州、再鼎医药、立生医药等。随着企业的不断引进，BioBAY 和全球领先的医疗器械公司美敦力及红杉资本共同成立基金，并以基金为依托，成立医疗器械企业孵化器，大力扶持初创型企业。2015 年，位于苏州工业园区桑田岛的 BioBAY 二期正式开园，该园是高端医疗器械与新药制剂的产业化基地。同时，苏州生物医药及高端医疗器械集群以旗舰型项目带动中小企业落户，重点打造集群生态链。当前，集群已涌现出生物技术、医药研发与生产、医疗器械，以及咨询服务、贸易等多种生物医药相关业态，形成了从原材料、核心零部件到设备整机、配套试剂的全产业链布局。

二、集群发展壮大的主要模式

（一）因地制宜强化特色产业，提升所在区域核心竞争力

苏州始终高度重视生物医药产业的发展，从创新环境、人才引进、科技投入等多方位、多角度大力支持生物医药产业的发展，全力打造生物医药产业地标。从 2006 年起，苏州工业园区便将生物医药产业作为着力发展的特色产业。本地企业间的战略协作，实现了集群创新要素集聚。其中，百济神州、和记黄埔、再鼎医药成功在美国纳斯达克上市，信达等 12 家企业已在中国香港上市；科创板方面，集群拥有华东地区第一家创新药上市企业博瑞医药、全国第一家采用第五套标准的上市企业泽璟制药；吉玛基因、泓迅生物、索泰检测等 20 余家企业已于新三板挂牌。截至 2023 年上半年，集群集聚相关企业超过 3800 家，其中规上企业 557 家，国家高新技术企业 552 家，本地注册上市企业 31 家。

（二）多元化主体融合发展，激发内生动力和龙头引领作用

苏州生物医药及高端医疗器械集群集聚了卫材、惠氏、礼来、飞利浦、西万拓、强生、罗氏诊断等著名外资医药和医疗器械龙头企业。集群发挥了龙头企业的协同带动效应，通过传递不断变化的生产需求，同时进行技术输出，促进中小企业融入集群。集群还大力引进单项冠军企业、专精特新“小巨人”企业和高新技术企业。以信达生物为例，其通过联合纳微科技、利穗科技、赛谱仪器组成稳定配套联合体进行联合攻关，率先在生物制药领域打破进口垄断，带领上下游企业实现联合赶超。另外，集群与中国科学院苏州生物医学工程技术研究所、中国科学院上海药物研究所等科研院所和企业开展联合研发，推动共性技术开发、应用推广、成果转化。截至 2022 年 6 月，集群企业平均研发投入强度为 10%。

（三）注重公共服务平台打造，为集群壮大提供必要支撑

对于具有高风险的生物医药产业而言，公共服务平台能提高企业的成活率和成功率，帮助初创企业独立运作、健康成长。集群依托百拓生物、苏桥生物等服务型企业搭建化学分析等服务平台，独立建设干细胞平台、医学检验实验室。天演药业作为集群知名品牌，拥有全球第一个抗体精准设计与构造高通量筛选平台，该平台的建立使产品的质量水平处于全球前列。此外，集群以综合金融服务平台、地方企业征信系统、企业自主创新金融支持中心三大平台为载体，在全国范围内建立了具有苏州特色的“企业守信用、机构有创新、政府有推动”的综合金融服务体系，从而使苏州本土有影响力和话语权的旗舰型生物医药企业越来越多，常驻苏州的大基金或融资平台项目也越来越多。数据显示，集群累计建设各类公共服务平台约 40 个，其中国家级技术创新平台 20 个。

（四）探索医工融合新模式，实现信息技术赋能生物医药产业全生命周期

苏州生物医药及高端医疗器械集群构建了以医工融合为特色的医疗器械创新生态圈，激发了临床医生的创新潜能，推动了医疗器械的创新研发及转化落地，为实现我国高端医疗器械自主创新、突破核心技术装备瓶颈、引领世界做出了贡献。集群发挥国家生物药技术创新中心、国家新一代人工智能创新发展试验区、国家超级计算昆山中心的优势，利用人工智能辅助药物研发，通过人工智能算力加速新药发现及研制。国家超级计算昆山中心和苏州大数据中心推动了以百图生科、华为（苏州）人工智能创新中心为代表的数字平台建设，实现了平台、服务商和应用企业 3 个层次的医工融合，促进了数字经济时代苏州生物医药及高端医疗器械集群的发展。

三、集群发展存在的核心问题

与美国明尼苏达州“医疗器械硅谷”、波士顿地区生物医药集群、德国图特林根医疗器械集群等国际知名生物医药及高端医疗器械集群相比，苏州生物医药及高端医疗器械集群还存在一定差距。

（一）产业综合实力仍需提升

集群的生物药门类较为集中，主要为抗体药物和小核酸药物。虽然艾博生物和泽璟生物等企业掌握了一批行业前沿技术和关键共性技术，在国内处于领先水平，但是同质化竞争压力依然较大。特别是在靶点方面，同类靶点或同类适应证药物在临床试验受试者入组中出现了激烈的竞争，可能会出现“劣币驱逐良币”的现象，最终影响更有效药物的上市进程。因此，减少同质化竞争、提升产业综合实力是集群目前亟待解决的问题。

（二）供应链安全有待保障

近年来，苏州生物医药产业发展迅速，一些细分领域的高端产品逐渐跟上了国外技术的发展进程，国产替代步伐加快，但大部分高端产品的核心技术和关键原材料依然被国外垄断。生物医药供应链资源要素对进口的高度依赖，不仅增加了生物医药供应链的风险，还制约了产业的健康发展。因此，重视供应链安全，加速实现生物医药供应链国产化是产业健康发展的迫切需求。

（三）跨区域协同创新机制有待完善

虽然苏州生物医药及高端医疗器械集群已形成特色产业优势，但融入长三角一体化战略仍在实施初期。特别是浙江、江苏、安徽及上海的生物医药产业，同质化竞争问题严重，在创新制剂、精准医疗及医学检验等热点领域出现了重复投资、产品相同、市场重叠等现象。跨区域协同创新机制有待完善，以便实现高质量一体化竞合。

四、集群培育提升的对策建议

苏州生物医药产业经过多年发展，处于国内“第一方阵”。为进一步推动集群高质量发展，把生物医药产业建设成苏州的城市地标产业，我们提出以下建议。

（一）开展基础研究夯基行动，提高源头创新能力

加大对高校、科研院所的基础性研究支持力度，加强现有研究机构之间的交流合作，整合区域内的研究资源，构筑协同创新网络，实现多学科、跨学科、超学科合作。鼓励企业与高校、科研院所合力承担国家级项目，持续跟踪合作项目的情况，解决好合作中的协调问题，共同研发一批重大创新产品，共同推动生物医药产业领域的关键技术、前沿引领技术的发展。同时，加快推进苏州临床型研究医院的建设，提升区域内的临床试验能力，并加大现有临床型研究医院的资源开放与共享力度，充分利用区域内的临床资源，持续推进产学研深度融合。

（二）完善产业生态建设，维护供应链安全稳定

以健全产品线、产业链为目的大力招商引资，面向全球大力招引龙头企业、种子企业，通过联合企业、科研院所、医疗机构整体梳理生物医药产业上下游关联企业的技术布局情况，有针对性、前瞻性地招引一批紧缺的、必要的、优秀的上下游产业链配套企业、项目落地苏州，打造全产业链协同发展示范区。积极推进全产业链信息交流平台建设，解决行业内信息不对称、资金流外溢和物流效率不高的问题，从而有效进行资源整合、实现信息共享。与此同时，推动生物医药线下综合体建设，方便区域内企业展示其产品及服务，与潜在客户及供应商在最短半径内相互匹配，促成供需双方对接，促进交易闭环的形成。

（三）构建协同创新机制，深化长三角区域一体化合作

应积极参与长三角生物医药产业链联盟建设，联合开展产业链补链、固链、强链行动，以龙头企业为核心推动上下游企业深度合作，形成优势互补、错位发展、梯度有序的产业生态。通过筹办多类型产学研交流活动，协同推进长三角区域生物医药产业信息共享、产学研医合作创新、人才培养等，共商生物医药产业高质量发展大计，打造优质的区域产业创新发展联盟。鼓励集群主动参与共建国家药品审评检查长三角分中心、医疗器械技术审评检查长三角分中心，谋划建设长三角生物医药监管科学协同创新中心，构筑协同监管模式，助推长三角生物医药及医疗器械产业高质量一体化发展。

撰稿人：赛迪智库规划所　侯霁珊

第三十九章

泰州、连云港、无锡生物医药集群

生物医药产业是关系国计民生的重要产业，是当今世界创新最为活跃、发展最为迅猛的战略性新兴产业之一。泰州、连云港、无锡三地生物医药产业基础雄厚，为打造世界级医药工业制造基地，融入国家突发公共卫生事件应急生产支撑体系，促进国内国际双循环，泰州、连云港和无锡三地决定共同打造生物医药集群。

一、集群形成的动因和机制

（一）三地各自发展阶段：规模效应凸显，为打造集群创造了先决条件

泰州生物医药产业起步于 2000 年左右，集聚了扬子江药业、瑞科生物、雀巢健康、硕世生物等全球知名企业，形成了化学药、生物制品（疫苗和抗体等）、诊断试剂、现代中药、特异配方食品等主导产业和特色产业，疫苗产业集聚度为全国最高。连云港生物医药产业起步于 2018 年，在新型抗肝病及抗肿瘤药物、新型中药及制剂、药用包装材料等新医药领域具备较为明显的技术和产业优势。无锡生物医药产业起步于 2000 年左右，集聚了费森尤斯卡比华瑞制药、天江药业等龙头企业，覆盖药物设计、临床试验、CXO（如 CRO、CDMO）等领域。三地生物医药产业基础雄厚，产业规模效应凸显，为打造集群创造了先决条件。

（二）三地合力发展阶段：创新驱动为集群发展提供不竭动力

2022 年，在工业和信息化部公布的全国第三轮先进制造业集群决赛优胜者名单中，泰州、连云港、无锡生物医药集群（以下简称泰连锡生物医药集群）成功入选。此后，泰州、连云港和无锡积极搭建跨区域产业协同网络，推动企业创新发展。集群集聚了辉瑞、勃林格殷格翰、武田药业等全球知名外资骨干

企业，以及博雅生物、亿康医学等细胞免疫、干细胞治疗、基因诊断测试等处于医疗技术前沿的创新型企业。多家行业龙头企业有多款产品在国内市场处于领先地位，并拥有突破关键技术的自主创新成果。2022 年，集群主导产业总产值达 3216.1 亿元，在全国占比超过 9.46%，已形成规模效应、集聚效应、协同效应。

二、集群发展壮大的主要模式

（一）鼓励技术创新，提升集群产业发展能级

集群在生物大分子药物研发、单细胞测序、基因测序与合成、细胞治疗和基因治疗等领域取得了重要进展，在部分领域走在世界前沿。集群在研发投入和专利授权方面表现出色，参与制定了大量行业标准，承担了多个国家重大新药创制项目。在创新药方面，截至 2021 年，集群累计获批上市一类创新药 21 个，占同期江苏省的 58.3%、全国的 16.4%。此外，在医药研发外包方面，药明康德在全球的市场占有率达到 6.7%，药明生物 CDMO 平台已孵化的研发项目中创新药超过 180 个。集群拥有多个国家级技术创新载体和省级以上公共服务平台，包括疫苗工程中心、原创化学药创新中心、安全评价中心和大型科学仪器设备共享服务平台等，这些载体和平台的建设加速了创新资源的集聚，使集群在产业技术方面保持着国内领先地位，在细分领域具备较强的创新优势。

（二）发挥网络协作枢纽作用，优化产业集群的发展基础

保证促进组织顺畅运转是推动集群高质量发展的重要措施。泰连锡生物医药集群采用省行业协会主导、市行业组织协作、专业委员会提供技术指导、决策委员会决策的集群促进机制，建立了江苏省医药行业协会与泰州市生物医药检验检测联盟、连云港市生物医药产业发展协会和无锡市生物医药行业协会四位一体的“1+3”集群促进体系。集群联盟研发合作顺利，江苏省推动恒瑞医药、豪森药业、东南大学联合组建国家抗肿瘤药物技术创新产学研联盟，开展国家“重大新药创制”专项研究，形成了以恒瑞医药为首的抗肿瘤药物研发产业群。此外，江苏省还成功举办了一系列医药博览会、大会和论坛，如成功举办了第十二届中国（泰州）国际医药博览会、第五届中国（连云港）国际医药技术大会，以及高壁垒化学药制剂开发高峰论坛等活动，促进了企业交流与合作。

（三）丰富产业支撑要素，促进集群全面提升

集群在产业支撑要素方面采取了多种措施。金融方面，集群建立了创业期政府资助、成长期科技信贷支持、成熟期股权直接融资、扩张期上市培育的资本支持体系，并推进了“统贷平台”“金融超市”等项目的实施，以加强对产业的金融支持。人才方面，2022 年集群生物医药产业从业人员达到 29.7 万人，占全国从业人员比重的 10.02%。中国医药城被组织部授予“海外高层次人才创新创业基地”的称号，致力于打造“113 人才”、省级“双创人才”和国家级高端人才 3 个层次的生物医药人才。

（四）加快开放合作，加速集群的国际化发展进程

2021 年，集群利用外资总额达到 13.52 亿美元，成功吸引了辉瑞、阿斯利康、雀巢健康等全球知名跨国制药企业落户，以及国际遗传工程和生物技术中心（ICGEB）区域研究中心等国际知名研究机构落户。集群的品牌国际影响力显著提升，拥有扬子江药业、恒瑞医药、阿斯利康、正大天晴、豪森药业、济川药业、苏中药业等国内外知名生物医药企业。恒瑞医药和豪森药业名列全球品牌药企 100 强（2021 年）。集群的国际合作持续深化，恒瑞医药在美国、日本、澳大利亚及欧洲等地建立了研发中心，并与美国哈佛医学院及其附属医院、英国剑桥大学及其附属医院等国际顶级医疗机构建立了深层次、常态化的合作关系。集群在开放合作方面取得了显著成果，吸引了全球知名企业和研究机构落户，品牌的国际影响力显著提升，企业的国际合作不断深化，加速了集群的国际化发展进程。

（五）完善政策措施，有力保障集群顺畅运行

集群在推动生物医药产业高质量发展方面采取了多项政策措施。江苏省委、省政府率先出台了《关于促进全省生物医药产业高质量发展的若干政策措施》，并制定了《关于优化审评审批服务推动创新药械使用促进医药产业高质量发展的行动方案（2022—2024 年）》，这些文件在政策层面形成了多维度的支持体系。泰州、连云港和无锡三地也相继出台了《支持泰州医药高新区（高港区）率先发展的实施意见》《关于进一步促进生物医药产业发展政策的意见》《关于加快推进无锡市现代生物医药产业发展的若干措施》等一系列专门的政策文件，将生物医药产业纳入战略布局要点，并在财政资金、协同创新、人才发展、土地开发、金融服务、招商引资等方面出台了针对性政策。为了促进跨区域协同发展，集群采取了多种措施。一方面，泰州、连云港和无锡建立了联席会议制度，并组建了集群推进工作专班，以加强协同发展。另一方面，三地

医药行业协会为集群内生物医药企业搭建了合作平台，统筹协调全省资源，促进了集群企业间的合作，推动了生物医药产业的高质量发展。

三、集群发展存在的核心问题

当前，生物医药产业正处于生物医药技术大规模产业化阶段，集群化发展已成为全球生物医药产业发展的重要趋势。对标国内外著名的生物医药集群，补齐泰连锡生物医药集群短板具有重要意义。

（一）集群自主创新能力有待提高

泰连锡生物医药集群与科研机构之间的合作不够密切，导致创新能力不足，需要与高水平科研机构建立更紧密的合作关系，共享科研资源和技术，提高创新能力。生物医药企业在研发方面的投入力度有待进一步加大。

（二）集群企业融通合作仍待加强

泰连锡生物医药集群虽集聚了扬子江药业等龙头企业和大量创新型企业，但企业间的融通合作不够，信息共享不足，沟通渠道不顺畅，导致信息不对称，产生了合作障碍。特别是新药研发等关键环节尚未建立战略合作关系，这在一定程度上制约了集群创新能力的提高和产业的快速发展，应加强制药企业之间、生物技术企业和制药企业之间的合作。

（三）集群要素支撑能级有待提升

从世界级生物医药集群的发展经验看，人才、资本等要素是支撑生物医药产业发展的重要基础。例如，美国马萨诸塞州生物医药集群采取财政激励、贷款保障、低还款利息等多种方式，为初创企业的发展壮大提供支持。泰州、连云港和无锡虽然加快了人才梯队的建设步伐，不断创新融资方式，但人才集聚效应尚不突出，金融服务仍以政府支持为主，市场化基金参与投资比例不高，成为制约集群发展壮大的瓶颈。

四、集群培育提升的对策建议

为推进泰连锡生物医药集群迈向世界级先进制造业集群，集群应从技术、产品、企业、生态等多层次入手，进一步夯实要素供给基础，提升开放合作水平，增强集群的国际竞争力，不断提高集群的创新引领力、产业竞争力、生产协同力、产能转化力，为集群培育发展提供有力保障。对此，我们提出以下建议。

（一）布局创新链，构建集群协同创新生态系统

以抢占全球生物医药核心技术制高点为目标，梳理集群生物医药需要突破的技术，发展小分子靶向药物、抗体药物，以及研发服务外包、中成药创新等。鼓励研发能力强的企业围绕化学药新型制剂技术、高端制剂技术、中药现代化关键技术、干细胞与再生医学技术等关键技术开展攻关，确定关键技术领域并制定相应的发展规划。依托中国科学院大学泰州创新医疗产业平台、药品上市许可持有人信息平台等载体，加快完善创新成果孵化体系建设。依托江苏省产业研究院和其他科研机构，加速项目的研发和转化。推进“百企引航”行动计划和“壮企强企”工程实施，提供相应的政策和资金支持，激励企业在关键技术领域进行创新研发。

（二）融入大循环，深化集群开放合作

强化三地协同发展，建立产业链协同定期会商机制，构建集群内跨区域项目招引合作机制，积极参与长江经济带、苏南国家自主创新示范区等区域协调发展战略建设。积极参与“一带一路”建设，鼓励集群企业到国外设立研发机构和生产基地，申请专利，注册商标和进行国际并购，拓展集群的国际业务。利用中国（江苏）自由贸易试验区连云港片区的优势，办理一次性进口研究用对照药品审批、药品生产/经营许可证换发、药品零售连锁总部经营许可证核发等事项，简化审批流程，提高集群的国际开放程度。

（三）完善生态链，提升要素集聚水平

加大人才引进与培育力度，通过与高校或职业院校共建创业孵化园、职业技术技能培训基地，培养和吸引更多创新人才。成立高层次人才创新创业服务中心，建立线上公共服务平台和人才大数据平台，提供更好的人才服务和资源共享。设立海外孵化中心、海外人才联络站和外国专家工作室，吸引国际高层次人才来集群创业。提高金融服务效率，建立科技金融体系，整合政府、创投、银行、基金、担保、租赁、证券等资源，提供贷款、投资、担保和风补等综合服务，为企业提供更便捷、高效的金融支持。鼓励各类风投、创投、种子基金为创新企业和小微企业提供金融产品和服务，进一步促进创新企业的发展。

撰稿人：赛迪智库规划所　姚荣

第四十章

京津冀生命健康集群

生命健康产业是京津冀地区的主导产业之一，具有良好的基础和广阔的发展前景。京津冀生命健康集群在全国占有重要地位，2022 年，集群主导产业总产值达 4107.6 亿元。截至 2023 年上半年，集群集聚相关企业超 5270 家，包括生物药、化学药、中药、医疗器械全产业板块，成为覆盖技术研发、临床试验、检测审批、生产加工、销售流通全流程的生命健康集群。

一、集群形成的动因和机制

（一）第一阶段：国家早期在京津冀地区布局制药厂

中华人民共和国成立初期，面对我国抗生素、化学合成特效药和有关化学中间体缺乏的情况，国家在“一五”计划开始布局制药厂。华北制药厂是中国“一五”计划期间的重点建设工程，从苏联引进抗生素厂、淀粉厂，从德国引进药用玻璃厂。华北制药厂建成后，开始大规模生产抗生素，结束了我国青霉素、链霉素依赖进口的历史。1952 年 7 月，北京新建化学制药厂与另外 3 个制药厂合并，改名为北京化学制药厂，这是北京第一家国营化学制药企业。1953 年 1 月，北京化学制药厂更名为北京市制药厂，后发展为国有大型化学药综合制剂企业，奠定了北京现代化学制药的基础。天津伟迪氏制药厂一举打破了进口西药在天津西药市场的垄断局面，1954 年 7 月，伟迪氏制药厂实现公私合营，改名为天津市人民制药厂，成为片剂专业生产企业。

（二）第二阶段：药企开始引进外资和技术

改革开放以后，当时我国的制药水平与国际发达水平相比有一定的差距，于是决定引进国外企业。而当时日本制药水平处于世界顶尖水平，（原）国家医药管理总局与日本大冢制药株式会社开始洽谈。1980 年，中国医药工业公

司、日本大冢制药株式会社共同出资 7100 万元，成立了合资企业——中国大冢制药，1982 年 2 月在天津破土动工，中国第一家合资制药企业由此诞生。因天津地理位置优越，葛兰素史克、诺和诺德等外企相继落户天津。同时，外国药企也开始将研发中心落户北京，诺和诺德在北京建立研发中心，这是外国药企在中国设立的第一家研发中心，之后赛诺菲的全球第四大研发中心落户北京，拜耳在北京建立了全球性研发中心。

（三）第三阶段：国家战略促进集群协同发展

2014 年 2 月 26 日，习近平总书记主持召开座谈会，听取京津冀协同发展专题汇报，提出“实现京津冀协同发展是一个重大国家战略”。产业协同发展是京津冀协同发展战略 3 个率先突破领域之一，也是牵住疏解北京非首都功能这个“牛鼻子”的关键。通过政府引导，三地生命健康产业开始加速协同发展。2015 年，为承接北京现有化学原料药生产环节的转移，北京和河北经信部门签订了合作框架协议，北京·沧州渤海新区生物医药产业园正式启动建设，经过多年发展，河北已成为京津冀三地的原料药保障中心。三地通过规划和实践，形成了京津研发、河北转化的创新协作模式，协同发展进入一个新的阶段。

二、集群发展壮大的主要模式

京津冀生命健康集群经过多年发展，已经初步形成优势互补、分工明确、协作紧密的产业协同发展格局。京津冀三地在发展过程中，积累了一些宝贵经验，可以总结为注重产业定位，强调跨区域分工协作，加强联建共建，推动联动突破。

（一）注重产业定位，形成差异化、特色化发展道路

在集群发展过程中，三地立足产业发展基础和条件，向各自侧重的产业方向发展，发挥了各地特色和比较优势，注重产业布局与城市发展相匹配，避免了同质化发展。北京在生物技术人才和临床资源上具有绝对优势，因此北京大力发展生命科学、生物制药、高端医疗器械等产业，科兴中维、国药中生等研制的新冠疫情防控药品和医疗器械等产品为全国抗击新冠疫情提供了有力支撑。天津在化学药方面实力较强，“三素一酸”（抗生素、激素、维生素、氨基酸）多年来闻名全国，因此天津积极推进关键药物中间体和高端原料药的研发制造。2021 年，全国共批准 47 个创新药上市，其中生物制品 12 个（北京占 4 个），化学药 24 个（天津占 2 个）。中药产业是河北的传统优势产业，河北在

中药材的生产、加工及重要研发等方面占据全国领先地位，因此河北持续推进中医药强省建设，打造全国领先的中药现代化产业链。

（二）强调跨区域分工协作，形成高效、循环畅通的产业链

京津冀生命健康集群从政府规划的角度，引导三地根据各自的人才、资本、技术、资源等优势禀赋进行产业链分工协作，避免出现产业发展空间与城市分割、离散甚至相冲突的问题。例如，《北京市加快医药健康协同创新行动计划（2021—2023 年）》提出，支持领军企业在天津、河北地区布局和建设原料药、加工制造等相关基础设施，形成京津冀供应链集群，提升产业链协同水平。通过顶层引领，关联程度较高的企业可以进行产业链有机对接，下游企业可以从源头获取原料，形成优良、低成本的供应链，如沧州四星生产的药用中性硼硅玻璃管，在新冠疫情期间实现国产化替代，为国药中生提供了 5 亿支新冠疫苗原材料。河北目前已经成为京津冀三地的原料药保障中心，北京同仁堂在河北玉田设立了中医药产业基地，建设了中药材前处理及物流中心，以岭药业、四环科宝等一批生物医药龙头企业在天津、河北地区布局和建设了原料药、加工制造等生产基地。

（三）加强联建共建，推动资源均衡共享

京津冀生命健康集群通过共建园区、平台、联盟等方式，将北京、天津的创新优势资源释放到三地，促进三地生命健康产业协同发展。例如，北京、河北共建北京·沧州渤海新区生物医药产业园，截至 2022 年 9 月落地高端药项目共 74 个，落地北京的项目超过一半，投资总额占 61%，天津中关村高端医疗产业园是北京中关村医疗器械园的第一个分园，落户天津宝坻。京津冀医疗联合体作为国内首个省级跨区域医疗联合体平台，北京地区医院与河北多家医院建立了广泛的合作关系，促进了医疗资源共享。河北安国与中国中医科学院、天津中医药大学等知名院校合作，成立了京津冀协同发展中药产业创新战略联盟，通过联盟导入创新资源，使当地中医药产业的科技创新、产品研发、成果转化能力得到明显提升。

（四）推动联动突破，三地开展协同机制创新与政策试点

京津冀生命健康集群持续以体制机制创新打破行政区划壁垒，突破本地发展瓶颈，强化三地共享，促进三地生物医药产业联动发展。北京·沧州渤海新区生物医药产业园是北京生物医药产业外迁的重要承接地，打破了阻碍北京医药企业外迁的壁垒，探索出了医药产业转移异地监管的新机制，实现了异地监管，缩短了审批时间。京津冀生命健康集群促进组织由北京医药行业协会牵头，

天津市国际生物医药联合研究院、河北省医药行业协会共同组成，北京医药行业协会组织三地人员紧密合作，重点推动 15 个公共服务平台建设、43 个重点项目整体协同发展，完成大型活动 3 次、交流走访 4 次、研讨会议 13 次。京津冀地区临床检验检查结果互认项目达到 36 个，互认医疗机构达 411 家。

三、集群发展存在的核心问题

京津冀生命健康集群与世界级先进制造业集群仍然存在差距，需要三地共同发力，着力破解发展中存在的问题。

（一）创新辐射带动能力不足

北京具有丰富的创新资源，但是对天津、河北周边区域创新发展的带动能力不足，天津和河北缺乏承接的能力，北京的重大研究成果很少在天津和河北落地，部分研究成果跳过天津和河北"蛙跳式"转移到了长三角和珠三角地区。

（二）关键基础设备制约集群发展

生物医药对制药环境的要求非常严格，包括对制药设备的结构参数、工艺参数、控制方式的要求，以及无菌、无污染条件等。目前，生物医药创新研究所使用的基础设备受限于国外，国内企业产品的性能、质量、自动化和数字化水平与国际先进水平相比存在较大差距，如生物制药所需的细胞培养装备和培养基掌握在国外设备厂商手中。

（三）体制机制突破仍有待深入

集群在要素市场一体化、行政管理协同机制、行政管理信息交流共享等方面仍然需要进一步"破壁"，如在京津冀地区还存在着采购环节繁杂、采购效率低下的问题。京津冀地区在企业税收优惠资质异地共认、保障跨区域迁移企业生产经营有序衔接等方面还需要共同努力。

四、集群培育提升的对策建议

京津冀生命健康集群让三地的优势都得到了充分发挥，下一步，为推进京津冀生命健康集群向世界级迈进，我们提出以下建议。

（一）注重链群带动，打造合理分工的区域产业布局

京津冀三地要统筹产业链建设与集群培育发展，坚持把集群作为产业链协同提升的重要载体，在集群中注重发挥专业化分工、产业关联协作效应。不同

区域要找准定位，优化产业链分工布局，打造优势互补、分工明确、协作紧密的产业发展格局。通过链群带动，协同培育新能源汽车和智能网联汽车产业链、生物医药产业链、氢能产业链、工业互联网产业链、高端工业母机产业链、机器人产业链 6 条重点产业链，提升三地产业链的协同水平。

（二）强调共享，携手培育一流产业生态

京津冀三地要把现有资源进行统筹规划，推动资源合理配置，着力打造科技、金融、人才高水平循环的产业生态。一是引导和鼓励产业发展基金加大对区域高精尖企业的支持力度，撬动社会资本支持产业发展，通过资本运作促进龙头企业和重大项目在京津冀落地布局。二是三地共建定位明确的创新及产业化承载专业园区，细化共享共担机制，形成利益共享、风险共担模式，孵化和培育一批创新主体，推动区域共建园区多点开花。三是打造检测服务平台、研发中试服务平台等公共服务平台，形成小试、中试及商业化生产线的一体化服务能力，促进三地资源共享，提高产业公共服务能力，完善集群公共服务体系。

（三）加强互动联动，支持三地促进组织发展

京津冀三地要支持集群促进组织等第三方组织的发展，充分发挥第三方组织沟通交流、政企对接、自律规范的作用。推动集群促进组织能力建设，完善自身组织架构，开展三地协同联动工作，加强三地在技术研发、人才培养、知识产权等方面的合作，开展产业促进活动，加快三地产业对接交流。做好公共服务工作，推动公共服务平台建设，开展对外专业服务。联合集群企业对外宣传，开展国际化交流合作，通过举办论坛与会展活动，全面提高集群知名度。

（四）突出一体化，深化机制创新

京津冀三地在行政管理协同机制、行政管理信息交流共享等方面要进一步“破壁”。建立起统一的产业标准体系来促进技术创新、规范市场秩序。在监管层面，形成京津冀三地标准一致、覆盖产业全生命周期的监管体系，形成区域一体化监管。构建三地互认互信合作机制，降低企业在三地落户的成本。全面落实京津冀产业链引资战略合作框架协议，完善三方协同、项目会商、合作招商和沟通协调等工作机制，围绕重点产业开展引资合作，实现信息、项目、资源共享。

撰稿人：赛迪智库规划所　张兆泽

轻工消费品篇

第四十一章

苏州、无锡、南通高端纺织集群

纺织产业作为国民经济的支柱产业之一，是关乎衣、食、住、行基本需求的国家战略性产业，产品主要用于满足日常生活需求，产业生命周期长，涉及的产品种类多，市场规模大。高端纺织集群以苏州、无锡和南通三市为核心，其中苏州的先进功能纤维产业、无锡的棉毛纺及服装产业和南通的现代家纺产业均具有全球影响力。产品涉及纺织业、纺织服装业、化学纤维制造业、专用设备制造业 4 个国民经济大类，涵盖纤维、棉纺、毛纺、织造、印染、纺织机械、服装、家纺等整个现代纺织业的技术及品种。集群基础实力雄厚，产业规模居全国第一，2022 年集群主导产业总产值达 5422.6 亿元，在全国占比超过10%。集群产业链布局完备程度居全国第一、龙头企业数量居全国第一，已初步形成要素集聚、开放合作、协同创新的纺织产业先导区。

一、集群形成的动因和机制

自宋元之交，苏州、无锡和南通所在区域就已经迸发了纺织产业的萌芽，并且在鸦片战争前一度兴盛于海内外，是国际、国内竞争力最强的纺织品产地。近代以来，苏州、无锡和南通所在区域成为中国民族资本主义发展的摇篮，工业化的纺织业快速发展，成为近代史中为数不多的工业闪光点。自中华人民共和国成立以来特别是党的十八大以来，苏州、无锡和南通纺织产业加速转型升级，已经逐渐形成了规模大、产业链全、企业实力强的纺织产业先导区。

（一）纺织产业肇始于宋末元初

宋末元初，江南一带种植棉花和纺纱织布的新技术传至苏州、通州、松江等地，带动当地的纺织产业快速发展，“农暇之时，所出布匹，日以万计”。到明末清初，三地已成为全国的纺织中心，手工纺织业与成衣业迅速发展，以农

民自种自纺、自织自染、自缝自穿为特征的小农生产开始向商品化生产转化，苏州、松江两地形成了 153 个从事棉布生产、销售的布业市镇，到清代中期发展到 221 个。通州“本机布”、苏州“苏松布”畅销国内，“近自杭、歙、清、济，远至蓟、辽、山、陕”，同时还远销南洋等国家和地区，仅通州一地全盛时期年产量高达 400 万匹，有“衣被天下”“名称四方”之誉。

（二）近代纺织产业的摇篮

19 世纪末，在洋务运动的影响下，中国民族资本主义在内忧外患的困苦处境中开始了艰难的发展。爱国实业家张謇于 1895 年筹建大生纱厂，近代的棉纺织产业从此应运而生。1914 年，张謇担任北洋政府农商总长时期，对纺织、制铁企业实行股份保息，对全国土布一律免除厘税。经过长期的努力，到 1922 年无锡新开设了广勤纱厂、豫康纱厂、庆丰纺织厂、申新三厂，常州新建成常州纱厂、大纶纱厂、广新纱厂，海门新建了大生三厂，南通新建了大生八厂、久安纱厂，崇明新建了大通纱厂。在通海地区，形成了拥有 4 个厂，资本 983.9 万元，纱锭 160 360 枚的大生纺织企业集团。此外，张謇在南通开办女红传习所、纺织高校学科，通过教育为南通纺织产业的发展提供了便利条件。

（三）世界领先的先进纺织集群

到 1949 年，在苏州、无锡、南通 3 个纺织基地中，苏州有棉纺织厂 6 家、单织厂 63 家，共有纱锭 60 604 枚、布机 1460 台；无锡有棉纺织厂 16 家、单织厂 74 家、印染厂 1 家，共有纱锭 278 584 枚、布机 6075 台；南通有棉纺织厂 4 家，共有纱锭 147 528 枚、布机 1405 台。经过 70 余年的发展，尤其是党的十八大以来的持续投入，集群已经成为名副其实的先进纺织集群。2021 年，集群总营收为 6521.56 亿元，占全国纺织产业总营收的 12.6%，其中利润总额为 314.3 亿元，年平均用工人数约 58 万人。集群已形成从纤维生产、织造加工、印染整理到服装制造较为完整的产业链，涌现出一批行业龙头企业。集群中恒力、盛虹、海澜、红豆、三房巷、华宏、阳光 7 家企业入围 2022 年中国 500 强企业，恒力、盛虹还入围世界 500 强企业，分别名列中国纺织企业第一位、第三位。集群纤维的年产量占全国的 1/8 左右，家纺年产量在全国市场占比超过 50%。

二、集群发展壮大的主要模式

集群通过“优势品牌塑造+产业链高效协同+产业链、创新链深度融合+完善的公共服务体系”模式，不断提升产业创新能力，增强产业竞争力。

（一）优势品牌塑造

集群纺织企业持续以品牌打造市场竞争力，大力实施“三品”战略，加强品牌建设，创新商业模式，优化产品品质，提升品牌价值。集群举办了江苏品牌服装创新发展大会等展会，发挥展会的作用，加强国际化营销，使集群的品牌影响力与认可度不断扩大与提升。苏州、南通分别在 2016 年、2018 年列入全国消费品工业“三品”战略示范城市。恒力、波司登、海澜之家、三房巷、红豆 5 家企业入选 2022 年中国 500 最具价值品牌，主导产品市场占有率均位于行业前列。龙头企业中，恒力是世界 500 强企业，PTA、化纤、织造产品的国内市场占有率达 10%；盛虹被誉为“全球差别化纤维专家”，是世界 500 强企业；波司登羽绒服在国内市场的销量第一，市场占有率达 40%，被评为“中国世界名牌”，2020 年波司登获得中国优秀工业设计金奖，2022 年获得德国红点奖；海澜之家多次位居中国上市公司市值 500 强 A 股纺织服装业榜首，已成为国内最具影响力的男装品牌；阳光是全球最大毛纺生产企业和高档服装生产基地，阳光呢绒被评为“中国世界名牌”。

（二）产业链高效协同

集群持续推动产业链、供应链跨区域、跨类别深度协作，由苏州牵头，联合无锡、南通，召集省内其他有关地区定期开展纺织集群工作推进常态化会议。发挥比较优势，推动差异化发展合作，苏州重点发展先进功能纤维、品牌服装、高档丝绸和生态染整；无锡重点发展棉纺、毛纺等高端织造及品牌服装；南通重点发展品牌家纺、高端织造，实施差异化错位竞争，促进区域一体化发展。截至 2023 年上半年，集群集聚了 8500 余家纺织产业链上下游企业，其中规上企业 4184 家，覆盖石化、织造、聚酰胺纤维、碳纤维、芳纶、复合材料、先进功能纤维、纺织机械等领域，形成了从纤维生产、织造加工、印染整理到服装制造、纺织机械的完整产业链。推动大中小企业融通发展，强化生产性服务业支撑，加强产业链分工协作，推动创新资源共享共用，在面料、研发设计、生产制造、销售配送等环节加强上下游的需求对接，重点延伸研发设计、检验检测、设备维护、开放合作等服务，提升产业配套服务能力，构建高层次产业协作体系。

（三）产业链、创新链深度融合

深入实施创新驱动发展战略，打造高端纺织行业的创新主体群，建设高水平的新型研发机构和公共服务平台，攻关关键核心技术，完善全方位协同创新生态。集群内有 14 个国家级创新载体，94 个省级技术创新载体，持续推动产

业技术的创新和变革，年均研发投入达 180 亿元，研发投入强度近 3%，高于全国平均水平。技术创新的直接成果处于国内领先水平，新产品产值率超 7%。集群培育了纺织服装创意设计园区，引导企业针对消费需求，提升创意设计水平和个性化定制水平，开发满足个性化、时尚化、场景化消费需求的新产品，提升企业自主创新能力。

（四）完善的公共服务体系

集群搭建了具有国际化视野的国家级专业服务平台，开展战略性研究和产业链升级，建设了纺织业综合公共服务平台（江苏纺织服装网），贯通了企业库、工艺库、专利库、标准库、人才库，拥有信息检索、技术预警、资料共享等 10 项功能，全面提升了纺织企业的综合能力。集群建设了纺织产业链生态建设服务平台、常熟服装在线平台、外贸公共服务平台等垂直领域服务平台，提高了集群纺织产业链上下游企业的合作效率。集群围绕先进功能纤维、高端织造技术、智能化纺织关键装备等纺织业重点领域，吸引了标准组织、行业联盟、检测机构、认证评估机构、中介服务机构等入驻或设立分支机构，建立了纺织行业全产业链支撑服务体系。

三、集群发展存在的核心问题

（一）绿色集群建设稍显不足

环境保护浪潮风起云涌，国际服装市场特别是美国、日本及欧洲等发达国家和地区通过制定各种环境标准，建立起一道道限制和阻止外国商品进入本国市场、保护本国企业的“绿色贸易壁垒”。近年来，我国每年平均有 70 多亿美元的出口纺织品因不符合生态健康安全要求而受阻，对我国纺织集群的绿色发展提出了更高的要求。集群内大企业的绿色制造情况较好，但相关设备和技术尚未扩散到全产业链，造成集群中尚有很大一部分产能不符合绿色制造的要求，整体距离建设绿色纺织产业链尚存较大差距。

（二）智能产业链水平有待进一步提升

随着新一轮技术革命和产业变革的发展，对集群智能化水平的要求持续提升，能够降本增效、提高稳定性的智能设计、智能工厂等领域的竞争日益激烈。集群内多数中小企业的生产方式较为传统，能耗大、用工多、效率低的问题依然存在，部分有风险隐患的岗位依然未完成机器换人，多数企业智能化水平较低，集群科研体系对制造体系的智能化支撑不足。

（三）集群治理机制亟待优化

集群促进组织对集群大中企业的影响力不足，对要素和产业资源缺乏调动能力，协会色彩浓厚，工作推进阻碍较多，以自发治理为主、公共治理为辅的集群治理能力尚未形成，促进组织实体项目较少、日常工作较虚、造血功能较差，成为空壳机构。集群涉及多个空间上独立分布的产业园区，园区定位存在交叉，部分重点企业远离装备制造业集聚区，制约了生产能力的发挥和与其他企业的合作，不利于资源优化配置和充分利用。

四、集群培育提升的对策建议

围绕绿色化、智能化等纺织产业发展的重要抓手，突破一批关键核心技术，加快中小企业负担得起的绿色智能方案的构建和推广普及，持续提高集群生产质量，加快建设具有绝对行业竞争优势的高端纺织先进制造业高地。

（一）走绿色纺织之路

培育绿色工厂，开展绿色制造技术创新及集成应用，实施小浴比染色、无聚乙烯醇上浆织造、再生纤维素纤维绿色制浆、超临界二氧化碳流体染色、针织物平幅染色、涤纶织物少水连续式染色等技术和装备改造。实施绿色工厂动态化管理，强化对第三方评价机构的监督管理，支持纺织行业龙头企业搭建企业供应链绿色信息管理平台，加快构建废旧纺织品资源循环利用体系，加强定向回收、梯级利用和规范化处理。推动纺织领域的“碳达峰”工作，鼓励化纤、印染、棉纺等行业实施能效领跑者引领行动，加快推广节能降碳技术和装备，支持企业建设智能化能源管理系统，引导绿色工厂进一步提标改造，对标国际先进水平，建设一批“超级能效”和“零碳”工厂。

（二）加快智能纺织技术扩散

发挥龙头企业对产业智能化的带动作用，聚焦纺织智能制造装备、工业软件、系统解决方案等重点领域，培育一批纺织行业全链路数字化改造服务商，探索“点单式”服务模式，打造可供企业自主选择的服务商及服务模块“双菜单”，形成一批可借鉴、可推广的链式数字化转型解决方案。支持纺织行业龙头企业建设并开放数字化应用和工业互联网等平台，将数字化转型经验转化为标准化解决方案向行业企业辐射推广。针对集群中小企业，重点推广易入门、低成本、短周期、可复制的轻量级数字化改造项目。

（三）加快关键核心技术开发

加强纤维新材料、纺织绿色制造技术、先进纺织制成品、纺织智能制造及关键装备等领域的研发创新，补齐产业链短板。推进差别化纤维，先进功能纤维，生物基纤维，高端品牌纺织面料，功能化、个性化、系列化高品质纺织面料的技术攻关与规模化生产，提升产品技术水平。大力推动纺织产业链、创新链延伸，重点突破应用于环境保护、医疗卫生、安全防护、建筑土工、工业过滤、结构增强、海洋工程等领域的产业用纺织品纤维材料。

（四）优化集群治理机制

加快设立省级跨行政区的集群促进组织实体，以集群视角平衡三地的政府利益取向、企业市场诉求和行业发展管理关系，加强集群企业及机构与政府之间的联结，支撑政府对纺织产业的发展做出专业化、长期化战略规划，促进长三角纺织板块间知识、信息和经验的沟通与交流，降低集群企业与潜在合作者的交易成本，协助政府实施集群管理。

撰稿人：赛迪智库规划所　陈笑天

第四十二章

青岛智能家电集群

青岛智能家电集群拥有海尔、海信等龙头企业，且创新能力强、全球化水平高，具备培育世界级智能家电集群的良好基础。但是，集群也面临关键核心领域存在“卡脖子”问题、产业链创新协同能力仍有不足、产品盈利能力弱于世界级先进制造业集群等问题。

一、集群形成的动因和机制

（一）改革开放驱动，形成一批龙头企业

20 世纪七八十年代，在改革开放的促进下，青岛市一批国营工厂的人力资源、技术资源、资金要素等活力被大大激发。由此，青岛电冰箱厂、青岛无线电二厂、青岛红星电器旗下的黄海冰柜厂逐渐演变成国内外知名的家电大企业，即海尔、海信、澳柯玛。例如，1978 年，改革开放伊始，青岛无线电二厂将电视机增加到 3 个品种，产量达到 2500 台，并在第二年成立了青岛电视机厂。1984 年，企业抓住机遇，投资 500 万美元引进世界一流的技术设备，即日本松下的彩色电视机生产线，并通过消化吸收、研发创新，开始在中国电视机行业占据技术发展优势，逐渐形成“海信”品牌。

（二）龙头效应显现，吸引配套企业集聚

20 世纪 90 年代，海尔、海信、澳柯玛三家企业的品牌效应和规模效应凸显，包括大批国际知名企业和国内龙头企业在内的上下游企业集聚青岛及周边地区。例如，海尔凭借品牌与规模效应，吸引了三洋、广州冷机等企业在青岛投资建厂。之后，压缩机总装厂的产业规模逐步扩大，开始吸引电机厂、漆包线与热保护器厂等零部件企业落户青岛及周边地区。零部件企业又吸引了五金件冲压、钢板剪切、铜材等原材料与原材料加工企业集聚青岛及

周边地区。由此，众多企业不断发展壮大成品牌集群，进而推动了智能家电集群的形成。

（三）政府引导激励，助推企业集聚

自 2004 年开始，青岛市委、市政府高度重视推动集群的形成与发展。一是依据《青岛市人民政府关于建设制造业基地的意见》，推动家电大企业沿着“大项目—产业链—产业群—产业基地”的路径前行，进一步发挥品牌和规模效应，不断延伸产业链条。二是通过政策扶持、实施国内外招商等手段，帮助大型家电企业迅速强化本地配套能力，推动智能家电集群发展。到 2005 年年底，海尔的零部件及配套件的关键件本地配套企业已达 200 家，核心配套件和电子元器件的本地配套率在 40%以上。青岛也成为国内最大的白色家电配套基地、家电塑料加工配套基地和钣金加工配套基地。

二、集群发展壮大的主要模式

经过多年发展，青岛智能家电集群取得了不错的成绩。目前，集群已成为山东省“十强”产业“雁阵形”集群，是全国智能家电产业的“领头雁”和“排头兵”。此外，集群的技术水平、行业标准、品牌建设等都处于全球前列。截至 2023 年 3 月，集群拥有 52 个国家级重点实验室、工程实验室、企业技术中心、工业设计中心等国家级技术创新载体，99 个省市级企业技术中心。

（一）龙头企业引领产业链创新发展

一方面，龙头企业以强大的资源优势和创新能力，强化生产制造与科技研发，提升产业配套规模与质量。例如，海信通过产品换代和产业升级，吸引江苏晶石等外地企业在青岛发展配套，大力提升了配套产业的水平和规模。另一方面，龙头企业建立了开放式服务平台，引领产业链创新发展。例如，海尔在 2009 年搭建了 HOPE 开放创新平台，随后不断发展完善。集群依托海尔 HOPE 开放创新平台，赋能中小企业生态创新，通过平台打通了跨企业、跨行业技术转化的堵点，形成了智能家电产业链上下游较为完善的协作发展体系。

（二）组织领导和推进机制持续完善

近年来，青岛制定了培育、发展智能家电集群的相关政策措施，建立了促进集群发展的组织领导和跨部门协同工作的相关机制，形成了切实可行的培育、发展智能家电集群的实施方案，大力促进了集群发展。2019 年，青岛市政府发布《青岛市支持实体经济高质量发展的若干政策》，提出要打造各具特色的现代优势产业集群；印发《青岛市超高清视频产业发展行动计划（2019—2022

年)》，提出建成具有全球影响力的超高清视频产业高地。2020 年，山东省人民政府发布《山东省人民政府关于加快胶东经济圈一体化发展的指导意见》，提出打造沿海集成电路产业带和智能家电产业基地。2020 年，青岛将智能家电产业专班整合并入新一代信息技术产业专班，由市委书记、市长任双组长，全力支持海尔、海信等重点企业实施“倍增”计划，加快新一代信息技术向家电产业赋能。2022 年，《推进全市智能家电产业集群发展工作方案》发布，推动青岛智能家电集群向世界级先进制造业集群跨越发展。

（三）深度全方位布局产业全球化

一是集群通过自主建设、跨国整合等方式，形成了竞争力强大的多个品牌，推动集群由单一品牌的全球化转变为多品牌的全球化。例如，20 世纪末，海信布局南非，提出“大头在海外”的发展战略，开启了将业务深入布局到欧洲、北美洲、大洋洲及非洲区域内的 160 多个国家的历程。同期，海尔进军国际市场，在美国建立了第一个工业园，开始了国际化发展。二是集群企业积极开展国际交流与合作，开展国际拓展与并购，主动嵌入全球产业链、价值链、创新链，不断强化集群的国际化联系，增强集群的国际竞争力。例如，2013 年海信成立了北美、欧洲研发中心；同年 6 月，海信南非家电产业园二期项目建成投产。从 2015 年起，海信密集展开海外并购，包括收购夏普墨西哥工厂、重组日本东芝映像公司、收购欧洲高端白色家电品牌古洛尼等。

三、集群发展存在的核心问题

虽然青岛智能家电集群目前具备了品牌优势显、技术创新优、开放水平高等发展优势，但与世界级先进制造业集群相比，仍存在提升空间。

（一）关键核心领域存在“卡脖子”问题

从总体上看，青岛智能家电集群依然在上游面板、控制芯片、操作系统等关键核心领域存在“卡脖子”问题，在制造及检测设备、核心零部件和关键原材料等配套领域落后于德国、日本。例如，家电芯片主要应用于变频智能家电领域，主要芯片包括 AC-DC 芯片、PFC 芯片等。但目前，国内家电企业设计和制作的芯片主要集中在中低端，高端的人工智能语音控制物联网芯片等还比较落后。

（二）产业链协同创新能力仍有不足

智能家电涉及的技术复杂度高，需要上下游企业高度协同创新。目前，三星等世界领先企业与关键材料、核心装备等上下游企业的合作十分紧密，开发

定制产品能力较强。而青岛智能家电集群在此方面处于探索发展阶段，关键配套上游企业对基础研究的投入少、积累不够，对中下游企业技术创新、产品创新等的支持能力较弱；产业链上下游企业联系的紧密性不够，产学研还未真正形成合力，导致产业链创新协同能力仍有不足，与世界级先进制造业集群相比有很大差距。

（三）产品盈利能力弱于世界级先进制造业集群

核心技术缺乏、费用率相对较高等多种因素制约着青岛智能家电集群的盈利能力，使其在品牌整体价值和产品盈利能力上，依然落后于日本索尼、美国惠而浦、韩国 LG 等龙头企业。例如，索尼等企业能够生产高质量的 4K/8K 感光器件、高端光学镜头、专业编解码器等核心器件，在全球拥有领先优势，因此企业竞争力和盈利能力较强，2020 年净资产回报率高达 24.84%，远高于青岛智能家电集群的龙头企业。

四、集群培育提升的对策建议

目前，青岛智能家电集群的整体实力已经位居全国前列，但仍存在一些问题。未来，集群应深入剖析自身问题，按照促协同、抓创新、优组织、重变革、保要素的发展思路，推动集群向世界级发展。对此，我们提出以下建议。

（一）全面提升产业链的协同创新能力

支持企业加强对产业链的基础研究和对引领未来的前沿技术的研究，带动产业链整体技术水平提升。全方位支持龙头企业加快开放式创新平台的建设，提高全球创新资源对接能力，引领产业链协同创新发展。用好国创智能“公司+联盟”的生态化模式，推动企业、高校和科研院所的产学研合作，加快突破一批关键共性技术，加快推动新型显示和智能家电关键技术研究。加强对绿色封装材料、变频芯片等基础材料与核心部件的研究，人工智能、5G、嵌入式 OS 等智能化前沿技术的研究，以及终端设备生产、内容供给、网络承载、应用示范等方面的研究与应用。

（二）加快产品创新，增强市场竞争力

支持集群企业围绕客户需求，以客户为中心，主攻产品差异化创新，将智能化、服务化嵌入产品设计中，赋予家电产品更多新功能，增强产品竞争力。推动智能感知、智能响应、智能控制等智能化技术在家电产品上的融合应用。创新以高技术、智能化、网络化、节能化技术为特征的新型显示和智能家电终

端产品。创新网络高清数字家电、平板显示、AR/VR 及 4C 融合等新型显示终端产品。发展集成泛在感知、机器学习、自然语言处理、新型视觉和语音交互等技术的智能家电终端产品。

（三）充分发挥促进组织的作用

充分提高集群促进组织的资源整合能力，推动集群与北京、上海、惠州等国内城市的合作，加强集群与德国、日本、韩国等国家的对接和合作，提升集群企业的技术转化和自主创新水平。围绕智能家电先进制造领域的中小企业在科技创新初期遇到的共性问题、国家在发展中的重点及热点课题开展活动，着力推进集群协调、公共服务、招商引智、成果转化、合作交流等工作。建立培育成效经验总结与信息报送机制，及时总结国内外智能家电产业发展或应用的典型案例，每月报送一次发展经验、典型案例、重点技术发展方向等，形成向上级主管部门定期报送的工作机制，以提供决策参考。

（四）领先进行智能绿色服务化改革

培育一批第三方绿色制造服务机构，助力智能家电绿色制造达到国内先进水平。通过智能生产、智能仓储、大数据云中心、模块化厂房管理系统等，强化产品全生命周期的绿色管理。支持企业探索创新网络化协同、个性化定制、在线增值服务、分享制造等“互联网+先进制造业”新模式。加快主导产业与互联网、大数据、人工智能、5G 等新一代信息技术的深度融合。利用海尔卡奥斯互联网服务平台等，构建以工业互联网平台型企业为主导的产业生态圈，提升整体数字化水平。加快引导企业由单纯提供产品向提供“产品+服务”转变，积极拓展产业价值链。

（五）有效提升金融要素保障服务

探索青岛金融机构与各类社会资源对接以支持集群企业发展的有效模式，重点探索金融机构与龙头企业设立产业投资基金，围绕产业链需求，建立股债相融、投贷联动的合作模式，支持集群企业发展壮大。引导金融机构利用大数据、区块链、物联网等技术，发展供应链金融。由政府部门牵头，建立健全政府部门、金融机构、第三方机构联动的风险共担机制，探索担保基金、保险、行业投资补助等模式，助力金融机构创新支持集群内中小企业发展的方式。支持金融机构创新绿色租赁等服务，促进集群企业通过融资租赁方式进行设备更新。

撰稿人：赛迪智库规划所　李柳颍

第四十三章

温州乐清电气集群

电气装备是支撑能源发展、实现“双碳”目标的重要物质基础和技术保障，是制造强国建设的重点领域。电气装备是电力控制和保护的核心部件，推动电气装备产业数字化、智能化转型升级，加速电气产业低碳化、融合化发展，温州乐清电气集群使命在肩、责任重大。乐清是我国最大的低压电气产业基地，2022 年，集群主导产业总产值达 2050 亿元，在全国占比超过 65%，形成了正泰、德力西、天正、人民电器等一批龙头企业，是国内低压电气产业链发展最完善的区域。

一、集群形成的动因和机制

（一）萌芽期：“先店后厂”发展模式，通过产销紧密合作，低压电气产品迅速占领全国市场

20 世纪 70 年代初，乐清人在市场需求的驱动下，开始从事家庭工业和个体工商业。1977 年，乐清第一家低压电气门市部诞生。十一届三中全会召开后，以门市部和家庭作坊相结合的“前店后厂”模式进军低压电气行业，此时乐清的低压电气门市部已达到 1000 多家，低压电气从业人员超过 50 000 人，生产的低压电气产品开始源源不断地流向市场。20 世纪 80 年代，在政府的引导下，个体私营企业纷纷走向联合，由多个业主共同投资的股份合作制企业应运而生，这种新的企业组织形式产权明晰、经营自主、机制灵活、风险共担、利益共享，给乐清的经济发展注入了新鲜的血液与强盛的活力。

（二）成长期：龙头企业助力产业结构优化升级，聚力企业做大做强

20 世纪 90 年代以后，乐清积极引导民营企业开始进行管理制度创新，鼓励大企业兼并同类企业，推动民营企业由个人、家族企业向股权多元化的公司

制转化。随着市场规模的不断扩大，一批有代表性的低压电气企业不断成长壮大，正泰、德力西、人民电器、长江、天正等纷纷走上了扩张发展的快车道。大量乐清电气企业通过整合上下游产业链、合并小企业实现快速扩张。企业之间产业链的整合促进了产品互补、资金互补、市场互补、资源共享、互利互惠，形成了门类齐全的低压电气大企业。

（三）成熟期：乐清发展成为有影响力的电气集群

党的十八大以来，温州乐清电气集群形成了一批具有较强市场竞争力的国家级、省级龙头企业，通过产销紧密合作，实现了从电气元器件到电气装备再到输变电解决方案的产业迭代升级，电气产业向高可靠性、可兼容、集成性、智能化等方向发展。同时，乐清的品牌建设取得了显著成效，严格的质量管理、高效的市场营销和充满活力的企业文化，为乐清电气行业树立了良好的品牌形象，形成了正泰、德力西等一批知名企业，产品门类覆盖 200 多个系列、6000 多个种类、25 000 多种型号。

二、集群发展壮大的主要模式

（一）因企施策，推动优质企业“拓市场”“抓联合”，政策托举中小企业加快梯度培育，持续激发集群发展活力

以中小企业为主的集群要在壮大优质企业上下功夫，形成优质企业牵引带动、中小企业配套的良好发展局面。乐清积极引导民营企业创新管理制度，培育了正泰、德力西、人民电器等一批具有牵引带动作用的优质链主企业，推动广大中小企业在细分领域精耕细作，形成了“小巨人”企业引领、梯队协同、上下游联动的产业体系，为集群的发展打下了坚实基础。截至 2023 年上半年，集群集聚相关企业超过 14 000 家，其中规上企业 1278 家，制造业单项冠军企业 1 家，专精特新“小巨人”企业 29 家，国家高新技术企业 717 家，本地注册上市企业 16 家。

（二）鼓励中小企业发展外向型经济，“引进来”“走出去”，助力产业结构优化升级，为绿色经济和高质量发展腾出空间

中小企业集群的发展要义是促进国内外产业资源的快速流动，放大产业链协作效应，在全国乃至全球产业链的关键环节实现“卡位”“补位”，增强产业链、供应链的韧性。2007 年，德力西和全球电气界龙头企业施耐德在乐清合资办厂，使先进管理理念渗透了德力西及其配套企业，从而逐渐扩散到整个行业。一批有志于长远发展的本土电气企业开始提高管理水平和技术改造水平，注重

创新研发，并纷纷另辟蹊径瞄准某一细分领域深耕。集群企业以绿色化、智能化、数字化等为主要改造方向，形成了稳中有进的发展态势。

（三）实施“质量立镇、名牌企业”战略，发挥质量品牌建设在“构建新发展格局、推动集群高质量发展”中的重要引领作用

提升区域品牌的知名度与美誉度，将其发展成各有千秋、模式各异的产业标杆，以提升集群的特色优势与产业竞争力。在集群发展过程中，乐清实施“质量立镇、名牌企业”战略，引导企业通过更新设备、改进技术、引进人才等途径，实现由“乐清制造”向“乐清品牌”的跨越，拿下了“中国电器之都”、国家新型工业化示范基地等多张国字号金名片。

三、集群发展存在的核心问题

对标国际知名企业和其他电气集群，温州乐清电气集群在发展过程中面临以下问题。

（一）集群主导产品种类多，但国际竞争力不强、市场占有率不足

调研发现，集群产品已具备较大的产业规模和市场份额，国内市场占有率较高，其中28.8%的企业市场占有率超过50%，24.7%的企业市场占有率为30%（含）～50%，27.4%的企业市场占有率为10%（含）～30%。但主导产品中，高端、关键基础性产品较少，国际竞争力不强、市场占有率不足，78.8%的企业国际市场占有率小于10%，6.3%的企业国际市场占有率超过30%。

（二）集群企业技术创新潜力大，但技术创新成果转化率不高

调研发现，集群43.75%的企业2019—2022年技术改造与信息化建设投资占销售收入的比重为3%～6%，78.75%的企业研发人员占比为10%～20%，33.75%的企业拥有50项以上专利，说明企业对技术和人才的投入较为积极，具备一定的技术创新潜力，呈现出高端特色化发展趋势。但乐清47.5%的企业关键核心技术自主化率低于50%，23.75%的企业技术创新成果转化率不足20%，说明企业关键核心技术的自主转化能力不强，技术创新成果转化率较低，缺乏完善的技术创新生态系统和宽容的创新文化。

（三）集群已初步嵌入全球产业链，但企业国际化经营水平仍需提升

调研发现，集群的龙头企业正在加快海外布局，如正泰并购德国最大光伏企业康能公司，德力西与世界500强企业施耐德合作，人民电器成为参与

越南电力建设最多的中国民企。虽然集群企业正在建设公共海外仓，加快集聚海内外高层次人才，但国际化经营水平仍需提升。据统计，集群 68.75%的企业国际市场销售率低于 10%，仅有少部分企业通过设立海外办事处和分支机构等方式开展简单的市场和品牌宣传活动，以扩展国际市场。

四、集群培育提升的对策建议

瞄准世界级先进制造业集群的培育目标，集群应发挥政府的关键作用，构建多部门协作机制，完善产业政策体系，提升企业创新力，加强科技攻关，突破关键核心技术，优化产业平台，强化公共服务能力，形成国内领先、国际一流的电气产业集聚发展新高地。为此，我们提出以下建议。

（一）强化政策、用地、金融、人才保障

强化政策、用地、金融、人才保障，加大对电气产业重大项目、重点企业、中小企业的支持力度。一是着力强化政策保障。进一步整合优化现有的企业转型升级扶持政策，统筹用好省级制造业高质量发展示范县创建的财政专项资金，配套出台更精准、更有含金量的激励政策，重点支持一批重大投资项目和创新项目落地。二是着力强化用地保障。多渠道向上争取用地计划指标，加强对“用而未尽、建而未投、投而未达”低效工业项目的整治，大力开展老旧厂房改造，提升工业用地容积率。三是着力强化金融保障。引导金融机构对技术先进、优势明显、带动和支撑作用强的先进制造业项目优先给予支持，创新金融产品和服务，推广创新知识产权质押、股权质押、产业链融资等金融产品。四是着力强化人才保障。探索建设“政府+人才+机构+大数据平台”电气产业全类别人才体系，打造人才创新创业服务综合体，集成人才引进、人才服务、人才赋能等功能，为高层次人才创业提供人才联络、项目对接、注册落地、创业发展等全链条服务。

（二）实施产品高端化工程，全面提升产品品质

紧扣国家产业战略布局，实施智能电气产业基础再造和产业链提升计划，推动一批重点产品的性能稳定性、质量可靠性、环境适应性、全生命周期等指标达到先进水平。一是深化产品智能化研发。针对强链、补链、建链各环节的传统电气产品及零部件，加强企业享受软件产品增值税返还、嵌入式软件奖补等政策的推广与兑现，支持企业自主研发、联合开发具有在线监控、互联协同、数据采集等功能的数字化融合新产品及相关配套软件，加快传统电气产品迭代

升级。二是全面提升产品品质。鼓励企业加快试验与验证技术、先进成型和加工技术、在线无损检测技术、质量追溯系统的推广应用，实施制造方式现代化工程，深入推进智能化技术改造。

（三）实施企业培育壮大工程，共建全要素创新生态

进一步壮大龙头企业，整合行业优势资源，发挥规模经济优势，带动中小企业融通发展，共建全要素创新生态。一是强化龙头企业的引领能力。强化实施助企服务，推进企业降本减负，支持行业龙头企业拓展产业链上下游，强化市场控制力。二是加强中小企业融通发展。深入实施“雏鹰行动”、单项冠军培育行动，实施高成长型企业培育计划，建立“专精特新”企业培育库。三是共建全要素创新生态。统筹推动企业、高校、政府、金融机构等联合创新，打造创新主体、创新基础设施、创新资源等有机耦合的良好创新生态。

（四）实施产业拓展国际化工程，增进集群国际交流

支持整合国际知名品牌，围绕电气产业细分市场，以品牌国际化、营销全球化、产品高端化为导向，鼓励企业拓展国际市场。一是拓展国际市场。大力支持外贸型标杆企业做大做强，优化出口政策，积极落实出口退税、出国参展展位费补贴和出口创汇奖励等措施。积极用好国贸云商外贸综合服务平台，为更多中小微企业出口提供报关、通关、融资、退税等服务支持。二是树立集群国际形象。培育本土跨国知名企业、世界一流企业，对标 ABB、西门子、施耐德、阿尔斯通、通用电气等国际电气企业，鼓励企业设立境外研发基地、制造基地、运营中心和营销网络，发展集研发设计、运营管理、集成制造、营销服务于一体的总部型企业。三是增进集群国际交流。积极推进集群与德国电力领先集群、法国国家级电力竞争力集群建立业务联系和创新合作关系。通过行业高峰论坛、国际性会议等国际交流平台，加强集群企业与国外企业在智能电气领域的合作交流。

撰稿人：赛迪智库规划所　姚荣

第四十四章

呼和浩特乳制品集群

乳业是涵盖农牧业、制造业、服务业的代表性民生产业，与人民健康、实体经济高质量发展、稳定扩大消费和推进乡村振兴密切相关。乳业是呼和浩特的传统优势产业，依托产业基础、资源禀赋和政策扶持，呼和浩特的乳业生产规模迅速扩大，逐步发展成为千亿元级乳制品集群。2022 年，集群主导产业总产值达 2393.6 亿元。截至 2023 年上半年，集群集聚相关企业 1578 家。

一、集群形成的动因和机制

（一）第一阶段：利用传统产业优势助推“乳都”高质量发展

自 2000 年呼和浩特确立“奶业兴市”发展战略以来，乳业就成为呼和浩特的支柱产业。集群坚持围绕伊利、蒙牛两大全产业链企业，规划布局 30 个高标准、规模化奶牛养殖场，累计建成规模化奶牛牧场 154 个，奶牛存栏突破 34 万头，优质饲草种植面积在 130 万亩（1 亩 ≈ 666.67 平方米）以上。

（二）第二阶段：把做强龙头企业作为推进乳业振兴的重要引擎

呼和浩特被中国轻工业协会和中国乳制品工业协会命名为“中国乳都”，出台实施了《推进乳产业升级三年行动计划（2018—2020 年）》，计划实施优质奶源基地建设、农企利益联结紧密化、千亿元级龙头企业培育、特色产业集群培育、乳业国际化创新提升五项行动。集群龙头企业实现从单一品类到全品类，从单一品牌到多品牌的快速进化。集群内，伊利、蒙牛横跨液态奶、冰激凌、酸奶、奶酪、奶粉等乳制品的所有生产环节，是我国规模最大、产品品类最全的两家乳制品企业，多年来分别蝉联亚洲乳制品企业冠、亚军，稳居世界乳制品业企业十强。

（三）第三阶段：将科技创新作为推进集群发展的重要动力

2020 年以来，集群以生态优先、绿色发展为导向，集聚全产业链资源，围绕“科研创新+智能制造”模式，组织高校、科研机构和企业开展科研项目，解决了部分产业链的关键技术难题。集群建设有国家乳业计量中心、国家草种业技术创新中心、金宇兽用疫苗国家工程实验室、国家高级别生物安全实验室等创新载体，着力打造面向全行业的开放式创新平台，形成了涵盖动植物繁育、疫病防控、营养健康、加工技术、包装技术、食品安全风险及应对、高端产品开发等产业链环节的科技创新体系。2022 年，集群获批国家先进制造业集群后，呼和浩特紧跟国家培育先进制造业集群的工作部署，调整政策思路，由产业发展思维转向集群发展思维，制定出台了集群实施方案、集群扶持政策、集群三年行动方案、集群工作要点，初步建成国际化乳业集群、世界级乳业创新中心、优质奶源示范基地和农企利益紧密联结的升级版“中国乳都”。

二、集群发展壮大的主要模式

（一）加强合作载体建设，促进集群开放发展

集群通过与中国国际技术转移中心合作，借助其在机构集聚、国际渠道拓展、品牌建设等方面的优势，推动乳业技术在国际市场上的推广和落地，增强集群在蒙古国、俄罗斯、印度及中亚、西亚、东南亚、拉丁美洲等国家和地区的市场竞争力。集群以推进“一带一路”倡议和中蒙俄经济走廊建设为契机，高效利用世界上最优质的黄金牧场，推动“白色”丝绸之路在海外布局，推动中蒙俄经济走廊建设。龙头企业在国内建设国际乳业交易平台，积极开展国际投资并购，进一步构建全球资源体系、全球创新体系和全球市场体系。2018 年，蒙牛成为中国-新西兰商务理事会的中方主席单位。伊利、蒙牛等在新西兰一体化乳业基地、欧洲研发中心、中美食品智慧谷等布局基础上，相继成立“中国-澳大利亚乳品未来技术联合研究中心”“中国-丹麦乳品技术合作中心”等国际一流的乳制品产学研合作平台。

（二）完善要素发展支撑，为集群发展增强后劲

集群积极搭建了面向全球的引才平台，建立了柔性人才引进机制，汇聚了一批世界顶尖人才、战略科学家和创新团队。集群深化与国内外高校、科研院所、创新创业平台、商会协会、投融资机构、人力资源服务机构等的人才数据库合作，打造人才大数据平台。目前，集群的从业人员超过 11 万人。集群积极引进国内外知名银行、券商、保险、信托、担保、基金、小额贷款、融资租

赁等市场机构，构建多元化的金融体系，加大对优质奶源基地建设，乳业国际化、智能化、绿色化升级发展，乳业科技创新能力提升等方面的支持力度。集群还设立了科技专项资金支持乳业的科技创新和研发工作，设立工业高质量发展资金用于支持产业链升级和优化，支持乳业企业进行设备更新、生产工艺改进、质量管理提升等。中国奶业协会构建惠农服务长效机制，号召集群企业组织开展了一系列“企业+金融”等相关惠农措施，助推内蒙古奶业振兴债券项目的落地实施。

（三）树立优质品牌形象，打造乳制品行业质量标杆

集群积极制定和完善民族传统乳制品的标准体系，确保产品的质量和安全，同时积极推广先进的质量管理办法，提高企业的生产工艺水平和管理水平。集群鼓励乳制品企业增加对品牌建设的投入，通过包装设计和营销推广，将民族传统文化元素融入产品中，提高了产品的认知度和美誉度。集群对奶豆腐、奶皮子、策格、嚼克、楚拉、酸酪蛋、毕希拉格等失传和即将失传的民族传统奶制品进行了研究、保护和挖掘，保留和传承了传统制作工艺和技术，同时提升了产品的标准化水平。集群积极推荐乳制品企业参选各类奖项，如内蒙古名牌产品、市长质量奖、内蒙古主席质量奖等，鼓励企业在品质和创新方面做出更大的努力。

三、集群发展存在的核心问题

目前，世界知名乳制品企业主要集中在中国、新西兰、澳大利亚、美国、加拿大、日本及欧洲（瑞士、法国、荷兰、丹麦等）等国家和地区，集群企业伊利、蒙牛连续多年稳居世界乳制品企业十强。但对标国际乳制品集群，呼和浩特乳制品集群在技术创新、产业链协同、促进组织的协调服务力方面仍存在差距。

（一）从技术创新来看，包材及设备制造竞争力不足

乳制品包材及设备制造企业的技术水平滞后，缺乏创新能力和核心技术，无法满足市场高品质、高效率和对环保性能的要求。乳制品包材及设备制造企业对新材料和新工艺的应用相对滞后，无法提供创新的包材和设备解决方案，限制了乳制品行业的发展。乳制品包材及设备制造企业在核心技术和专利方面缺乏自主知识产权，限制了企业的发展和竞争力。例如，在包装机械及材料领域，国内企业与利乐等国际企业还存在一定差距，利乐的坏包率可以控制在1/10 000以内，而国内企业的平均水平是2/10 000～3/10 000；在贮藏时间上，

国内企业与利乐的差距约为20%～30%；在乳制品机械设备方面，成套设备生产较为滞后，乳制品机械设备大部分依赖进口。此外，原料奶的自动验质、检测仪器与专用奶制品在线检测设备等的研发与生产处于起步阶段。

（二）从网状关系来看，主体协作能力仍需提高

虽然呼和浩特乳制品集群已形成了密切的产业链协作关系，但在网状协作机制和效果方面与国际先进水平还有一定差距。具体表现为集群缺乏创新平台，无法提供良好的研发环境和资源支持；缺乏合作机制和共享平台，导致企业之间存在信息孤岛，难以形成协同创新效应，特别是两大龙头企业的协作融合仍需深化。目前，伊利、蒙牛已在技术创新研发、国际交流合作、集群发展建设等方面进行合作，但仍需强强联合，形成互动发展合力。

（三）从集群促进组织来看，促进组织的协调服务力有待提升

作为集群促进组织，内蒙古奶业协会自成立以来就在推动集群企业交流合作等方面发挥出了重要作用，但在促进集群企业协同创新、公共服务等方面还有待提升。在协同创新方面，集群缺乏集科研、创新、教育、培训于一体的科研基地；跨学科的研究人员与产业界的协作渠道有待畅通；研究成果与科技创新成果的商业转化有待加强。在公共服务方面，集群缺乏健全的全产业链技术服务体系，专业化服务能力有待提升。

四、集群培育提升的对策建议

为推进呼和浩特乳制品集群迈向世界级先进制造业集群，应进一步加快质量提升、加大资金支持力度、加强考核评价、加大宣传力度，推动集群协作力、创新力、开放力显著增强，使乳业供给侧结构性改革取得实质性成果，乳业可持续发展能力迈上新台阶。对此，我们提出以下建议。

（一）加快质量提升，强化产品的质量安全

落实国务院《乳品质量安全监督管理条例》，加强对乳制品行业的监管，制定严格的质量标准和安全规定，加强对企业的监督检查。不断改进生产工艺及设备，确保产品的质量安全。建立健全供应链管理体系，确保原料的质量安全，加强对供应商的审核和监督，减少质量风险。建立完善的质量控制体系，乳制品企业应建立完善的质量控制体系，包括从原料采购到生产加工、包装、运输等各个环节的质量控制和监测，确保产品符合质量标准。增加质量检测和监测，包括对原料、半成品和成品的检测，确保产品的安全性和合格性。鼓励

集群企业加强与相关科研机构、行业协会和其他企业的合作与交流，共同研究、解决质量安全问题，分享经验和技术。

（二）加大资金支持力度，助力产业发展提质升级

协调推进集群科技创新型企业减税降费，如协调降低伊利、蒙牛等企业的所得税，在税收优惠、规费减免方面予以重点协调支持。完善转型升级经费多元筹集和保障机制，增加对乳制品企业的资金支持，包括设立专项基金、提供贷款和补贴等，促进企业进行技术创新和设备升级。设立科研项目，资助乳制品行业的科研机构和企业进行技术研发，提升产品质量和技术水平。通过发放创新券和给予税收优惠等方式，鼓励乳制品企业加大研发投入力度。引导社会资本投入乳制品企业，通过设立股权投资基金、吸引风险投资等方式，为乳制品企业提供资金贷款支持，降低企业的融资成本，促进企业的发展和升级。

（三）加强考核评价，深化集群促进组织治理

将具体集群发展推进工作细化分解，落实到年度旗、县、区和经济技术开发区工业高质量发展考核指标中，制定相应的考核评分标准，通过强化考核推动工作落实。发挥政府对促进组织的督促作用，动态监测各项工作的进展情况。结合国家先进制造业集群培育要求和呼和浩特的产业发展目标，制定呼和浩特乳制品先进制造业集群统计监测体系，将产业发展和集群培育工作纳入考核内容。引入第三方机构对集群培育情况进行评估，确保集群培育工作按进度、按要求、按质量有序推进。

（四）加大宣传力度，提升集群整体品牌形象

注重集群品牌形象塑造，创新、丰富宣传活动的内容和形式，打造先进、绿色、高端的集群品牌形象，提高集群知名度和公众认可度。与知名企业、机构和专家建立合作关系，可以提升集群品牌形象和信誉度。邀请专家参与产品研发、举办行业研讨会等活动。积极参与国家和有关部委举办的创新技术大赛，加强与相关集群、其他业内知名企业和机构、协会的沟通交流，多渠道、多途径促进集群发展壮大。通过多种渠道进行宣传，包括传统媒体、社交媒体、线上平台等，可以制作宣传视频、发布新闻稿、参加行业展览等，增加品牌曝光度，还可以举办、参与社会公益活动，提升集群品牌形象，积极承担与集群宗旨相契合的社会责任。

撰稿人：赛迪智库规划所　姚荣

第四十五章

佛山、东莞泛家居集群

泛家居产业是与人们的居家生活紧密相关的生产制造和相关产业，包括建材、门窗、卫浴、橱柜、饰品、灯具、家电、家居用品及相关服务等多个产业。随着新一代信息技术的飞速发展，泛家居产业正在不断向绿色化、节能化、智能化、网络化转型。佛山、东莞泛家居集群不但打造了传统产业向绿色化、智能化、高端化转型的样板，而且激发了消费潜力，满足了人们对美好生活的向往。2022 年，集群主导产业总产值达 17 900 亿元，拥有美的、格兰仕、慕思、蒙娜丽莎等国内外知名企业。集群在家具、泛家居机械装备、金属制品等细分领域具有领先优势，具备培育世界级泛家居集群的基础。

一、集群形成的动因和机制

（一）萌芽期：改革开放推动家具加工贸易飞速发展

佛山、东莞的泛家居产业起源于 20 世纪 80 年代。改革开放初期，佛山顺德设立了木工社，部分农民开始尝试自行在家中搭建作坊进行实木家具生产，这些小作坊也成了家具产业发展的雏形。起初，家具产业的销售模式主要为“前店后厂”模式，主营产品为木材、布艺等低端家具产品，主要客户群体是高速公路上途经佛山的旅客。后来，随着“三来一补”产业的发展，佛山、东莞开始承接来自全球的家具制造企业，如东莞的厚街镇因为地理区位优势，吸引了大批中国香港地区和中国台湾地区的家具厂迁入，它们带来了全新的现代家具观及市场营销观。此时，政府及时开展企业改革，凭着“以集体经济为主、乡镇工业为主、骨干企业为主”三板斧，使家具产业进入加速发展阶段。

（二）成长期：从“家具”向“家居”的融合转型

20 世纪 90 年代至 21 世纪初，佛山、东莞地区的家具产业逐渐细分。无论是具有长期产业积累的家具制造业、陶瓷业、金属加工业，还是后来发展壮大的家电业、木工机械业、涂料业等，在发展的过程中，都逐渐向家居业靠拢，形成了由“家具”向“家居”的融合转变。围绕着“家”的概念，佛山、东莞构成了完整的家居链条，包括瓷砖、涂料、五金、卫浴、成品家具、家电、餐具等，相关的劳动力、技术、公共基础设施等要素也完成集聚。佛山被冠以“中国家电之都”“中国涂料之乡”“中国陶瓷名都”“家具之都”等称号，东莞厚街镇则先后被评为全省首个“广东家具国际采购中心”及“中国家具展览贸易之都”，打造出顺德家电、南海铝型材、龙江家具、厚街家具、大岭山家具等诸多享誉海内外的区域产业名片。

（三）转型期：泛家居的绿色化、智能化、高端化转变

长期以来，佛山、东莞的家居产业虽然规模庞大，但是以中低端产品为主，产品质量一般，且多数家具生产企业是“先生产，后销售”的生产主导型模式，对市场变化、产品潮流、设计趋势反应迟钝，难以满足市场需求。2010 年以来，随着展会经济的兴起，佛山、东莞的泛家居头部企业开始“走出去”：一方面，在广州的展会推销自己的产品，扩大市场；另一方面，借助展会向外国企业学习先进的管理经验，引进新的生产设备，跟上国际潮流。在新一轮科技革命和产业变革中，佛山、东莞泛家居企业着力开发新产品，推动泛家居产业向绿色化、智能化、高端化转变。近十年来，佛山、东莞泛家居集群实现了智能家电、全屋定制、空间美学、节能产品全覆盖，形成了品牌实力雄厚、技术全国领先的发展态势。

二、集群发展壮大的主要模式

（一）形成明确的产业分工和完善的上下游配套体系

泛家居产业包括建材、门窗、卫浴、橱柜、饰品、灯具、家电、家居用品及相关服务等多个产业，涵盖家电制造、家具制造等中类和小类。集群内分工明确、上下游配套完善，通过联动合作不断优化升级。佛山在家具、家电、陶瓷卫浴等领域具有较强的竞争力，东莞则在家具、电动工具、装备制造等方面具有较大的规模优势，两地在压制成型、抛光设备、自动封边机和数控裁板锯等领域均具有较强的市场竞争力。佛山、东莞的金属制品业发达，

涵盖铝加工、铜加工、滑轨和铰链等精密金属连接件、家具五金等，为集群家电及家具等产业提供了多品类上游金属结构件配套。同时，东莞也是知名的模具重镇，集聚模具企业2000多家，被誉为广东最重要的模具行业基地。集群依托佛山的澜石金属交易中心、力源金属物流城、乐从钢材市场及东莞百业五金电子城等国内庞大的金属材料专业市场，高效对接家电、家具等多行业领域，提升集群原材料、零部件的本地配套率和供应链效率，降低物流成本，缩短采购时间。

（二）激发创新能力，提升产品绿色化、智能化、高端化水平

随着新一轮科技革命和产业变革的纵深发展，以及我国要素成本优势的逐渐消失，泛家居产业处于淘汰落后产能，向绿色化、智能化、高端化发展的战略调整期。佛山、东莞泛家居产业依靠强大的技术改造与产业创新能力，实现了从“量”到“质”的突破。佛山、东莞在泛家居领域的创新投入力度大、技术水平高。2021年，佛山、东莞泛家居集群规上企业的平均研发投入强度约为3.18%，远高于全国平均水平。佛山遴选东鹏陶瓷牵头建设科技成果转移转化平台，设立众科联科技产业投资基金，从而吸引更多国际高端项目落地佛山。东莞立项支持首个重大科技成果转化团队项目（先进陶瓷与复合材料技术产业化团队项目），探索科技成果转化。近年来，多数泛家居企业聚焦智能化发展，加大对工艺技术的研发和创新力度，提高了泛家居工业智能化装备水平。其中，依托数字化转型，维尚家具“全屋家居大规模个性化定制”入围工信部智能制造试点示范项目，是2017年全国家具行业唯一的入选企业。

（三）加大金融支持力度，推动企业发展壮大

佛山、东莞泛家居集群共有各类股权投资、风险投资、私募基金等各类投融资机构900余家，对企业的金融支持力度较大。其中，佛山市、区两级财政对企业上市最高给予2900万元的资金扶持，为佛山行政区域内的企业发行债券融资工具，提供增信服务，对合作信用增进机构提供增信补贴等，佛山也因此成为全省首个贷款突破万亿元的城市。针对泛家居产业的创新升级，佛山创新推出“家居e贷”金融服务，给予总计20亿元的产业专项授信，包含31款对公普惠金融产品，可满足泛家居26个细分行业日常经营补充流动资金、升级改造扩大生产规模等资金需求。东莞泛家居企业则联合成立“众家联”平台，与华夏银行、浙商银行、中国工商银行达成合计50亿元的战略合作协议，推动企业资源整合共享。

（四）以国际展会打响泛家居品牌

为了进一步树立集群品牌形象，集群争取中国国际中小企业博览会两大专业展——“智慧建材与家居展”与“智能家电展”落户佛山，着力打造家居信息与产业资源的枢纽，进一步扩大影响力。针对“一带一路”沿线国家和地区的重要节点及重点贸易投资对象，集群布局佛山家居品牌产品海外展示体验馆，使大中小企业集体输出海外，目前已在伊朗、匈牙利、马来西亚、坦桑尼亚等近 10 个国家设立了展示馆，佛山家居在国际上的外贸成交量不断增加、品牌享誉度不断提升。东莞重点打造的泛家居产业展览会——国际名家具（东莞）展览会是在中国家具行业蓬勃发展初期，以促进东莞家具产业发展为初衷创办的。它是国内成品家具品牌推广的重要平台，也是许多国内家居经销商每年必到的展会，有力地提升了东莞家具企业的品牌形象，引领了行业发展风向。

三、集群发展存在的核心问题

（一）整体数字化、智能化水平较低

集群集聚相关企业 6 万余家，其中绝大部分属于中小企业。与慕思、蒙娜丽莎等龙头企业相比，中小企业的数字化、智能化水平较低。目前，集群内能够进行全自动化生产的企业占比不超过 10%，能够有效掌握 EPR、MES 等信息化管理和生产工具的企业占比不超过 5%，开展智能化转型的企业占比不到 1%。集群工业互联水平、数字化水平整体处于落后的状态，与美国、日本及欧洲等发达国家和地区差距巨大。

（二）缺乏具有国际竞争力的高端品牌

近年来，佛山、东莞泛家居集群的生产研发能力显著提升，在全国处于领先地位，但对标世界级先进制造业集群，仍存在知名品牌太少、产品附加值不高等问题。国际知名泛家居企业在国际市场上善于以品牌取胜，TOTO、科勒、博世、宜家等国际知名品牌都有较长的历史文化背景，且长期坚持品牌化路线，品牌效应明显，而国内泛家居企业的品牌意识及国际化水平不高，导致家居产品的全球市场占有率偏低，企业的利润也不高。例如，国产中高端床垫的平均价格在 5000 元左右，而瑞典进口床垫的平均价格为十多万元，甚至上百万元，是国产品牌价格的上百倍。

（三）受到印度及东南亚国家的挑战

拼规模、拼价格、重污染曾是佛山、东莞泛家居产业的标签，产品结构相对单一，中低端产品占据多数。然而近年来，由于印度及东南亚国家在人工和土地成本上占据较大的比较优势，大量纺织、家具、陶瓷和中低端家电制造业已经在向这些国家转移，印度及东南亚国家将成为中国泛家居产业的有力追赶者。由于国内劳动力、土地、水电等生产要素成本的攀升，在可预见的将来，在泛家居产业，特别是中低端产品领域，印度及东南亚国家将成为中国有力的竞争对手。

四、集群培育提升的对策建议

（一）大力推动泛家居集群从规模优势向质量优势转变

加快培育自主品牌，鼓励通过第三方高端品质认证，开展质量分等分级，支撑品牌优质优价。加强工业设计创新应用，鼓励企业参加国内外大赛，促进专利、名牌、工业设计创意等资源与家电制造有效结合，支撑企业扩张。加快推动 AVS2、AVS3、DRA 等国家标准的研发应用，深入开展 IEC、ISO 等国际标准的研究、验证与比对，推动国际标准的国内转化应用。

（二）与“一带一路”沿线国家加强跨境企业合作

引导集群龙头企业将研发设计、高端制造等核心环节留在佛山、东莞，持续跟踪部分行业企业外迁现象，保障集群供应链的完整性。以现有产业链为基础推进上下游延伸，支持培育和引进产业生态主导型企业，形成强大的产业链和产品链。支持企业在海外设立研发及生产基地，在北美洲、欧洲等地设立研发机构，在西亚、北非等地设立设计中心、生产基地，引进国际优秀人才，充分运用国际尖端创新资源，将集群泛家居产品在全球范围内进行推广。

（三）与智能装备集群形成联动效应

支持专业服务商联合集群企业围绕综合管控智能化、产品全生命周期优化、产业链协同优化等重点方向，组织实施工业机器人、图像识别智能装备、自动装配装备、物流信息化系统等应用项目在制造环节中的应用，共同开展技术研发、标准化与试点示范，形成具有示范和推广价值的典型经验和通用解决方案。与广州、合肥等具有产业优势的集群加强对接互动，联手培育上游关键装备与材料企业，推动智能家居相关企业互联互通，拓展应用渠道，提升产业技术水平。

（四）推动双城联动发展

支持佛山着力打造“全国智享之城”，围绕“智能制造、智享生活”主题，形成“一带一中心多基地”的空间布局。支持东莞打造从研发设计、原材料采购、生产加工到批发零售的全产业链，依托较为成熟的展贸配套，打造国际名家具（东莞）展览会、名家居世博园、家具大道等，扩大佛山、东莞泛家居集群的影响力。

撰稿人：赛迪智库规划所　张昕嫱

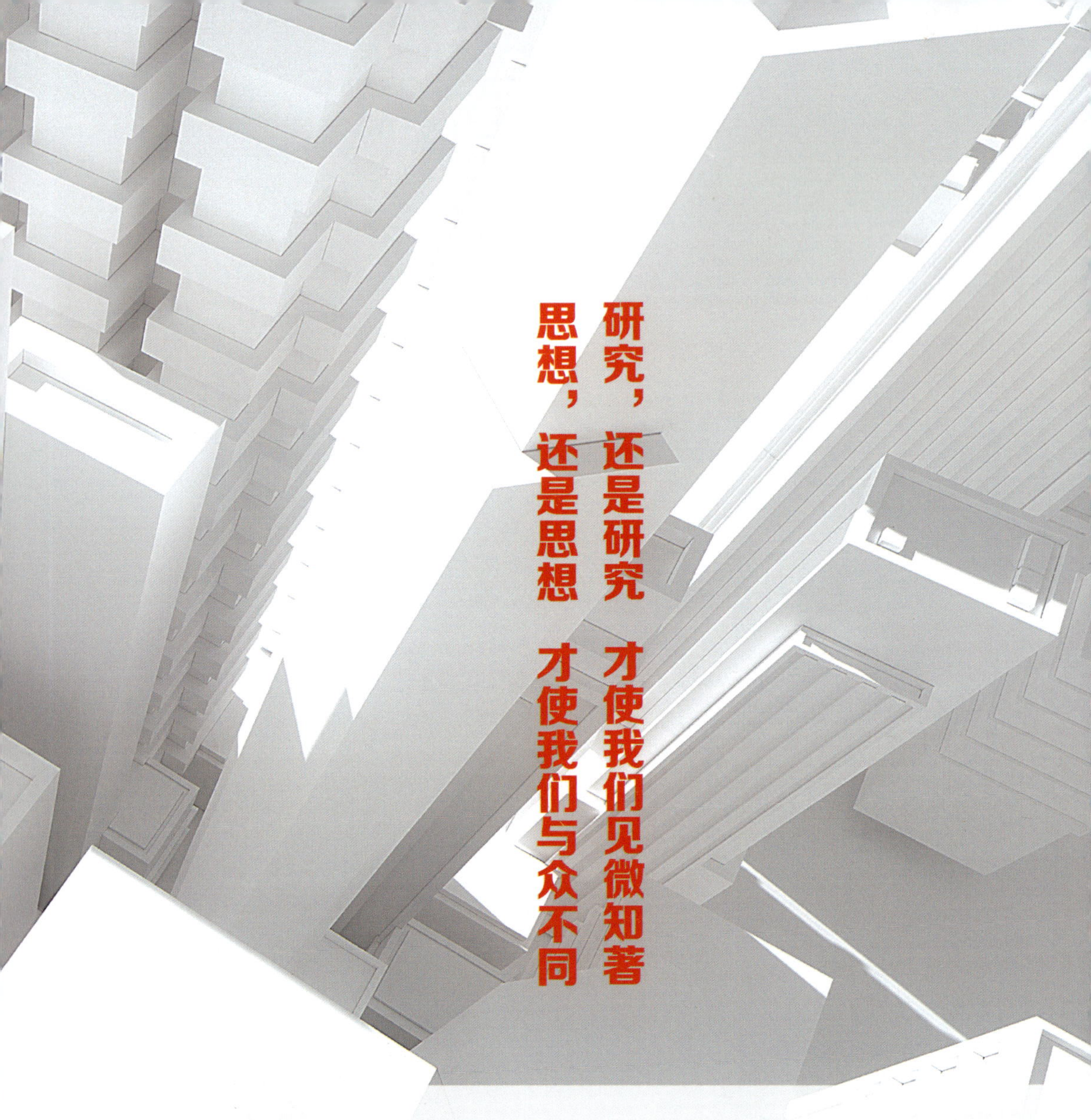

政策法规研究所　规划研究所　产业政策研究所（先进制造业研究中心）

科技与标准研究所　知识产权研究所　工业经济研究所　中小企业研究所

节能与环保研究所　安全产业研究所　材料工业研究所　消费品工业研究所　军民融合研究所

电子信息研究所　集成电路研究所　信息化与软件产业研究所　网络安全研究所

无线电管理研究所（未来产业研究中心）世界工业研究所（国际合作研究中心）

通讯地址：北京市海淀区万寿路27号院8号楼1201　邮政编码：100846
联系人：王　乐　　　　联系电话：010-68200552　13701083941
传　真：010-68209616
电子邮件：wangle@ccidgroup.com